永康文献丛书

吕公望集

三

吕公望　著

卢礼阳

邵余安　编校

吕公望集卷三 公牍三

都督府咨复参议会

已饬财政厅按照议事日程派员出席由

为咨复事。本年六月三十日准贵会咨开，"案据嘉兴新塍镇商务分会、崇德县商务分会陈请减轻丝捐，又据桐乡县商务分会陈请修正《丝捐章程》各等情，本会业将该事件列入本月三十日第十八次常会议事日程。事关征权，未便轻易议决，相应咨请饬知财政厅按照本会议事日程所列，届时派员出席，以便咨询"等由，并送议事日程及陈请书过府。准此，除饬财政厅遵照外，相应咨复贵会，请烦查照。此咨浙江参议会

都督吕公望

中华民国五年七月一日

（原载《浙江公报》第一千五百四十八号，一九一六年七月四日，首页，咨）

浙江都督府饬政字第二百三十九号

饬知财政厅按照议事日程派员出席由

为饬知事。本年六月三十日准参议会咨开，"案据嘉兴新塍镇商务分会、崇德县商务分会陈请减轻丝捐，又据桐乡商务分会陈请修正《丝捐章程》各等情，本会业将该事件列入本月三十日第十八次常会议事日程。事关征权，未便轻易议诀，相应咨请贵都督饬知财政厅按照本会议事日程所列，届时派员出席，以便咨询"等由过府。准此，除

咨覆外，合行饬仰该厅长迅即查照办理。此饬。

计发议事日程及陈请书各一份。

都督吕公望

右饬财政厅长莫永贞。准此。

中华民国五年七月一日

（原载《浙江公报》第一千五百四十八号，一页，饬）

浙江都督吕批

警政厅呈请警备队第二区统部教练官
并各营管带等七员加给委状由

呈、单并履历均悉。所有警备队第二区教练官吴松年暨各营管带项燃等七员，准予加给任命状，随批并发，仰即转饬祗领。此批。缴。名单、履历存。七月一日

附原呈

浙江警政厅厅长夏超呈为呈请事。

窃本月二十日据警备队第二区统带洪士俊呈称，"为遵饬造送事。窃照本年四月十三日奉都督府第九七号饬开[1]，'照得浙省现已宣布独立，所有省会暨各属原有各文武机关，业经本都督分别通告电饬并由军事参议会议决，除奉都督命令有特别变置外，一律照旧供职在案。查警备队第二区统带一职，防守汛地，保护治安，责任至为重要。现在既已脱离中央关系，亟应特加任命，以清事限而重职守。兹查有洪士俊，堪以任命为警备队第二区统带，为此合亟饬知，饬到仰即查明该属现有差职人员，一律

---

[1] 浙江都督府饬第九十六号、饬第九十八号均于四月二十八日发文（见《浙江公报》一千四百九十号，一九一六年五月六日，一至三页）。故"四月十三日"当为"四月三十日"之误。

开具名单、履历,呈候本都督核准加委。凡关于许可权限统系、职务组制,应即遵照本都督府议决《组织大纲》并如旧制,藉免纷更而定专责,勉膺重付,以建殊勋,切切'等因到部,奉经转饬遵照去后。兹据各该营查明所属现职人员并开单造具履历先后送请核转前来,除汇案缮单造册送请核转外,理合具文呈送,仰祈钧长鉴核察转施行。计呈送名单二纸、履历十四本"等情。据此,除单开差遣、哨官、哨长五十二员,由职厅核明加委批示遵照外,其统部教练官吴松年、第二营管带项燃、第三营管带王国治、第四营管带王德明、第五营管带汤兆德、第六营管带李春和、第七营管带傅映庚七员,职务重要,理合将该统带呈送名单一纸、履历册七本,备文转请任命,以昭郑重,仰祈都督察核施行。谨呈。

(原载《浙江公报》第一千五百四十八号,八页,批牍)

浙江都督吕批

第六师师长呈报工兵营逃兵董金钱业经缉获判处徒刑由

呈悉。判决书存。此批。七月一日

附原呈

呈为工兵第六营第三连逃兵董金钱一名,业经饬缉获案判处徒刑,报请察核备案事。本月二十日据工兵第六营营长徐康圣呈称,"为呈报事。窃据职营第三连连长俞蛰呈称,'窃职连号兵董金钱自本月十日携带服装脱逃,业经呈报在案。兹查该号兵董金钱自脱逃后,在南星桥步兵二十四团第一连充当号兵,即于本日派司务长徐刚率同护兵前往照会连长将该逃兵拿回。除将该号兵董金钱一名解送外,理合具文呈报,仰祈察核施行'等情,并解逃兵一名到营。据此,营长以该逃兵既已携装潜逃,复敢投效他营,殊属目无法纪,若不从重惩治,何以肃军纪而儆效尤。理合备文将该逃兵一并送请核办,仰祈鉴核施行"等情前来。据此,除此案业经发交军法处照例办理,将该逃兵董金钱一名提案审明按律判处徒刑,报经饬知宣告判决,并饬即解付陆军监狱执行外,所有判决是案缘由,理合粘抄判决书备文呈请钧府备案,伏乞都督察核施行。谨呈。

（原载《浙江公报》第一千五百四十八号,八至九页,批牍）

浙江都督吕批

高检厅为玉环县呈报拘留犯蔡加福自缢身死由

此案前据蔡思岳以伊子蔡加福被哨官王树勋擅刑押毙等情禀控①,即经饬行该知事查复核夺在案。据呈蔡加福因捞获枪支转卖,在哨供认不讳,既经送所,何以不即转解,一任在所自缢身死？看守之巡警同属异常疏忽,更难保无凌虐威逼别情,仰高等检察厅饬即查传蔡加松到案,提同革警罗宗恺暨原获蔡加福之警队兵士讯明,原验脊背伤痕是竹是木,究系何人所殴,是否确系畏罪自缢,务得实情,依限按律拟办,毋稍含混殉庇,是为至要,并咨民政厅查照。此批。格结存。七月一日

附原呈

玉环县知事秦联元呈为呈报劝验情形,仰祈鉴核事。本年五月二十四日据楚门警察分所警佐王杰详称,"本月二十二日下午四时准警备队哨官黄树勋函送蔡加福一名,据称'前次外塘匪乱有缉私营兵为匪所败,荷枪落水身死,该犯用网将所失之快五响一支在海中捞获,转卖他人,业经在哨供认不讳,请暂行寄押'等情到所。斯时适警佐晋城领饷未回,由值日巡长曹干验明该

---

① 王树勋,原呈作黄树勋。

犯背腿均有木器伤痕，因系防营所送，未便拒却，随交值日巡警罗宗恺即行拘留。二十三日下午八时，警佐由城领饷回所，正拟预审转解，忽据巡警罗宗恺报告蔡加福畏罪用辫线自缢身死，警佐即往拘留所看验，该尸立于墙下，用发辫围绕其颈，并无其他形迹。案关押犯自缢，理合备文详请莅场检验。至巡警罗宗恺责司看守，疏于防范，咎有应得，已由警所开革候讯；警佐督率无方，咎亦难辞，并请察核议处"等情到县。并准警备队哨官黄树勋函称，以本年三月间会同各军警及游缉队抵敌外塘，盐枭勾结匪类攻围楚门之时，失落游缉队兵士郭开元一名、德国快五响洋枪一枝、子弹数十颗。本月二十二日探知枪弹确系渡头居民蔡加福夺去，当将蔡加福拿获，讯供不讳，送交楚门警察分所拘留，讵意该犯畏罪自行缢毙。并抄录蔡加福原供，内开，"据蔡加福供称，'年四十岁，渡头人，家有父母、妻子、兄弟四人，前外塘人打进楚门，有哨兵独自至渡头，身背洋枪子弹，旁人说他打败逃来，因此大家呐喊，哨兵心慌奔逃港边，将洋枪抛入海中，兵亦随即落水澌泅，约有半个时辰，始得沉殁，不知尸流何处。我即许愿下水捞枪，即刻捞着，大家说是快五响，当交胞弟加松卖与杨坑钱大根家，得洋四十四元，我分十元。后加松因价钱便宜向其赎回，同阿增转卖，听说卖在林门不知何家，我实不知，候叫我父亲同我胞弟将洋枪取转还哨，求放我回去'等供是实"各等由。准此，查楚门警察分所离城三十里，知事随带录事、检验吏亲临该所，勘得该拘留所内有已死蔡加福尸身一具，仰卧篾壁墙下，头东足西，身穿蓝布衣裤，尸旁有辫线一支。讯据巡警罗宗恺供称，"蔡加福于二十二日下午四时入所，至二十三日下午六点钟时尚在吃饭，见无他形，至七点钟俟巡警吃饭后，忽见该犯将辫线围绕其颈悬在篾壁墙下，两足离地尺余，当将解下，气已断绝"等语。勘毕饬令将尸异放平明地面，依法相验。据检验吏陈矩喝报，已死蔡加福咽喉上有辫线痕一道，直上耳根连发际，横长九寸、左宽三分、右宽二分，八字不交，脊背有竹器伤一片，参差不齐，难量分寸，余无别故，委系自缢身死。知事复验无异，当场填格，尸棺饬由尸亲蔡思木等具结领埋。当场讯问，据称伊子蔡加福如何捞获洋枪、如何售卖与人，伊均不知，实系伊子与营兵不知因何争吵，致被营官拿去，用刑威逼死于非命。诘以次子蔡加松因何不到，又谓现已出外并不在家等语，察核供词显多饰抵，非传蔡加松到案讯明，不足以昭折服。一面饬警查复，亦称当时蔡加福捞获洋枪一支，卖与杨坑钱大根家，得洋四十四元，后被外人议论售价太轻，又由蔡加松赎回，转卖在林门地方，究系何人所买，一时无从查实，须再设法侦探等情，核与黄副官钞送蔡加福供词大略相同。除再饬警查传蔡加松务获激究另行呈报外①，理合先将勘验情形备文呈报，仰祈都督察核施行。谨呈。

（原载《浙江公报》第一千五百四十八号，九至一一页，批牍）

浙江都督吕批

高审厅为上虞县呈报王徐氏被唐廿八等殴伤后自缢身死由

呈及格结均悉。王徐氏究被何人殴伤，因何自缢身死，仰高等审判厅转饬上虞县知事查明起衅原因，传集人证研讯确情，按法究办，毋稍枉纵，切切。此批。格结存。七月一日

（原载《浙江公报》第一千五百四十八号，一一页，批牍）

浙江都督吕批

发高检厅据泰顺县知事呈复故兵周德荣致死情形由

据呈已悉，仰高等检察厅饬即派警勒拿刘孔隆等到案，研讯明

---

① 激究，疑为"澈究"之误。

确，按法究办，毋稍枉纵，切切。此批。呈钞发。七月一日

附原呈

呈为呈复事。本年六月十日奉钧府政字第一百四十五号饬开，"为饬知事。案据永嘉县知事郑彤雯详称，'为详复事。本年五月一日奉前都督屈批发永嘉民人周明赏禀称伊子德荣因捉拿刘孔允被殴身死一案请予伸雪由，奉批，案关人命，何以至今未据详报，究系如何实情，仰永嘉县知事迅即查案办理具复。此批。禀钞发等因。奉查禀叙事实，其发生地点系属泰顺县管辖范围，受理有案，传讯周明赏，供与禀词相同，惟究何实情，永署无案可稽，自难查办。奉批前因，除将批禀存查外，理合备文详请钧督察核俯赐转饬泰顺县查案详复，诚为公便'等情到府，合行饬仰泰顺县知事迅予查案详复，以便核夺。此饬"等因。奉查接管卷内，警队周德荣自上年十二月二十八日，会同法警周彪等奉饬至七都刘宅地方拘拿刘孔允、刘孔隆等占佃宰牛一案，行至该村附近营冈店地方，骤与刘孔隆相遇，该警等上前往捕，竟被抗拒殴伤，而刘孔隆亦乘机脱逃。法警周彪当将周德荣舁送回署，即由检验吏杨福验得周德荣右额角石块伤一处，皮破血流，右后肋有拳伤一处，微肿。又据县警队什长王振标报告，警兵周德荣前因公负伤，至一月二十三日上午九时遽尔身故，请量予分别验恤等情，当经前知事陈毓康委代之政务主任汪厚昌、承审员陈明，带同本署检验吏杨福及警兵前往验视。知事为核卷内却未填格附卷，祇有前知事陈毓康以该兵之死系属因伤而死，详请前巡按使屈暨瓯海道道尹陈酌给养伤及恤金等费。嗣奉前巡按使屈二月十七日批，"详悉。该故兵周德荣受伤轻微，又经医治平复，所称因伤变症病故，殊属牵强，仰由县发给烧埋费十五元，在罚金项下支销，毋庸另给恤金"等因在案。知事伏思故兵周德

荣尸身,既由前知事陈毓康任内检验已过,又经详请前巡按使奉批成案。兹奉饬前因,除将宰牛殴警案饬拿究办外,理合备文据情呈复,伏乞钧府察核批示祗遵,实为公便。谨呈。

（原载《浙江公报》第一千五百四十八号,一一至一二页,批牍）

浙江都督吕批

象山县呈该县二等警佐陈曜焜办理警务
成绩表著请以县知事记升由

呈悉。查警察官吏奖励一项定有专章,既据称该警佐历办警务成绩表著,请民政厅查核事实,照章酌予给奖。所请以知事记升之处,应毋庸议。此批。原呈钞发。七月一日

（原载《浙江公报》第一千五百四十八号,一二页,批牍）

浙江都督吕批

民政厅长呈报第一中校长因病辞职已委吴文开接充由

呈悉。准予备案,仰饬该校长将履历补呈存查。缴。七月一日

附原呈

呈为呈报事。案据省立第一中学校校长方於笋因患胃疾呈请辞职,以资调养,当经批示照准。兹查有吴文开堪以接充该中校长,除饬发委任状外,理合备文呈请钧督察核备案。谨呈。

（原载《浙江公报》第一千五百四十八号,一二页,批牍）

浙江都督吕批

财政厅呈遵饬酌拨节孝总祠公款并另由
本都督捐廉三百元转饬具领由

如呈办理,并由本都督自行捐助银三百元,以期早观厥成,仰即

转行县主任遵照具状到府领取可也。此缴。七月一日

（原载《浙江公报》第一千五百四十八号，一二页，批牍）

浙江都督吕批

民政厅长呈复批发云和廖奏熙等请并学校以省糜费由

呈悉。缴。七月一日

附原呈

呈为遵批呈复事。案奉钧督批发云和县廖奏熙等请并学校以省糜费、除附加税以苏民困由，奉批，"据禀各节是否可行，仰民政厅查核具复察夺可也。再，详阅具名各人签押字迹系出一手，其中有无捏名冒控情弊，近来到府禀诉事件多有此种恶习，最堪痛恨，仰一并澈查核办。此批。原禀并发，仍缴"等因。奉此，查此案前据张焕奎等禀同前由到厅，当批以，"禀悉。查是项地丁附捐每两带征银八分，以三分拨储材小学，以五分拨联合师范讲习所，由该县知事先后详经前巡按使公署饬财政厅核准照办在案。盖教育为地方要政，正宜积极进行，所需经费尤应在人民各尽负担之责，况该县地丁项下带收之附捐，仅此学捐一款，自应勉效输将。该民等既系毕业师范或曾办自治，当知兴学为重，何得遽以核准有案之学捐，率请免除，殊属不合。惟据称该款储材校得五分，讲习所得三分，核与原案分定之数多寡颠倒，又称该储材校学生不过数十名，复与该县前详不符，究竟详情若何，该校办理是否合法，所称该县城内无多设高小之必要，是否属实，仰云和县知事确实查明，呈复核夺"等语在案。兹察核奉发下原禀，其具禀人姓名多与前禀相同，而所签之押则均先后不符，显见有捏冒情事，自应澈底清查。除将先后两禀饬发云和县知事，并案查明呈复再行核报外，理合先行备文呈乞都督

鉴核。谨呈。

（原载《浙江公报》第一千五百四十八号，一三页，批牍）

浙江都督吕批

高检厅据云和县呈报黄陈氏自缢身死请求免验由

呈悉。仰高等检察厅饬再复查核案办理。此批。格结存。七月一日

（原载《浙江公报》第一千五百四十八号，一三页，批牍）

浙江都督吕批

民政厅呈复照收会稽道属办赈公费余款及各种卷宗图册
尚属相符并分别咨移归垫补报由

呈悉。缴。七月一日

附原呈

呈为呈复事。案奉都督批发前会稽道道尹会委呈缴道属办赈旅费结存款项及各种卷宗由一案，内开，"呈及附件均悉。办赈结存款项，用途已定，未便挪移，仰民政厅查照来呈转咨财政厅拨款归还，以清界限。缴到银四百零九元四角六分一厘一并发交该厅接管，仰即查收具复，并转行该道尹委员知照。呈抄发。银及附件并发"等因。计附发银四百九元四角六分一厘、卷宗十四件、请款凭单一纸、领款总收据二纸、风灾图册一包、照片二张到厅，奉经厅长逐项点收，均属相符。惟上年梁前道尹办理道属风灾①，曾经会同田委文鑫电准前按署在拨发之赈款内提存银四千五百七十六元五角二分四厘，作为办理赈务各项公费之

---

① 梁前道尹，即梁建章。

用,现在此项提存公费连同垫支各款,既经仅存银一千四百六十三元七角五分二厘,所有已经支用之公费银三千一百十二元七角七分二厘,尚未据册报有案。除另文咨请财政厅将垫支各款如数拨发归垫,并移请前会稽道道尹会同田委迅将已用各款检齐单据补造册报,以重赈款外,所有遵批点收会稽道属办赈公费余款及各项卷宗图册,尚属相符,并分别咨移归垫补报各缘由,理合备文呈复,仰祈都督察核。谨呈。

(原载《浙江公报》第一千五百四十八号,一三至一四页,批牍)

浙江都督府饬第　　号

饬知各属政府尊重法律顺从民意协商撤销军务院由

为通饬事。北京来电,六月二十九日奉大总统申令:"共和国体,首重民意;民意所寄,厥惟宪法;宪法之成,专待国会。我中华民国国会自三年一月十日停止以后,时越两载,迄未召复,以至开国五年,宪法未定,大本不立,庶政无由进行,亟应召集国会,速定宪法,以协民志而固国本。宪法未定以前,仍遵行中华民国元年三月十一日公布之《临时约法》,至宪法成立为止,其二年十月五日宣布之《大总统选举法》系宪法之一部,应仍有效。此令。"同日奉大总统申令:"兹依《临时约法》第五十三条,续行召集国会,定于本年八月一日起继续开会。此令。"同日奉大总统申令:"民国三年五月一日以后所有各项条约均应继续有效,其余法令除有明令废止外,一切仍旧。此令。"同日奉大总统申令:"参政院应即裁撤。此令。"同日奉大总统申令:"平政院所属之肃政厅应即裁撤。此令。"同日奉大总统策令,"特任段祺瑞为国务总理,此令"各等因。奉此,查前因袁政府破坏法律,蹂躏民权,政治不良,达于极点。浙省为巩固中华民国起见,宣布与袁政府脱离关系,并组织军务院为临时代表,原属不得已之举。今政府既能尊重法律,顺从民意,军务院自当查照成立时宣言,早日撤废,其组织军务院之各省,亦应同时服从中央,力求统一,并各维持全省现状,静待协商善后办法。除电告云南、贵州、广西、湖南各都督,岑都司令,请由唐抚军长用军务院全体抚军署名,宣告撤销军务院,并电呈大总统、段总理外,合亟通饬阖省文武官吏一体知照。此饬。

都督吕公望

右饬阖省文武官吏。准此。

中华民国五年七月　　日

（原载《浙江公报》第一千五百四十九号,一九一六年七月五日,一至二页,饬）

浙江都督府饬政字第二百四十四号

饬民政厅警政厅转饬各属机关毋得滥押刑讯由

为饬知事。照得各县知事有兼理司法之责,与人民有直接关系,应如何守法奉公,为民表率。乃近来各属人民控告知事违法之案层见迭出,其中虽不免饰辞耸听之事,然两年以来县知事滥用威权,人民无可告诉,本都督久有所闻。现值刷新政治之际,官吏、人民之行动均应以法律为范围,若官吏先自违法,何能以法绳人？兹就各县知事易犯者三端,为各知事剀切言之。

一曰禁擅杀。慎重人民,为吾国讲求吏治者所恒言,并非新近法学家所独创,况现在《惩治盗匪办法》苟认为案情重大,或于该管区域内安宁秩序有危险之虞及有其他必要情形时,得先行摘叙事实电报省行政长官核准,立即执行,手续已甚简单,果能循序办理,断无迫不及待之虞。若藉口案情急迫,擅自枪毙或捏报临阵格杀,粉饰要功,一经告发,微特失出失入,办理错误,罪有应得,即使执行之犯情真罪当,而擅杀之咎要无可辞。人命至重,国法具存,何必轻于尝试？嗣后除盗匪持机拒捕,真系当场格毙者外,其余一切盗匪案件均须按照向来程序,径报本都督或报由高等审判厅长转报本都督分别核办,不得违背。

二曰禁滥押。刑事被告未决前之羁押，本有一定限制，苟案属轻微及无逃走之虑者，自无羁押之必要。各县看守所大都沿用从前班馆，房屋狭窄，看役无多，羁押人众，转不免有发生疾疫及逃走之危险。嗣后刑事除案情重大，及窃盗等犯无人可为具保者外，其余在未决以前，应取具的保交保候讯。民事除照现行《审判章程》第四十二条、第七十九条，得分别管收者外，其余案内人证均不得滥行收押。

三曰禁刑讯。折狱之道，惟明与慎。案情无论如何复杂，苟能悉心体察，总不患无线索之可寻。我国历代循良之吏，长于听讼，无不以刑求为戒，况现行《新刑律》规定，审判、检察、巡警、监狱及其他行政官吏或其佐理当执行职务时，对被告人、嫌疑人或关系人有强暴、凌虐之行为者，即成立渎职罪，官吏以为人民犯法加以刑责，不知自身已先犯法，返己以思，能无赧颜？或谓犯罪之人往往证据确凿，不肯供认，非刑讯不能审理。然现在刑事制度重证据不重口供，如果证据确凿，即可判决，何用刑求？或谓死刑案件非取有口供，不足以成信谳。然三木之下，何求而不得，刑讯得其口供而杀之，与不得口供而杀之，有何差异？故无论就法律言，就情理言，刑讯均应从严禁止。

以上所举三端，均于人民生命身体自由有重大关系，各知事今日为官，将来仍须为民，即自己终身服官，子孙亦将为民，试一设身处地，遇此不法侵害，其能甘心忍受否？除通饬各县禁止，并饬检察厅随时查察外，惟滥押、刑讯两项，各警察机关亦或不免。为此饬仰该厅并即通饬申诫毋违，切切。此饬。

　　　　　　　　　　　　　　　　　　都督吕公望

右饬民政厅厅长王文庆、警政厅厅长夏超。准此。

　　　　　　　　　　　　　　　中华民国五年七月二日

（原载《浙江公报》第一千五百四十九号，二至三页，饬）

浙江都督府饬政字第二百四十五号

饬高检厅通饬所属遇有官吏违法立即依法起诉由

为饬知事（文云与上饬同）。除分饬外，合亟饬知，仰即通饬所属检察官，遇有上举违法事件，立即侦查明确，依法起诉，毋稍徇纵。其各司法机关及各县羁押人犯，并应按月册报该厅，详细查核有无滥押，按月呈报本府备查，均毋违延，切切。此饬。

都督吕公望

右饬高等检察厅检察长王天木。准此。

中华民国五年七月二日

（原载《浙江公报》第一千五百四十九号，三页，饬）

吕都督颁发私立宗文中学第七次毕业训词

诸生自入此校，沉酣典籍，寒暑四更。平日饫闻校长之训诲，教师之讲授，若敦本力学，耐劳安分，荦荦诸大端，亦既德性坚凝，知识增进矣。本都督犹欲为诸生进一解，曰崇俭。人之精神不能两用，外缘多一驰骛，即内治先其枢机①。以子贡之贤，入问道义而喜，出见纷华盛丽而悦，孔子犹且讥之。况今国步多艰，卧薪尝胆，犹恐不逮，讵可以章身之具纷扰性灵？且嗜欲之来，因微而著，少成若性，矫正更难。此就个人言，不能不崇俭者一。诸生自入学校，书籍之购买，衣服之设备，行旅之往来，日用之供给，悉取诸父兄，徒事分利，费已不赀。若更以无谓之端，掷黄金于虚牝，微论父兄之穷于应付也；即能应付矣，而以有限之金钱，趋无穷之欲壑，青青子衿，《诗》所为讥佻达也。此就家庭言，不能不崇俭者二。语以中校为社会中坚，诸生试思亲戚里党间，赀产若于诸生，境遇若于诸生，或以他之原因不能就学

---

① 先，疑为"失"之误。

者何限？诸生此后或进而修专门之学义，或退而治生产于乡间，均宜崇实黜华，用资矜式，否则夸多斗靡，嗜好纷乘，戚里化之，蒸为风俗，是播恶于众也，焉有诸生而出此乎？此就社会言，不能不崇俭者三。今国家财政渐入窘乡，海通以来，舶品充牣，为之声音以坏其耳，为之采色以坏其目，贾谊五饵之策，昔用以制匈奴者，今皆反其道以试，我随波而靡，漏卮何穷？试翻历年海关贸易册，输入品超过输出者，何啻倍蓰？长此滔滔，即黄金为国，且将瓦解。此就国家言，不能不崇俭者四。

本都督受任以来，如临深薄，化民成俗，力短心长，所望进国家于无疆之休者，惟此欣欣向荣之学子，萦怀杌隍，视诸生举足为左右。诸生勉乎哉！

（原载《浙江公报》第一千五百四十九号，三至四页，训词）

浙江都督吕批

发高审厅为缙云县呈复蔡伯雨挂设花会拒捕殴警一案由

呈悉。此案蔡伯雨畏罪赔偿一节，检查该知事前详并未只字叙及，显系事后装点。花会要犯固应惩办，法警敲诈断难姑容。蔡伯雨既已获案，仰高等审判厅饬即提同法警傅有林等环质明确，分别按律拟办，毋再徇庇干咎。此批。呈钞发。七月一日

（原载《浙江公报》第一千五百四十九号，五页，批牍）

浙江都督吕批

高审厅为缙云县呈送三月分民刑案件摘由清单由

呈、表均悉。道尹裁撤，嗣后此项月报应改送该厅考核汇办，仰高等审判厅通饬各属一律遵照，一面饬将未结各案赶紧结报。此批。表二份并发。七月一日

附原呈

呈为呈送本年三月份民刑案件摘由单、表，请察核事。案查奉前瓯海道尹饬开，"民刑案件摘由单、表，须按月造送本道核转"等因。奉此，现瓯海道既经裁撤，所有本年三月份此项表册业已造具齐全，理合备文呈送钧督核示施行。谨呈。

（原载《浙江公报》第一千五百四十九号，五页，批牍）

浙江都督吕批

余姚县呈报案犯宋广大行刑日期由

呈悉。案犯宋广大既据验明正身，执行绞决，应准备案，仰即知照。缴。七月一日

（原载《浙江公报》第一千五百四十九号，五页，批牍）

浙江都督吕批

发高检厅据嘉兴沈茂芳等禀合盛叶行倒款一案请饬律办由

此案饬县查办已逾一月之久，未据复到，殊属迟延。据禀前情，仰高等检察厅转饬嘉兴县知事赶紧遵照前次指饬各节，刻日查明，张慎之果有串同诈欺情事，应即按律惩办，具复核夺，毋再延误。此批。禀钞发。七月二日

（原载《浙江公报》第一千五百四十九号，五页，批牍）

浙江都督府布告

为政府尊重法律顺从民意协商撤销军务院由

为布告事。北京来电，六月二十九日奉大总统申令（文云与上饬同）。合亟布告阖省军民人等一体知照。特此布告。

都督吕公望

右仰阖省军民人等知悉。

中华民国五年七月　日

（原载《浙江公报》第一千五百四十九号，六页，布告）

浙江都督吕接见续行报到各候补知事由

为牌示事。照得本省候补知事，业经本都督将先后报到各员分别示期接见各在案。兹复据各该员等续行报到前来，合再排定日时分班接见。为此示仰后开各员务各按照排定期间齐集本府招待所，静候依次传见，毋得自误。特示。

计开：

星期一即初三日，下午一时起，接见人员

第一班

刘伟彭　王宝璜　凌　璧　许　适　刘　玮　张良楷　华毓麟

吕本端

第二班

孙承宗　李　芳　汪　濂　刘鸿烈　冯兆昌　程学垲　萧　莘

中华民国五年七月二日

（原载《浙江公报》第一千五百四十九号，七页，牌示）

浙江都督府饬军字第五百零三号

饬各属协缉慈溪县属金川乡丈亭地方民人周宁生
在途被盗戳毙案内盗犯篑永标等三名由

为通饬事。案据慈溪县知事夏仁溥呈称，"窃查县属金川乡丈亭地方民妇周俞氏状报，伊夫周宁生于本年一月二十八日，在途被盗戳伤毙命，并劫去信洋一案，先后获犯胡银顺、陈顺兴两名，业经讯明判决，照章分别送请覆判并执行在案。所有供出伙盗篑永标等三名，迄未弋获，诚恐远飏，除再分饬队警严缉外，理合开单备文，呈请都督鉴核俦赐通饬各属一体协缉,实为公便"等情到府。据此,除批饬该知事严缉外,合行饬仰该厅长、该镇守使、该司令官、该知事饬属一体协缉,务获究办具报。此饬。

计抄发逸盗姓名、年貌、籍贯单一纸。

都督吕公望

右饬嘉湖镇守使、台州镇守使,省城卫戍司令官、绍兴卫戍司令官、宁波卫戍司令官,宪兵司令官,内河水上警察厅长、外海水上警察厅长,省城警察厅长、宁波商埠警察厅长,各县知事(除慈溪)。准此。

中华民国五年七月四日

逸犯姓名年貌籍贯等项明细表

姓名	箕永标	章金标	叶昌福
籍贯	慈溪县	慈溪县	慈溪县
年岁	二十四	三十余	三十余
身长	长	身中	身中
肥瘦	胖	瘦	瘦
容貌	圆	长	长
面色	白	黑	黄
须	无	无	无
发	无	无	无
语言	本地音	本地音	本地音
执业	箍桶	农	农
住址	上海北四川路	钟家汇头	渔溪
家属	未详	未详	未详
亲友	未详	未详	未详

续　表

姓名	箕永标	章金标	叶昌福
服装			
特志	无	无	无
经历			
相片	无	无	无
附记			

（原载《浙江公报》第一千五百五十一号，一九一六年七月七日，一至三页，饬）

浙江都督府饬军字第五百零五号

饬各属准外交部电取消一八五八年中美约第十八款由

为通饬事。案准北京外交部卅电开，"美使照请将一八五八年中美约第十八款所载，'倘大合众国人民在船上不安本分离船逃走与内地避匿者，一经领事官知照中国地方官，即派役查拿，送领事等官治罪'一节取消，自七月一日起实行，所余详约条款三继续有效，业于本日互相照会，承认实行，希转饬所属一体遵照，余文达"等因到府。准此，除分行外，合亟饬仰该　即便饬属一体遵照。此饬。

都督吕公望

右饬嘉湖镇守使、台州镇守使，陆军第六师师长，陆军第二十五师师长，浙江护国军第一军司令官，浙江护国军预备第一旅旅长，建威路支队长，宪兵司令官，镇海炮台总台官，民政厅厅长，警政厅厅长，交涉公署署长，宁波交涉员，温州交涉员，高等检察厅检察长，高等审判厅厅长，建德团区司令官，慈溪团区司令官，丽水团区司令官。准此。

中华民国五年七月三日

（原载《浙江公报》第一千五百五十号，一九一六年七月六日，首
至一页，饬）

浙江都督府饬军字第五百零八号

饬警政厅长据嘉湖镇守使呈复查办
吴兴县属织里镇被匪肆劫由

为饬知事。本年六月三十日，据嘉湖镇守使兼嘉属戒严司令官
张载阳呈复查办吴兴县属织里镇被匪肆劫一案，并附呈清摺等件到
府。除批，"详、件均悉。水警分队长徐斌隆应准照判执行；区长王凤
飞既经记大过一次，姑免深究，仍饬勒缉本案赃匪，查收枪械，以观后
效；巡长王俶铭、石步青、张文斌及其余在逃各水警自应按名严缉，获
案惩办；至李汉兴一名，因公殒命，殊可悯惜，准予照章抚恤，用慰幽
魂。饬警政厅长查照办理外，仰仍随时督饬兜缉，毋任玩延，并一面
函提获犯夏裕安等讯办具报。此批。附件存"印发外，合抄原呈并附
件，饬仰该厅长即便查照办理具报。此饬。

计发抄件五纸。

都督吕公望

右饬警政厅厅长夏超。准此。

中华民国五年七月三日

（原载《浙江公报》第一千五百五十号，一页，饬）

浙江都督吕批

嘉湖镇守使呈报查办吴兴县属织里镇被匪肆劫由

详、件均悉。水警分队长徐斌隆应准照判执行；区长王凤飞既经
记大过一次，姑免深究，仍饬勒缉本案赃匪，查收枪械，以观后效；巡

长王俶铭、石步青、张文斌及其余在逃各水警,自应按名严缉,获案惩办;至李汉兴一名,因公殒命,殊可悯惜,准予照章抚恤,用慰幽魂。除饬警政厅长查照办理外,仰仍随时督饬兜缉,毋任玩延,并一面函提获犯夏裕安等讯办具报。此批。附件存。七月三日

（原载《浙江公报》第一千五百五十号,一一页,批牍）

浙江都督吕批

民政厅呈为萧山县保举警佐俞迈芬以知事拔升由

呈及履历均悉。察阅该知事原列事实,皆属该警佐职务上应办之事,并非有特别劳绩。际此刷新庶政、澄清吏治,贤能固应拔擢,名器犹须慎重,深恐一涉冒滥,徒启奔竞幸进之风,反非激劝贤劳之意。查警察官吏奖励定有专章,该警佐如果历办警务确著成绩,自可照章优予核奖。所请以县知事拔升之处,应毋庸议,仰即转饬知照。此缴。履历存。七月三日

（原载《浙江公报》第一千五百五十号,一一页,批牍）

浙江都督吕批

东阳县知事据呈派员请领垫发恤金并缴验恤金
给与令暨送领状祈察核示遵由

呈及恤金给与令暨印领、领结均悉。查定章第三条、第二号表,下士因公殒命,例给一次恤金六十元,遗族年金三年,每年四十元。该故什长戴珍山给与令内载数目虽属误填,而计开条列各数尚属相符,自应查照计开数目给领,合将印领、领结发还,仰即更正后送府照领归垫。此批。恤金给与令一分随发。七月三日

附原呈

呈为派员请领垫发恤金,并缴验恤金给与令暨送领状,祈察

核示遵事。窃据寄居东阳县城内孀妇戴韦氏检呈公字第六百零四号平时恤亡恤金给与令一纸，并具领状请领故夫戴珍山第二年遗族年金六十元前来。知事查核是项恤金给与令内载"给该故员一次恤金四十元，遗族年金六十元"等语，又计开之下载明"一次恤金六十元，遗族年金四十元"字样，先后两歧。此次该氏请领第二年遗族年金，究依何数为准，职署无案可稽，当由知事先行垫发银四十元，一面谕令静候呈请查案核示后，再行补给。理合备具印领并检同恤金给与令及领状一并备文呈请，仰祈都督察核指示照给归垫，并将恤金给与令验明发还，俾便给垫，实为公便。再，是项遗族年金该氏民国四年具领时，与一次恤金并领在内，是以数目并无出入。合并声明。谨呈。

计呈送印领一纸、领状一纸、平时恤亡恤金给与令一纸。

（原载《浙江公报》第一千五百五十号，一一至一二页，批牍）

浙江都督吕批

东阳县知事据呈派员请领垫发吴望明何启明抚金由

据呈送伤亡兵吴望明等应领本年上期抚金领结暨印领，核数相符，准予发交来员领回，仰将收到日期具报。此批。印领、领结存。七月二日

附原呈

呈为派员请领垫发抚金事。案查东邑退伍兵吴望明三等阵伤，应领五年上期抚洋一十三元五角；又何鼎新之子启明积劳病故，应领五年上期抚洋二十二元。现据各该家属分别检同前给执据并具领状请领前来。知事查核无异，除如数给领外，理合填具印领派员赴辕请领，并检齐领状一并备文呈送，仰祈都督察核照给归垫，实为公便。谨呈。

计呈送正印领一纸、领状二纸。

浙江都督吕批

发民政厅据接收瓯海道委员徐象先
呈缴印信文卷款项恳请销差由

呈、摺均悉。查阅摺列各项内密电五本，系与前折重列，余尚相符。所有修理道仓经费存余款项银一百零二元零零一厘，各县解存备购《农商法规》款银七元五角，并两项卷宗暨旅费清摺，仰民政厅检收分别存查，并照数补给该委员旅费，其余印信、文卷各件俱分别存销，并仰转饬该委员知照。此批。抄呈并银圆及附件均发。七月三日

浙江都督吕批

发民政厅为开化县知事吴含章因丁外艰准予辞职由

呈悉。该知事既丁外艰，准予辞职，仰民政厅查照饬遵。至林知事代理两月余，成绩若何，能否胜任，并仰查明具复核夺。此批。呈抄发。七月三日

浙江都督府饬军字第五百零九号

饬二十五师及民政厅据委员刘崧申等查复竺山营地情形由

为饬知事。据本府委员刘崧申、镇海县知事洪锡范会呈称，"本年六月二十四日奉钧饬第四四七号内开，'案据第二十五师呈称，本年六月十四日据步兵第四十九旅旅长韩绍基呈称，窃查镇邑崇丘乡竺山地方原有营地六十一亩五分有奇，向为营兵操练场所。民国二年九十八团第二营退伍后，因彼时无人过问，由本地农会以设立农事

试验场为词,呈由前知事钱显曾转呈前民政长屈咨呈内务部,核准拨给。盖彼时该农会并未声明营中操场,各公署亦但知其为废弃营产,致被朦占。迨三年一月,九十七团第三营移驻其地,始知前情,由该营长叶英呈报团、旅,转呈都督请饬取销。嗣奉训令,以此案奉部核准有案,惟军队操练亦关紧要,该地面积既巨,能否分割若干,俾各应用,或另觅他处官地,与该场互易等因,奉经转饬各该团、营遵办。彼时旅长任九十七团团长,经数次函商该县知事妥筹办法,始据前后两次于该地划拨二十九亩零,尚有三十二亩零仍归农会经管,果可敷用,则彼此均属因公,原不必有所争执。惟该营现在补充兵士业已到营,人数既多,操场益宜宽广,现在军兴时代,操练尤不容稍懈。且旅长日前因公道经其地,其所谓农事试验者,并未见于农事上有何种设施,徒供一般人以无粮之地耕种收息,以私害公,殊为可惜。拟请呈明都督取销前案,饬县如数归还,俾兴工填作,以资操练而重武备。是否有当,伏候示遵等情。据此,查该旅长所呈,现在补充兵业已到营,原有操场不敷应用,且查该农事试验场并无何种设施,实同废弃,是于农事既无裨益,而于军队操练妨碍实多。拟请派员前往镇海实地勘验,若果于农事试验徒有虚名,并请饬下镇海县知事迅将原地全数拨还军中,以归实用。是否之处,理合备文呈请察核示遵'等情。据此,除批'候派员会同镇海县知事查明复夺后,再行饬遵外,合行饬仰该知事即便遵照该旅所呈各节,会同本府委员详细查明具复,以凭核办毋延,切切。此饬'等因。委员崧申奉同前因,遵即驰抵镇海,于本月二十五日会同知事前往竺山地方,勘得该地一部分为驻镇第三营操场,一部分为县农会附设之农事试验场,该场现种各物系茄、芋、豆、谷等品。内有一小部分荒废,未经种植,据农会会长周璇奎声明,即系在上年间划归营用之内,并非故令荒废。查该操场面积仅容操兵二连,若为一营操场,原案两次划归二十九亩零,虽用地仅三分之二,若为扩充操场计,诚有不敷操演之处。委员、知事会商之下,该地应尽四十九旅扩充一长方形之操场,而所有零星之田亩约有十余亩,在军队则为无用,留与农会则可供试验。如此办理,庶双方均无妨碍。如蒙核准,当再由知事会同营、会详细划定,另行绘图呈报,以清界限。所有奉饬会查竺山营地原由,理合将查明情形备文会衔呈报,仰祈鉴核施行。再,勘得该地地形,与原案图形相符,前经呈送有案,应请免于重绘。合并声明"等情。据此,除批"呈悉。据会同查明'镇邑竺山营地情形,拟将此项地基应尽四十九旅扩充一长方形之操场,其余零星之田亩约计十余亩,仍供农会试验场之用'等情。查镇海江南大营原定计画系建筑陆军营房一团,悉数收用,尚属不敷,所有该县农事试验场,应饬农会赶速另觅相当空地,以资开办。所请将该营地划分十余亩仍作试验场一节,著不准行"等语印发外,合行饬仰该师长、该厅长即便遵照。此饬。

都督吕公望

右饬陆军第二十五师师长张载阳、民政厅厅长王文庆。准此。

中华民国五年七月四日

(原载《浙江公报》第一千五百五十二号,一九一六年七月八日,首至一页,饬)

浙江都督府饬军字第五百十四号

饬四十九旅旅长兼陆防司令官等为现在黎大总统依法继任南北亟谋统一所有前设海防司令官应即一律撤销由

为饬遵事。照得鄞县、镇海两属为海口通商重要地点,浙省举义后,曾经本府电饬于各该属分设海防、陆防司令官,并准于镇海炮台添设兵士,归海防司令官节制,藉资防范各在案。现在黎大总统依法继任,南北亟谋统一,更无兵事之可言。所有前设海陆防司令官应即一律撤销,所添炮台兵士并应酌量裁撤,其鄞、镇两属防卫事宜,仍照卫戍警备各条例分别办理,以复原状而重防务。除分饬外海水上警

察厅长兼海防司令官、四十九旅旅长兼陆防司令官遵照外,合亟饬仰
该司令官即便查照遵办具报。此饬。

都督吕公望

右饬陆军步兵第四十九旅旅长兼陆防司令官、外海水上警察厅
厅长兼海防司令官。准此。

中华民国五年七月三日

（原载《浙江公报》第一千五百五十一号,一九一六年七月七日,三页,饬）

浙江都督府饬军字第五百十六号

饬台州镇守使兼戒严司令官为现在黎大总统依法
继任南北正谋统一该属自应宣告解严由

为饬遵事。照得本省独立之初,因旧台州府属防务重要,准由该
使宣告戒严在案。现在黎大总统依法继任,南北正谋统一,自应宣告解
严,恢复原状。其台属原有警备事宜,应仍查照向章继续办理,以卫地
方。合行饬仰该使即便转饬所属一体遵照,仍将解严日期具报。此饬。

都督吕公望

右饬台州镇守使兼台属戒严司令官顾乃斌。准此。

中华民国五年七月三日

（原载《浙江公报》第一千五百五十一号,三页,饬）

浙江都督府饬军字第五百十六号

饬嘉湖镇守使兼戒严司令官等为现在黎大总统依法继任
南北正谋统一所有嘉湖两属应即宣告解严由

为饬遵事。照得本省举义之初,因旧嘉、湖两府属地当冲要,分
设戒严司令官宣告戒严在案。现在黎大总统依法继任,南北正谋统
一,以上各地域既无兵事可言,应即宣告解严,恢复原状。其嘉、湖水
警、盐警有因此次戒严调集一处者,应一律仍回原驻处所,以重防务。

除分饬遵照外,合行饬仰该使、该司令官迅饬所属一体遵照,仍将解严日期具报备查。此饬。

都督吕公望

右饬嘉湖镇守使兼嘉属戒严司令官张载阳、代理护国第一军司令官兼湖属戒严司令官王桂林。准此。

(原载《浙江公报》第一千五百五十一号,三至四页,饬)

浙江都督吕批

发警政厅据嘉善自治委员施能禀称水警舍舟
居陆强占公有市房请饬让由

据禀是否属实,仰警政厅查明办理。此批。禀抄发。七月四日

附原禀

禀为水警舍舟居陆,强占公有市房,仰祈鉴核饬让,以重防守而保公益事。窃内河水上警察第七署以清凉庵地方为水路交通,奉饬巡官余朴带领警队驻泊该处,几历一载有余。借住清凉庵侧停办之尚斌小学校校舍,计课堂一间、退息所一间、自修室一间、门堪一间,均借供巡官及办事人、兵目等为憩息之处,原由地方置办竹榻十六张、台桌三方,以资需用。自本省独立,余巡官所领水警奉调他往,六月中带船六号复驻原地,自巡官以次均舍舟居陆,尚嫌该校狭窄,遂自由行动,将校舍右傍自治管理之市房二所计四间,突至占踞。其一退租伊始,尚未有人接租;一所有租户杨三和安放店具,将欲开张,余巡官以其毗连,勒令迁让,遂与校舍墙壁打通混合,为博弈之所,于是该处赌风因之又启。更责令地方乡警添办竹榻十五张,供巡士卧,棕榻三张,供巡长卧,台桌四张,取资商界,不足数要求自治所补助,由乡警于六月二十一日办齐送去,前来报告,领取补助。计六船居陆安卧

者共有三十余名，守船者惟篙工、火夫而已。窃念水警为防守水路异常注重，清凉庵为江苏青浦、松江、吴江等县水路要隘，港汊分歧，匪徒易于出没。各该县正在会剿游匪，万一潜窜浙境，余巡官将何以御之？地方危险，是水警居陆恐为非计，苟因办公无所，则有该校舍五间，如更嫌狭小，推广巡士居住，亦应先事商榷，不应勒令迁让，置主管人于不顾，任意自由占踞，打通壁落，损坏自治利益，放弃防守职权。委员能负主管责任具函质问，迄未答复。为此除禀嘉善县知事鉴核外，仰祈钧鉴准予饬行内河水上警厅厅长转饬第七署署长转行余巡官，将占踞清凉庵公有市房克日迁让，俾放租收益，置备应用什物由巡官自行负担，勿再累及地方，以清界限，实为公便。谨禀。

（原载《浙江公报》第一千五百五十一号，一一页，批牍）

浙江都督吕批

慈溪县知事为呈请饬缉戳毙周宁生案
内伙盗簧永标等三名由

呈悉。仍仰该知事会督营警严缉外，并准饬属一体协缉可也。此批。粘单存。七月四日

附原呈

呈为呈请通缉伙盗事。窃查县属金川乡丈亭地方民妇周俞氏状报，伊夫周宁生于本年一月二十八日在途被盗戳伤毙命，并劫去信洋一案，先后获犯胡银顺、陈顺兴两名，业经讯明判决，照章分别送请覆判并执行在案。所有供出伙盗簧永标等三名，迄未弋获，诚恐远飏。除再分饬队警严缉外，理合开单备文，呈请都督鉴核俯赐通饬各属一体协缉，实为公便。谨呈。

（原载《浙江公报》第一千五百五十一号，一二页，批牍）

浙江都督吕批

高检厅为呈送伍月分本厅暨杭鄞两厅

已未结刑诉案件清单由

据呈本年五月分该厅及杭、鄞两地检厅已未结刑诉案件清单已悉，仰即督饬将未结各案赶紧结报。缴。单存。七月四日

（原载《浙江公报》第一千五百五十一号，一二页，批牍）

浙江都督吕批

高审厅呈请将诸暨县清理积案委员赵寿春记功由

如详将诸暨清理积案委员赵寿春记功一次，以示奖励，仰即转饬知照。缴。记功状一纸随发。七月四日

（原载《浙江公报》第一千五百五十一号，一二页，批牍）

浙江都督吕批

高审厅呈复章宝老控郑益卿由

呈悉。人民不遵法定程序，来府越级呈控者，均经随时批斥。章宝老原禀声明案未决定，请速饬该厅核断。查阅抄粘大理院判词，系去年七月九日判决发还更审，迄今已将一年，果未判决，自应加以催促，来呈所请，似稍误会。至上告审案件暂为保留一节，人民既未周知，应由该厅印就通告书，遇有呈递上告状应送大理院审理者给予一纸，以免怀疑，仰即遵照。此批。七月四日

附原呈

为呈复事。案奉钧批政字第一六九二号内开，"仰高等审判厅迅予传集人证审判毋延。此批。禀抄发"等因。奉此，查本案郑益卿与郑显荣等因卖田争执，大理院发还更审，业经本厅传集

605

审理，于本年三月十日判决并送达在案。旋据郑显荣等声明不服，提起上告。惟时本省已宣告独立，上告审案件暂为保留，未便转送。当即通告各诉讼人知照。章宝老为案内关系人，乃不明事理，辄向钧府越级朦禀。在都督关心民瘼，不惜为之批饬，但恐此风一开，人民相率效尤，于法庭诉讼程序转多妨碍。嗣后遇有此项事件，拟请钧府批斥，均应遵守法定程序，毋许越级妄渎。是否有当，仰候钧裁。兹奉前因，理合呈复钧府鉴核。谨呈。

（原载《浙江公报》第一千五百五十一号，一二至一三页，批牍）

浙江都督吕批

发警政厅据旧温属护商警察局长徐定超
呈请饬撤船商球商两董事会由

呈悉。查此案前据该局呈送《瓯海护商经费经收人办事细则》到府，业经饬据警政厅呈复，并批转饬该局遵照在案。据呈各情，仍仰警政厅查明核办具复饬遵。此批。呈抄发。七月四日

附原呈

呈为呈请事。本年六月十二日案准浙江外海水上警察第三区函称，"奉外海水警厅长真电内开，'顷奉警政厅长电开，据温属船、球两会电称，徐慕初乘局长外出违章混争护商警捐，请饬照定章办理等情。查护商局经费照《护费分担规则》第三条，应由该两会经收，徐慕初系挟何种名义出收捐款，仰速查饬禁具报，并转该两会知照等因，并据船、球两董事会电请，速饬照定案办理，以清许可权等情，仰即遵章查禁并转该局遵照暨船、球两会知照'等因。奉此，除遵电办理暨分函外，相应函达贵局请烦遵照"等因。准此，查《修正旧温属护商警察局章程》第十三条内开，局长职权之第八项载明，"征收商船捐税，按月按级详报巡按

使"等语。旋据处属绅商杜师牧等禀称,"设立球商董事会,详奉前巡按使批饬船商、球商两董事会妥定护费分担办法,并准前瓯海道尹函送奉批核定《瓯海护商经费分担规则》六条"等因各在案。据该《分担规则》第三条内称,"球捐由球商董事会经收,船捐由船商董事会经收"等语,是征收捐税权在局长,经收捐款责在董事,许可权固属分明,而办法难免含混,应由局长议订《瓯海护商经费经收人办事细则》八条,其第一条定明,得由船商、球商两董事会各派一人到局作为本局经收人,业经将该《办事细则》呈请察核施行,并咨行船商、球商两董事会遵照办理各在案。突于六月五日接准瓯海船商董事会咨称,"自本月六日起,推派董事叶维周为办捐主任,限定比额,取有承办切结,并经缴存保证金一千二百元。除知会球会订期会编护警预算另文咨照外,合将船、球划分征收日期咨明查照备案"等因前来。局长以征收护费为本局饷需攸关,且系局长职责,万难放弃,当即咨复船商、球商两董事会遵照在案。六月六日该船董叶维周、郑友三、梅佐羹等竟率无赖多人到局骚扰,将本局所有征收案卷劫去,并将本局收支员陈龙文、查验员陈叔咸逼退,自行伪造戳记、捐票,挽收捐税。本局征收员徐象先目此情形,遂往商船商、球商两董事会协议。该船会会长余朝绅病卧在床,球会会长杜师预因公外出,均未接洽。现在叶维周、郑友三、梅佐羹等犹尚盘踞在局,自本月六日以后,捐款概归叶维周等收去,迄未缴局。查本局护费原出自船、球两商,局长滥竽斯职,全系官办性质,且定章具在,既不敢违命办事,又何能敷衍因循?际此时局多艰,海氛未靖,警船为护商而设,护费为警士饷源。该船商、球商董事等专顾私利,不恤商家,屡次违法侵权。该船会会长余朝绅、球会会长杜师预又不能秉公约束,且船商董事会本未奉准立案,董事郑友三、梅佐羹等又非安分之徒,姑勿论虚糜捐款,无济海商,且长此把持,于局务不无妨碍。拟请饬下取销船商、球商两董事会,俾资整顿而利海商。所有局长将船、球两董事违章侵权情形据实呈报,并请饬撤船、球两董事会各缘由,理合备文呈请都督察核批示祗遵施行。谨呈。

（原载《浙江公报》第一千五百五十一号,一三至一四页,批牍）

浙江都督吕批

高等审判厅呈送杭地审厅五年一月至五月止惩治盗匪统计表由

呈、表均悉。准予备案,仰即转饬知照。缴。表存。七月四日

附原呈

呈为呈报备案事。案据杭县地方审判厅呈报《惩治盗匪法》统计表一案,自五年一月至五月止,所办适用《惩治盗匪法》各案,理合列表呈报等因。据此,除批示并存留一份备案外,理合将是项统计表一份转呈都督察核备案。谨呈。

（原载《浙江公报》第一千五百五十一号,一四至一五页,批牍）

浙江都督吕批

宣平县知事呈为县属警察可否援警队成例一律给发恩饷由

呈悉。此次给发恩饷,县警队系包括警察而言,自应一律核实照给。至警佐及雇员系属薪俸,不在饷项范围以内,毋庸给发,仰民政厅转饬遵照。此批。抄呈发。七月四日

附原呈

呈为县属警察可否援照警队成例一律发给恩饷一月,仰祈察核示遵事。窃本年五月九日前瓯海道公署第九百三十一号饬

开，"本年五月三日奉前都督屈第一百五十八号饬开，'照得此次浙江宣布独立，所有出力军警，曾由本都督规定各给恩饷一月，以示鼓励。陆军及省城陆警暨内河、外海水警应领饷数，业饬财政厅拨款外，其各县警队应由各该县知事切实查明分别发给，所需款项即在地方收入项下动支，造册详销。惟须确实支领，不得有丝毫冒滥，以重公款。除分饬外，合行饬仰该道尹即便转饬所属一体遵照'等因。奉此，除分饬外，合行转饬该知事一体遵照办理"等因。奉此，遵查职县向无警队，只有警察二十名，警长二名，共二十二名，自宣布独立后，该警察尚能奉命勤职，实力防卫，可否援照发给警队恩饷成例一体发给。再，警佐及警所雇员亦应发给恩俸恩薪之处，出自恩施，如蒙俯允，自应遵饬再行造册核实呈销。所有县属警察可否援照警队成例一律发给恩饷一月缘由，理合具文呈请钧督察核示遵，实为公便。除呈民政厅暨财政厅外，谨呈。

（原载《浙江公报》第一千五百五十一号，一五页，批牍）

浙江都督吕批

民政厅为瓯海道呈送永嘉等十四县五种舆图及文卷由

呈及图、卷均悉。仰民政厅备案，并转饬各该县知事知照。其庆元、龙泉两县尚未送到，仰并饬令迅速造送备查。此批。抄呈发。图、卷存。七月四日

（原载《浙江公报》第一千五百五十一号，一五页，批牍）

浙江都督吕批

省会工程局总办呈送工务处章程暨办事细则支出预算书由

呈悉。察阅《章程》《办事细则》及支出预算书尚无不合，应准如拟办理，仰仍督率所属切实进行，以重工务，并报民政厅查考。此缴。

《章程》、《细则》、预算书并存。七月四日

附原呈

为遵批拟具《工务处编制权限章程》暨《办事细则》并支付预算书,请察核示遵事。窃于本年六月十五日奉都督批,总办呈拟将省会工程局裁并省会警察厅办理,以资撙节请核示由,奉批,"据呈拟将该局裁并省会警察厅办理,以资撙节等情,具见悉心擘画,实事求是,应即准如拟办理,仰将《办事细则》暨支付预算迅行编订呈核也。此缴"等因。奉此,总办查前工程局逐月支出薪水一项,多至一千余元,现计裁员加薪约共需洋五百元左右,而小工工食原定不及五百元,现又加派工人,增为七百余元。两两比较,似于工程上进行较速,然视五月分之预算,总计又减去六百元之谱,若果收入有余,将来拟再增加工人,修理道路,以副实事求是之至意。所有七月分支付预算书暨工务处之《章程》《办事细则》遵即一一拟就,是否有当,仰祈核定示遵。至工务处改组之期,拟定于七月一日实行,合并声明。谨呈。

（原载《浙江公报》第一千五百五十一号,一五至一六页,批牍）

浙江都督吕批

萧山县呈报钱江义渡经费奉厅批准
由县税项下拨银补助由

呈悉。此批。七月四日

（原载《浙江公报》第一千五百五十一号,一六页,批牍）

浙江都督吕批

发高检厅据遂安县余吴氏禀徐花竹杀死伊夫一案由

据禀已悉。仰高等检察厅转饬遂安县知事勒缉逸犯徐花竹等务

获究办,毋任玩延干咎,切切。此批。禀抄发。七月四日

（原载《浙江公报》第一千五百五十一号,一六页,批牍）

浙江都督吕批

建威路支队长呈为特编游击队营长
黄在中服务勤奋请加月薪由

呈悉。特编游击队营长黄在中,既据称服务勤奋,月薪准照少校十成支给,以示鼓励,仰即转饬知照。此批。七月四日

（原载《浙江公报》第一千五百五十一号,一六页,批牍）

吕都督致北京政府电

大总统、段总理钧鉴:奉艳日申令,遵行元年《约法》,召集国会,组织责任内阁。大号一出,天日为昭,浙省军民欢声雷动。各省亟应力谋统一,服从中央。除当即宣告本省军民外,并于本日电致军务院,请其即日撤销,以奠大局。浙江都督吕公望叩。萧。印。(中华民国五年七月二日)

（原载《浙江公报》第一千五百五十一号,一八页,电）

吕都督致北京各部总长暨各省军民长官及各报馆电

北京各部总长,各省(除云、贵、桂、湘)各特别区域军民长官,巡阅使,护军使,镇守使,上海时事新报转各报馆钧鉴:顷呈大总统段总理萧电,其文曰:"大总统、段总理钧鉴:奉艳日申令,遵行元年《约法》,召集国会,组织责任内阁。大号一出,天日为昭,浙省军民欢声雷动。各省亟应力谋统一,服从中央。除当即宣告本省军民外,并于本日电致军务院,请其即日撤销,以奠大局。浙江都督吕公望叩。萧。印。"又致云南、贵州、广西、湖南都督,肇庆岑都司令萧电,其文曰:"云南、贵州、广西、湖南各都督,肇庆岑都司令并转各总司令,上海唐少川先

生、梁任公先生钧鉴：读艳日大总统申令，遵行民国元年《约法》，召集国会，并任命段芝老组织内阁。大号一出，天日为昭，两浙军民欢声雷动。念自袁政府破坏法律，蹂躏民权，政治不良达于极点。我辈为巩固中华民国起见，宣布与袁政府脱离关系，并组织军务院为临时代表，原为不得已之举，今政府既能尊重法律，顺从民意，军务院自当查照成立时宣言早日撤废，其组织军务院之各省亦应同时服从中央，力求统一，并各维持全省现任①，静待协商善后办法。公望与浙中同人主张一致，贵省想必赞同，应请即由唐抚军长用军务院全体抚军署名宣告撤销军务院，并电呈大总统、段总理表明此意。其余一切善后，从容协商，不难次第解决。国事飘摇，渐登彼岸。政府既表真忱，我辈自当拥护。属在同舟，用敢竭诚相告。诸公热心爱国，当必共表同情。切盼复音，无任翘企。浙江都督吕公望叩。萧。印。"特此奉闻。浙江都督吕公望叩。萧。印。（中华民国五年七月二日）

（原载《浙江公报》第一千五百五十一号，一八至一九页，电）

吕都督致云贵桂湘各都督暨肇庆岑都司令电

云南、贵州、广西、湖南各都督，肇庆岑都司令并转各总司令，上海唐少川先生、梁任公先生钧鉴：读艳日大总统申令，遵行民国元年《约法》，召集国会，并任命段芝老组织内阁。大号一出，天日为昭，两浙军民欢声雷动。念自袁政府破坏法律，蹂躏民权，政治不良达于极点。我辈为巩固中华民国起见，宣布与袁政府脱离关系，并组织军务院为临时代表，原为不得已之举，今政府既能尊重法律，顺从民意，军务院自当查照成立时宣言早日撤废，其组织军务院之各省亦应同时服从中央，力求统一，并各维持全省现任②，静待协商善后办法。公望与浙中同人主张一致，贵省想必赞同，应请即由唐抚军长用军务院全

---

① 现任，疑为"现状"之误。
② 现任，疑为"现状"之误。

体抚军署名宣告撤销军务院,并电呈大总统、段总理表明此意。其余一切善后,从容协商,不难次第解决。国事飘摇,渐登彼岸。政府既表真忱,我辈自当拥护。属在同舟,用敢竭诚相告。诸公热心爱国,当必共表同情。切盼复音,无任翘企。浙江都督吕公望叩。萧。印。（中华民国五年七月二日）

（原载《浙江公报》第一千五百五十一号,一九页,电）

附　梁启超复吕公望电

杭州吕都督鉴:萧电敬悉。自大总统依法继任后,唐抚军长蒸日通电即议速撤军务院,徒以《约法》、国会、内阁三问题未决,荏苒至今。今涣汗大号,重翳顿开,若军务院依然对峙存立,不特中外猜疑,且我师前此不得已之苦心亦无由自白。我公建议立行撤废,良深钦佩。想诸抚军眷怀大局,廓然至公,必咸乐赞也。肃复。并乞以鄙意代致滇、黔、邕、衡、叙、肇等处。启超。江。（中华民国五年七月三日）

（原载《中华新报》一九一六年七月五日;《民国日报》一九一六年七月五日,二版,公电）

浙江都督府饬军字第五百二十五号

饬本府军医课课长蒋可宗任职有年勤劳卓著照现职十成支薪由

为饬知事。查该员任职有年,勤劳卓著,应自本月份起照一等军医正十成支薪,以示鼓励,合行饬仰该员知照。此饬。

都督吕公望

右饬本府军务厅军医课课长蒋可宗。准此。

中华民国五年七月五日

（原载《浙江公报》第一千五百五十二号,一九一六年七月八日,一至二页,饬）

浙江都督府饬军字第五百二十八号

饬第二十五师师长张载阳销去嘉湖镇守使兼职
另委镇守使并旅团营长各缺由

为饬遵事。照得陆军第二十五师师长张载阳应销去嘉湖镇守使兼职，专任师长，以重责成。特任步兵第十一旅旅长王桂林为嘉湖镇守使，销去宪兵司令官职务；所遗旅长缺，以步兵第二十二团团长来伟良升任；递遗团长缺，以该团第二营营长陈璠升任；递遗营长缺，以该营第八连连长周之鼎升任。又步兵第二十一团团长傅其永，堪以任命为本府军事顾问官；所遗团长缺，以该团第二营营长陈肇英升任，销去陆军军械总局长兼职；所遗营长缺，以本府厅附朱维翰充任。又任命本府参谋张国威兼陆军军械总局局长。除分行外，合行饬该师长遵照并将交卸兼职日期具报，仍饬所属一体知照。/将特任状饬发该兼司令官遵照，并将分别交卸及接任日期具报，仍饬所属一体知照。/将来伟良一员特任状，陈璠、周之鼎、傅其永、陈肇英四员任命状饬该师长转发饬遵并饬所属一体知照。此饬。

计发特任状一张、任命状四张。

都督吕公望

右饬陆军第二十五师师长张载阳、陆军步兵第十一旅旅长兼浙江护国军第一军司令官王桂林、陆军第六师师长童保暄。准此。

中华民国五年七月十日

（原载《浙江公报》第一千五百五十七号，一九一六年七月十三日，二页，饬）

浙江都督府饬军字第同上号

饬第二十五师师长张载阳销去嘉湖镇守使
兼职另委镇守使并旅团营长各缺由

为饬遵事。照得陆军第二十五师师长张载阳应销去嘉湖镇守使兼职,专任师长,以重责成(云云同前号)。除分行外,合将任命状饬发该员遵照,并将接/兼任日期具报。此饬。

计发任命状各一张。

都督吕公望

右饬本府军务厅厅附朱维翰、参谋张国威。准此。

中华民国五年七月十日

(原载《浙江公报》第一千五百五十七号,二至三页,饬)

浙江都督府饬军字第五百三十号

饬特任傅其永兼宪兵司令官由

为饬遵事。照得王桂林现升任嘉湖镇守使,业饬销去宪兵司令官职务。兹特任该员兼浙江宪兵司令官,合将特任状饬发遵照,仰将兼任日期具报。此饬。

计发特任状一张。

都督吕公望

右饬本府军事顾问官傅其永。准此。

中华民国五年七月十日

(原载《浙江公报》第一千五百五十七号,三页,饬)

浙江都督府饬政字第二百五十四号

饬盐运使转饬各场局所卡购阅公报由

为饬遵事。照得本府《公报》为发布法令章制之枢纽,凡属本省管辖各机关自应一律领购,以资阅览。查该署直辖各场、局、所、卡并未购阅,于法令之颁布、章制之变更诸多隔阂,办事易生窒碍。兹定自本年七月一日起,发该署各场、局、所、卡《公报》各一份,其报费各就额定公费项下开支。除开单饬知公报处照办外,合行饬仰该运使迅行转饬遵照毋违。再,前饬该署抄登《公报》之件,时近一月,迄未照章送登，并仰查照前饬办理毋延，切切。此饬。

计抄发清单一件。

都督吕公望

右饬浙江盐运使胡思义。准此。

中华民国五年七月五日

（原载《浙江公报》第一千五百五十二号，二页，饬）

浙江都督府饬政字第二百五十五号

饬民政厅转饬各学校停止教授袁政府颁布教育宗旨由

为饬遵事。照得民国四年一月一日袁政府所颁《教育宗旨》，其首列爱国一篇，反对虐政者视为暴徒，有志革新者诋为亡命，窥其用意，无非欲斫丧士气，蹂躏人权，殊与共和国体大相违背。且令各学校学生诵读默写，直与前清考试时之默写《圣谕广训》无异，尤非正当办法。为此饬仰该厅应即通饬各县知事，转饬所属各学校即日将《教育宗旨》停止教授。此外，近两年来袁政府所颁教育命令，有与国体抵触者，应并一体查明呈候核办，毋稍违延，切切。此饬。

都督吕公望

右饬民政厅厅长王文庆。准此。

中华民国五年七月五日

（原载《浙江公报》第一千五百五十二号，二页，饬）

浙江都督吕批

发财政厅据义乌县人民朱宪章等
呈控经征人赵屏等舞弊浮征由

呈悉。控关经征舞弊，虚实均应澈究。查阅粘抄，案已由县批准再行定期集讯，仰财政厅速饬义乌县传集人证，核明确据，秉公讯办，毋稍徇延，切切。此批。原呈及粘抄并发。仍缴。七月三日

（原载《浙江公报》第一千五百五十二号，一〇页，批牍）

浙江都督吕批

发高审厅为江山县知事呈伍怀俊状报被璩大脚腹肚 纠抢案内获犯讯供情形由

呈及供、摺均悉。仰高等审判厅饬提璩大脚腹肚复讯明确,按律拟办。徐延寿一名是否确被诬报,抑系狡供避就,并即讯明分别办释,毋稍枉纵。至璩大脚腹肚是否即璩大考不肚,所请赏洋四十元在县准备金项下开支一节,并由该厅核议复夺,仍饬将勘验情形呈报备查。此批。供、摺存。七月四日

附原呈

江山县知事程起鹏呈为录供呈报事。案查县知事办理命盗案限期及《惩奖暂行规则》第十三条内开,"命盗案件自人犯获案之日起限一月内,备录全案,供勘详报"等因,奉经遵办在案。兹查本年五月二十五日据县辖坛石乡民人伍怀俊,以伊家于二十四夜被璩大脚腹肚等纠党抢去耕牛等情来案告诉,业经派员诣勘,先将耕牛查获送回,并于本月九日缉获被告璩大脚腹肚及徐延寿二名,讯供管押在案。除饬传人证讯明核判外,理合缮具供折备文呈报,仰祈钧督察核。再,璩大脚腹肚即璩大考不肚,曾于民国三年十月间详报与玉山县知事会哨案内声请悬赏洋四十元,并奉前巡按使批准备案在案。现在该犯既已缉获,所有前项赏洋应否按照《悬赏缉捕盗匪办法》在正税内支销,抑仍照原请在县准备金项下开支之处,并乞示遵。又,本案前因疑系窃案,故未即详报,后经一再查询,始悉确系盗案,以致录报稍稽,合并声明。谨呈。

（原载《浙江公报》第一千五百五十二号,一〇页,批牍）

浙江都督吕批

发民政厅据承办蚕种制造场胡景福等
禀控陈委员揹价不付请饬给由

禀及抄件均悉。据称承办蚕种制造场房屋,如果遵照说明书依式构造,又经改修,该委员何至久揹工价,延不清付? 此中有无别情,仰民政厅派员验明议复核夺。此批。抄禀及附件发,仍缴。七月四日

（原载《浙江公报》第一千五百五十二号,一一页,批牍）

浙江都督吕批

民政厅长呈据遂安县呈拟设警队所需开办常年
各费可否在三成警费内支销由

呈悉。查此案前据遂安县呈复到府,当经批饬该厅查核饬遵在案。据呈各情,仰即如呈饬行遂安县遵照办理。此批。七月四日

附原呈

为呈请事。案奉钧督批发金华道尹呈遂安县查复尚存三成警费数目由,奉批,"呈悉。查届前都督批该县'县税三成警费项下尚有余存若干,能否敷招募警队之用,表列开支各款,多与定章不合,应俟复到再行核夺'等语,指示甚为明晰。兹据该知事详复,仅将余存警费数目列报,至经费是否足敷添募开支,何以不合定章,并未声叙明白,殊属朦混。仰民政厅转饬该县知事迅即遵照前批,将所指各节详晰呈复,以凭核夺。此批。抄详发"等因。奉经转饬该县遵照批指切实声复去后。兹据复称,"知事遵即按照批指,并参照前颁《修正浙江县属警队章程》察度现势,悉心研究,拟设警队十二名,内正、副警兵各六名,又什长一名、伙夫一名,共计十四名,每月按照丙等给饷,其队长一职即由城

区警佐钱智泉就近兼带,每月照章酌给津贴十元,核计每月所需薪饷各费共计八十八元五角,年共计洋一千六十二元。现在开办之初,所需服装各费,除枪械、子弹从前因裁减警额移存县署,尚足敷用,毋庸再添外,其余各件约计需洋一百七十一元另,皆系撙节支配,核实预算。至遂邑县税项下三成警费,每忙约可收洋一千七百余元,年共约洋三千四百余元,以之拨充警队经费,每年尚可余洋二千三百余元。第是项警费前已催缴支解清楚,惟四年下忙所收三成警费共洋一千七百六十一元。除前因购置警察服装详奉批准垫支洋二百六十三元一角八分,又续奉批准发给城乡警察一月恩饷,动支洋一百六十四元六角外,尚余存洋一千三百三十三元二角二分。此次遂邑设立警队,所需开办、常年各费可否在于是项三成警费款内照数支销之处,出自钧裁。合再另行妥编预算及薪饷杂费两表,备文呈请,仰祈钧厅察核示遵"等情,并送开办、薪饷预算表二纸到厅。查该县所称三成警费余款既指四年下忙所收而言,是系该县应解省款,并非于解款之外另有积存可资留用,况前次垫支购置警察服装经费虽经批准,仍饬就地设法筹还,警察恩饷业已批斥不得动支警费,乃该知事于节次批示漫无觉察,擅自拟议,殊属有意朦混,所请未便照准。该县警队经费拟饬就地另筹的款,再行详夺。据呈前情,理合备文呈请钧督察核示遵。谨呈。

（原载《浙江公报》第一千五百五十二号,一一至一二页,批牍）

浙江都督吕批

委员刘崧申镇海县知事会呈查勘竺山营地情形由

呈悉。据会同查明,"镇邑竺山营地情形,拟将此项地基应尽四十九旅扩充一长方形之操场,其余零星之田亩约计十余亩,仍供农会试验场之用"等情。查镇海江南大营原定计画系建筑陆军营房一团，悉数收用，尚属不敷，所有该县农事试验场，应饬农会赶速另觅相当空地，以资开办。所请将该营地划分十余亩仍作试验场一节，著不准行。除饬陆军第二十五师暨民政厅遵照外，此批。七月四日

按，原呈见本日第五百零九号饬内。

（原载《浙江公报》第一千五百五十二号，一二页，批牍）

浙江都督吕批

发民政厅转饬东阳县知事对于警备队统带往来公文应用公函由

呈悉。查本省《文武各官现行公文程式条例》业经通饬并刊登《公报》在案，该县对于警备队统带往来公文应即查照《条例》第五条概用公函，仰民政厅转饬遵照。此批。七月五日

附原呈

呈为警备队统部公文未奉明定，请核示遵行事。窃查县知事对于警备队统带向系不相统属，来往公文一律均用公函。现在遗缺奉裁，关于防务事宜划归统部兼办，是统部所办事务已有一部分得受指挥之权，县署行去公文应否改用呈或咨呈，抑或仍用公函，否则或须分别统属部分与不统属部分事务酌量办理。伏查钧府前颁废除道制饬知内有"省官制迭为四级，层累过多，政治设施殊多障碍，应即裁撤"等因，今以警备队统带兼代防务职权，而其上则有司令官及警务厅等层累仍多，不无疑义。公文程式关系行政系统，未奉明文规定，知事未敢冒昧，理合将县知事对于警备队统带公文应如何明定之处，备文呈请，仰祈钧督察核批示饬遵，实为公便。谨呈。

（原载《浙江公报》第一千五百五十二号，一二至一三页，批牍）

浙江都督吕批

发财政厅据通益公司董事龚心铭等再请缓解公款由

此案前据财政厅以该公司缴还公款甫经一年,何得遽更前议,所请碍难照准,已批饬"赶将本年六月底应缴之一万元,刻日如数解库核收"等情呈复到府,业经批准在案。该公司每年应缴公款本已一再核减,经前张财政厅长详定缴二万元,并切实声明,倘厂务或有中辍,应缴官款由龚心铭等照赔,不得以他故藉口,亦不得以中途有事推卸责任,倘龚心铭等一日推卸责任,即将纱厂所有房产、机器全数入官,由官厅招商标卖,不足之数仍由龚心铭等照偿等语详准立案。此时何能率请展缓,据禀仍难准行,并仰财政厅知照。此批。摘由、钞禀发。七月四日

（原载《浙江公报》第一千五百五十二号,一三页,批牍）

浙江都督吕批

民政厅呈遵批呈复地方警察厅官制毋庸修改
兰溪一局可否先饬改所由

据呈兰溪警察局"因道制而设,现在根本既有变更,该局当然不应存在,与原定地方警察厅官制并无出入,似可毋庸修改,可否先行改组,以便进行"等语。应准先行改组,仰即转饬兰溪警察局仍照县警察所官制改为警察所,并饬报由该厅转报备案。此批。七月四日

附原呈

呈为遵批呈复事。本年六月二十一日奉钧督批本厅呈请将兰溪警察局仍改为警察所由,奉批,"呈悉。道制废除,各地方警察厅局除省会警察厅外,均归民政厅管辖,其从前仅改名称,无关事实,各局自应仍改为警察所,以归一律,仰该厅妥速筹议修

改章制呈复核夺。至兰溪一局,候全体改组后再行饬遵可也。此批。摘由发"等因。奉此,窃查各县警察所自民国三年按照《县警察所官制》改组以来,窒碍殊多,业由本厅沥叙应行改革情形,并拟具《官制草案》呈请钧督交议在案,尚未奉到批示。至所属警察厅局,系根据《地方警察厅官制》改设,查前项《官制》规定道尹驻在区域及商埠地方准按就地情形酌设警察厅、局,现在道制废除,除鄞县、永嘉两县均属商埠,不与道制相涉,自应仍设厅、局外,其兰溪一局系因道制而设,现在根本既有变更,则该局当然不应存在,核与原定《地方警察厅官制》并无出入,似可毋庸修改。前项议改《官制草案》,如蒙交议通过,则兰溪警察所之组织自应与其他各警所一律办理。此案既蒙核准,可否即行批厅转饬先行改组,以便进行之处,奉批前因,理合备文呈复,仰祈都督察核示遵。谨呈。

(原载《浙江公报》第一千五百五十二号,一三至一四页,批牍)

浙江都督吕批

民政厅呈复奉批办理嘉善县呈称该县城区枫泾各警佐难称职守一案由

呈悉。仰即转饬嘉善县知照。此批。七月五日

附原呈

为呈复事。案奉都督批嘉善县知事呈为善邑城区、枫泾各警佐难称职守作何处分乞示遵由,奉批,"据呈该县城区警佐苏炳瑶,平日办理警务既乏成绩,此次连界地方发生枭匪拒捕重案,并无觉察防范,至以无人报告为辞,殊属有忝厥职,应即撤任示惩。至枫泾代理警佐吴文标,对于该管境内出案藉口抱病,既不能先事预防,又无一字呈报,并属旷官溺职,应予一律撤惩,仰

民政厅迅即分别遴委并饬催已调警佐胡景辉克日到差，以重警政而肃官常，仍将办理情形克日呈报。此批。呈抄发"等因。奉此，查此案前据该知事并呈到厅，当经批以，"呈悉。该警佐苏炳瑶平时不知整顿，遇警漫无觉察，实为有忝厥职，应即撤任示惩。遗缺查有陈益堪以接充，月薪照一等支给。除给委外，仰即转饬该警佐俟新委到所，即便妥为交替具报备查，并饬将旧委状缴县呈销。至吴文标系该知事委代人员，应即由县量予惩戒，呈厅备案。再，调任枫泾警佐胡景辉，业据绍兴县警察所呈报于六月一日卸东关任，所请饬催之处，应毋庸议。在胡景辉未到任以前，仍责成吴文标认真防范，毋再疏忽，一面会督营警严缉此案匪徒，务获究报，切切。此缴"等语印发在案。奉批前因，理合备文呈复，仰祈都督察核。谨呈。

（原载《浙江公报》第一千五百五十二号，一四至一五页，批牍）

浙江都督吕批

民政厅呈仙居县知事准给假两星期以便调理由

呈悉。准予给假两星期，以便调理，仰即转饬知照。此缴。七月五日

附原呈

浙江民政厅呈为呈复事。案奉钧督批发仙居县知事孙熙鼎因病恳准开缺一案，奉批，"据呈该知事因病拟请开缺等情，是否实情，仰民政厅查明复夺。此批。呈抄发"等因。奉此，并先据该知事分呈到厅，查核知事孙熙鼎任事以来勤慎从公，对于地方庶政尚能积极进行，兹据因病辞职，拟请酌给假期，俾便调治，以示体恤。是否有当，理合备文呈复，仰祈钧督核示施行。谨呈。

（原载《浙江公报》第一千五百五十二号，一五页，批牍）

浙江都督吕批

高等审判厅呈请废止易笞条例请示由

《易笞条例》不独违反文明法制，并于防止犯罪、疏通监狱，毫无实益。来呈所述第二、第三两理由尤为充足，现在政府励行法治，死刑覆准回报之手续，政府已有明令，仍依《刑律》办理。此项《易笞条例》自应先行停止，以符法治之本意，仰即通饬各属一体遵照。缴。

七月五日

附原呈

呈为共和恢复，弊制未除，拟请废止《易笞条例》，以符体制，仰祈核示祗遵事。窃维笞刑易罚，在清季时代，以末路之专制国家尚知尊崇人道，废除肉刑，矧国体已成共和，乃复回复此不良之弊制。如"徒刑"，《易笞条例》为民国三年十一月十六日政府所公布者，施行至今，除与国体抵触外，揭其弊端，厥有数事。"徒刑"，在《易笞条例》上原不无制限，而兼理诉讼之知事，辄因兹对于未决之囚任意滥用笞责，喜怒所在，刑罚随之，而例许改易者，又往往稽滞狱中，置之不理。此项不适法之《条例》直不啻予不肖官吏出入刑罪之具，其应废一。《条例》所载，非丧失廉耻之罪犯，不得易笞，立法之初，用心良苦。然应徒罪囚因有易笞之《例》，则出狱较易，而丧失廉耻之罪犯因此之故，致狱中感化制度亦入人不深。窃谓此《例》不除，适足以渐灭罪囚之廉耻，其应废二。易笞之举，所以疏通监狱也，然自该《条例》公布以来，各县罪囚有增无减，狱舍拥挤之报告接踵而至，所谓疏通者亦未见有丝毫效果。夫扬汤止沸，何如釜底抽薪，乃不于进化上培根本，而斤斤于已决罪囚中谋较量，揆之刑事政策，亦不能认为完善，其应废三。各国改良刑狱，或基于国体之变更，或原于学说之鼓吹，或受外交之驱迫。中国领事裁判权之存在，藉口于刑狱之不良，其受交涉之驱迫甚矣。比年以来，因欲收回裁判权之故，提倡改良刑律矣，乃又布此野蛮法令，背道而驰，非特贻外交之羞耻，亦反改良刑律之初衷，以子之矛，授子之盾，窃恐领事裁判权更收回无日。此应废止者四。以上各节，就管见所及，对于《易答条例》诚一无便利可言，而弊窦则杂出不已，如果急行废止，未始非吾浙政治改良之先导。所有拟请废止《易答条例》藉符共和体制缘由，是否有当，理合呈请鉴核批示祗遵。谨呈。

（原载《浙江公报》第一千五百五十二号，一五至一六页，批牍）

浙江都督吕批

发财政厅据候补知事邱树枫拟请假回籍由

据称奉饬销差，拟请假三月回籍省亲，果无经手未完事件，应即照准。仰财政厅查明具报，并转饬知照。此批。七月五日

附原呈

为请假事。窃知事前充旧金属督查员，昨奉财政厅饬知调省另候差委，现已销差，并无经手未完事件。惟知事宦游异地，计历数年，双亲在籍，定省久疏。兹拟回籍省视一次，兼筹资斧，但路途遥远，往返需日，用敢据情呈明，恳请给假三月，一俟期满，即行回省销假，听候委任，不敢久离。谨呈。

（原载《浙江公报》第一千五百五十二号，一六页，批牍）

浙江都督吕批

财政厅呈荐桐乡统捐局长窦炎撤任遗缺以魏在田补充由

呈及履历均悉。据称桐乡统捐局局长窦炎因短收撤任，遗缺以魏在田补充，应即照准。仰将发去任命状转给祗领，并饬克日前往接

任。此缴。履历存。任命状随发。七月五日

（原载《浙江公报》第一千五百五十二号，一六页，批牍）

浙江都督吕批

财政厅呈请余镜清接充菱湖统捐局长由

呈、摺均悉。据称菱湖统捐局长郭曾程因案撤任，遗缺以余镜清接充，应即照准。合将任命状填发，仰即转饬祗领并将到差日期具报。此缴。履历存。七月五日

（原载《浙江公报》第一千五百五十二号，一六至一七页，批牍）

浙江都督吕批

於潜监征员张伯载呈报该县屯田缴价违章浮收并送证据由

呈悉。察核据送实收存根与执照存根所填银数确有不符，且间有实收存根内亩分数目亦未填明者，违章浮收，已可概见。究竟浮收之数共有若干，该知事郭曾煜是否知情，抑仅失于觉察，仰候饬知财政厅迅即派员前往会同该员澈查究追，以为蠹国病民者戒。此批。附件存。七月五日

（原载《浙江公报》第一千五百五十二号，一七页，批牍）

浙江都督吕批

发财政厅据於潜县知事呈请速饬监征员
将屯田缴价簿根发还以凭查办由

呈悉。屯田缴价处系由县设立，该知事职守所在，应负完全责任。乃自上年成立迄今，收数业已过半，而所有一切簿据存根尚未寓目，迨监征员查有违章浮收情事，始以簿根已被携去，无从查办为词来府具呈，希图诿卸，纵非通同舞弊，亦属谬妄糊涂。现据监征员将实收执照存根等件呈送前来，详加察核，情弊显然，已饬厅派员前往查办矣。

仰财政厅转饬静候查办，毋得饰词朦混，切切。此批。七月五日

（原载《浙江公报》第一千五百五十二号，一七页，批牍）

浙江都督吕批

民政厅呈复批发台州镇守使请改定查米办法由

呈及附件阅悉。台属查米各局积弊之深，本都督早有所闻，该厅谓为人治之不善，请照旧章整顿办理，未为无见。惟查该《章程》全体除第十四条，因年岁荒歉定期禁止外，平时谷米本许流通，虽谓事关民食，地方官不可无操纵之权，然民食之缺否，视乎岁收之丰歉，与市价之贵贱，自可由地方官随时斟酌盈虚设法禁止，无庸常设一局，转以重劳费而增留难。又，该《章程》第八条，经费收入全恃充公米石变价，虽有第二十条等之制裁，究不免如该镇守使所云易滋流弊。地方利害攸关，计议不厌精详，仰即转饬各该县知事召集正绅，参酌地方情形，悉心拟议，再由该厅妥定办法呈候核夺，务使民食、商情两无妨碍，至为切要。此缴。附件存。七月五日

附原呈

呈为呈复事。本年六月七日案奉钧督批台州镇守使顾乃斌呈为台属禁米事项请改定办法由，奉批，"呈悉。禁米出口，本为维持民食、限制私贩起见，据称《查米局章程》窒碍难行，暨办事积习成弊各节，极为有见。仰民政厅妥议呈复核夺。至鄞县各商详请放运米石共计若干，如果该商购运之米系在独立以前确已办就，自应准其报运出口，以恤商艰，并仰该厅电商顾镇守使酌核办理复夺可也。此批。抄呈发"等因。奉此，查核原呈所称各节，对于查米局办事积习成弊一节，诚为极有见地，但此乃承办员丁或未尽善，非《查米章程》不周于用也。查该《章程》第十二条暨第十四条第一项之规定，其余流通米石、保持民食各方

面,业已并顾兼筹,初非漫无限制。又查该《章程》第二十条载有,各查米局员丁及水陆警各署所官警查获私米,如有隐匿不报或受贿放纵情事,一经发觉,除将赃款追缴外,并撤革按律惩办;对于平粜米石,如有侵蚀价银或报销不实情事,一经发觉,并一律惩办各等语。是办事员丁等有舞弊情事,亦可执法以绳于后,如果各该管县知事严加督察,何患枝节横生。又,原呈所称查米局既无经费,尽可不设一节,殊不知改归水警,用虽较节,亦非可枵腹从公,应需经费在势仍不能不取给于变价充公等款,而对于稽查等事,各该管县知事不能过问,少一层监督,难保不多一种流弊。况各该局自设立以来,并未有因经费不敷呈请撤销者,是经费一项似亦不生问题。厅长详绎旧章,按诸事实,窃谓旧台属查米事宜似宜仍照向章办理,以符原案而免纷更。至该镇署禁米出口前据温岭县知事详报前来,业经前都督屈批准在案,目下为弛为禁,如能比附《查米章程》第十四条随时察看情形,酌量办理,似亦不难取决。拟俟各县自治会成立后酌量修改《章程》,各县每年运米出口之数,由县自治会按照该县收成之丰歉及米价之贵贱议定,出口米石最高限度由县知事按数发给护照,以数满而截止出口,似更能适合地方情形,以斟酌盈虚而维持民食。奉批前因,除鄞县各商请放运米业经函达台州镇守使酌核办理外,理合将拟议旧台属查米事宜暂时仍照向章办理缘由,录附《章程》,备文呈复,是否有当,仰祈钧督批示祗遵。谨呈。

(原载《浙江公报》第一千五百五十二号,一七至一八页,批牍)

浙江都督吕批

民政厅呈复奉批核办玉环县呈请楚门
匪案内警佐防守出力请奖一案由

呈悉。仰即转饬玉环县知照。此批。七月五日按,原呈已见本月二日"呈"门。

（原载《浙江公报》第一千五百五十二号,一八页,批牍）

浙江都督吕批

警政厅呈为警备队第二区第三营剿办
土匪拿获钱竹庵并获枪械请奖由

呈悉。准予备案。此批。七月五日

（原载《浙江公报》第一千五百五十二号,一九页,批牍）

浙江都督吕批

杭县范春山禀控吴警佐妄庇警士石锦春致女遭畏吓自尽由

禀悉。案关刑事,既据向杭县地方检察厅告诉,仰即听候该厅核办可也。此批。七月四日

（原载《浙江公报》第一千五百五十二号,二〇页,批示）

浙江都督吕批

新昌俞观旭禀请饬查两次请留警佐沈衍箕捏名由

禀悉。查该公民两次拟请留升警佐沈衍箕禀内俱分别画押盖章,第二次代为投禀之代表吕锡庚亦于禀尾盖章,今忽称系被人捏列,是否因前禀被驳饰词诿卸,仰系代投之人擅为捏名,均应澈究。候饬该县知事澈查呈覆,听候核办。此批。七月五日

（原载《浙江公报》第一千五百五十二号,二〇页,批示）

浙江都督吕批

仁和场灶商吴尚志等为遵照盐运使批示
组织运晒公厫禀请备案由

禀悉。既据拟具简章呈送盐运使,应候该使核示遵行,毋庸率请

备案。此批。七月五日

（原载《浙江公报》第一千五百五十二号，二〇页，批示）

浙江都督吕批

乐清赵佐等控钱知事溺职营私请饬查撤换由①

据禀是否属实，仰即照章取具坐诬切结，并确实铺保，听候查明核办。此批。七月五日

（原载《浙江公报》第一千五百五十二号，二〇页，批示）

浙江都督府饬军字第五百三十一号

饬军警各机关嗣后输送军械装具由本府填给护照由

为通饬事。照得运送军械装具及一切军用物品，向由本府填发护照，查验放行，历经办理在案。兹据本府特派驻站委员董亚舒报称"窃自沪杭通车以来，凡军警各机关在本省境内自行运送军械装具，往往无正式护照，以致军站留难"等语。似此自由输运，漫无稽查，殊属非是。嗣后凡各机关输送军械弹药及重要军需物品等件，遵照向章，仍由本府填发护照。至零星军需物品，以及军用轻微物件，应即由各该机关备具函件注明物品数目，持交该站委员查验放行，以免阻误而期便捷。除分行外，合亟饬仰该　即便转饬所属一体遵照。此饬。

都督吕公望

右饬陆军第六师师长、陆军第二十五师师长、护国军预备第一旅旅长、嘉湖镇守使、台州镇守使、建威路支队长、宪兵司令官、民政厅厅长、警政厅厅长、军械总局局长。准此。

中华民国五年七月六日

（《浙江公报》第一千五百五十三号，一九一六年七月九日，首页，饬）

---

　　①　钱知事，即钱沐华，字实秋，江苏南通人，民国三年八月至民国六年十二月任乐清县代知事。

浙江都督府饬政字第二百四十一号

饬各县查明办理地方事业各捐款列表呈送察核由

为饬查事。照得办理地方事业，固以筹款为前提，而筹集款项，亦未便稍涉繁苛，致滋扰累。乃近年来，各属地方办理公益事宜，往往各自筹捐，名目纷繁，办法不一。其间热心公益、认真从事者固不乏人，而日久弊滋，假公济私者，亦在所难免。时艰恐亟①，生计困难，嗟彼商民，何以堪此？应仍应革，亟应详细调查，分别核定，以祛苛细而重民生。除通饬查报外，合行饬仰该知事立即遵照发去表式，将所有办理地方事业各捐款，无论已、未详准有案，逐一调查明确，限文到十日内列表呈送本府及主管各厅查核，毋稍漏延，切切。再，嗣后倘有假公益名义私自收捐者，一经查出，定即从严究惩。该知事如失于觉察，亦应同负责任，凛之。特饬。

计发表式一纸。

都督吕公望

右饬各县知事。准此。

中华民国五年七月六日

（《浙江公报》第一千五百五十三号，首至一页，饬）

浙江都督府饬政字第二百四十五号

饬各县知事毋得擅杀滥押暨用刑讯由

为通饬事。照得各县知事有兼理司法之责，与人民有直接关系，应如何守法奉公，为民表率（文云已见本月五日本报"饬"门）。以上所举三端，均于人民生命、身体、自由有重大关系，各知事今日为官，将来仍须为民；即自己终身服官，子孙亦将为民。试一设身处地，遇

---

① 恐亟，疑为"孔亟"之误。

此不法侵害，其能甘心忍受否？除饬高等检察厅随时查察、依法起诉外，合亟通饬，自此次告诫之后，如再阳奉阴违，一经发觉，本都督惟有按法惩治，不能曲为宽贷。其各懔遵，仍先将奉文遵办情形报查，并传知承审、警佐各员一体遵照毋违，切切。此饬。

都督吕公望

右饬七十五县知事。准此。

中华民国五年七月六日

（《浙江公报》第一千五百五十三号，一页，饬）

浙江都督府饬政字第二百五十六号

饬高检厅民政厅警政厅准绥远都统咨缉
夏人杰亏款潜逃请通缉由

为通缉事。本年七月一日准绥远都统署咨开，"案据绥远垦务总局详称，窃据清理地亩局详称，为分局收款，责有专归，亏款潜逃，未容诿卸，详祈核夺事。窃四月二十三日据清理萨托清三县地亩分局局长田金贵详称，窃查案奉饬开：以永分局长泉接充清理萨托清三县地亩分局局长等因，遵于三月二十七日将钤记、卷宗、图册等项先行移交，至所收款项账目头绪纷繁，一俟核算清楚，即当交代，业经咨明在案。查包镇行局委员夏人杰经征地价银两，迄未呈报清楚，前分局长迭次严催该员，竟一味藉词延宕①，显有亏挪情弊，当将账簿提来，暨函知各商号存款不准提取，防其抽改侵挪，并饬该员迅速来萨交代，仍复置若罔闻。兹于四月十八日复派跟丁王崇恩赴包守提欠交各款，并饬夏委员同来清算账目。旋于十九日据去丁回称，十八日下午抵包，即到夏委员寓所，询据伊家人云，该家主已于本日午刻乘骡赴河西。次早又赴该寓探听，夏委员仍未归来，特回报告等语。前分

---

① 延宕，底本误作"延岩"，径改。

局长综核夏委员经手账目并各单据，一二三月收款未据呈报，共银二千八百余两。除各商号现存银二千二百余两外，计尚欠交银六百余两。又，闻经调查委员查出该员由沙尔沁村商号代征地价项下提挪市平银四百两，约共库平银一千余两，屡经严催呈缴，胆敢远避包镇，兹复畏罪潜逃。查夏委员系浙江山阴县人，应请通饬严缉，务获追缴惩办，以重公款。除径详垦务总局外，理合备由详请宪局鉴核施行。再，闻夏委员尚有收过臭水井等村地价，银两并未列账，合并声明等情前来。查分局收款，当然由分局局长担负完全责任，举凡分行各局经手款项人员稍有亏挪情事，为分局局长者不得辞其责。今夏人杰亏款潜逃，固应通缉，而信用夏人杰者，似亦不容诿卸，应如何办理之处，理合具文详请核夺施行等情前来。查夏人杰亏款至一千余两之多，胆敢潜逃，自应通缉归案讯办。至该前分局长田全贵，本为夏委员原保人员，自难诿卸。除批饬清理地亩局勒限赔缴，以重公款外，理合详请通缉等情前来。除批示并饬属严限通缉外，相应咨行贵将军转饬地方文武各官通缉，务获引渡来绥，以便归案讯办。此咨"等因。准此，合行饬仰该检察长、该厅长即便饬属一体通缉，务获解究具报。此饬。

都督吕公望

右饬高检厅检察长王天木、民政厅厅长王文庆、警政厅厅长夏超。准此。

中华民国五年七月六日

（《浙江公报》第一千五百五十三号，二至三页，饬）

浙江都督府饬政字第二百五十七号

饬财政厅扣缴各县局报费由

为饬遵事。案查各县署暨各捐局承领本府《浙江公报》及《政府公报》，每月应缴报费，例分两期呈解。经前巡按使届于民国三年十月间，议令该厅就各县局应支公费项下划缴，以省手续，历经办理在案。兹届五年上半年度应缴报费之期,据本府助理秘书兼《浙江公报》主任陈焕章造具各县局应解报费数目清册呈送前来,本都督复核相符。为此饬仰该厅长迅行查照册列数目,分别如数划缴汇交本府公报处领收备用。饬到即便遵照勿延,切切。此饬。

计抄发清册二本。

都督吕公望

右饬财政厅长莫永贞。准此。

中华民国五年七月六日

(《浙江公报》第一千五百五十三号,三页,饬)

浙江都督吕批①

长兴商会业董陈小园等禀控巡长纵警凶殴

请迅派员查办由

据禀纵警凶殴各节,如果属实,该巡长殊属不法,该警佐亦难辞徇纵之咎。惟词出一面,碍难凭信,仰民政厅转饬长兴县知事秉公查明,据实呈复核夺。此批。抄禀发。

浙江都督吕批

长兴商号丁恒升等禀控巡长纵警殃商请派员查办由

禀悉。前据陈小园等禀控该巡长纵警凶殴各节,业经批饬行县查复在案。兹据该商号丁恒升等再以前情来辕禀控,案关纵警殃商,虚实均应澈究,且事起多日,该县知事既不能即时理结,又不将事实呈报,殊不可解。仰民政厅迅派干员驰往,秉公查明,呈候核夺毋延,切切。此批。摘由、禀抄发。

(《浙江公报》第一千五百五十三号,九至一〇页,呈)

---

① 本批文及下一批文,均由《民政厅呈都督 遵批查明长兴县商会业董陈小园禀控巡长纵警凶殴一案由》析出。

附　民政厅呈都督遵批查明长兴县商会
业董陈小园禀控巡长纵警凶殴一案由

呈为遵批查明长兴县商会业董陈小园等禀控巡长纵警凶殴一案情形并拟具办法仰祈察核示遵事。

案奉钧督批长兴商会业董陈小园等禀控巡长纵警凶殴请迅派员查办由，奉批："据禀纵警凶殴各节，如果属实，该巡长殊属不法，该警佐亦难辞徇纵之咎。惟词出一面，碍难凭信，仰民政厅转饬长兴县知事秉公查明，据实呈复核夺。此批。抄禀发"等因。正核办间，又奉钧督批长兴商号丁恒升等禀控巡长纵警殃商请派员查办由，奉批："禀悉。前据陈小园等禀控该巡长纵警凶殴各节，业经批饬行县查复在案。兹据该商号丁恒升等再以前情来辕禀控，案关纵警殃商，虚实均应澈究，且事起多日，该县知事既不能即时理结，又不将事实呈报，殊不可解。仰民政厅迅派干员驰往，秉公查明，呈候核夺，毋延，切切。此批。摘由、禀抄发"等因，并据长兴商民杨珊甫禀同前由各到厅。当经饬派本厅警务视察员王炯吾驰往澈查，一面饬行长兴县知事知照各在案。兹据该视察员复称，"窃查此案系于五月二十二日上午九时，有售卖木器乡人停担在小东门越城杨聚昌南货店门口，第四岗岗警梁成灿以道旁不应设摊，且街道狭小，妨碍交通，向前驱逐，旁有乡人某甲以巡警多事，不应与商民为难，岗警以驱逐当道设摊系保持公益，且属警察应尽之责，他人何得干涉，遂致口角纷争。杨聚昌南货店主杨珊甫出而调停，亦责岗警不当恫吓乡愚，彼此争执，杨珊甫遂将警帽摘下，赴警察所控诉。警佐何裕春慰令暂回，随令巡长宋福良、郑锡三前往调查，并将第四岗岗警梁成灿唤回。警佐以驱逐沿途摊担，本岗警职务，杨珊甫不应擅将该岗警警帽脱下，迹近玩弄，亦且妨碍治公。十一时，命宋巡长福良将杨珊甫传入警察所，责以擅摘警帽有违警章，罚洋一元,以儆其侮慢警权之非,杨珊甫亦自甘服。惟宋福良巡长以处罚太轻,哓哓不休,多方申请重惩,以儆来者,警佐后谕以是案真相、援用罚法之理由。是时,商会闻知此事,商会总理钟仰遗、朱兰佩、陈小园亦随入警察所,钟仰遗遂将杨珊甫所摘下梁成灿之警帽,为之亲手冠带,以便和平解决,免滋芥蒂。不意警佐将杨珊甫、钟仰遗等送至大堂门口,巡警杨景初、汪桂芳等以其侮慢巡警,受罚太轻,号召陆春芳、沈子文、赵宗垚三警,突将杨珊甫马褂扯着,并由巡警蜂涌前来,谓脱下警帽妨碍公务,非扭赴知事署,处以行政处罚不可,并动手殴打数下,将杨珊甫马褂扯破。钟仰遗前往解救,因将手指指甲折断,并未受伤。警佐见警暴动,以身覆翼杨珊甫,各警始星散,杨幸未受伤。惟杨珊甫口称,身受伤甚重。是日下午,知事即传其赴署验伤。查得周身并无他伤,惟马褂已被扯破,左脚鞋面有泥水痕迹,右脚有微红色,擦伤皮肤寸许,并未流血。当肇事时,各站岗岗警误以为警察所发生事故,遂均离开岗位返所。警佐得知,立即督促各岗警仍返岗位,各警离开岗位在二十三日上午十一时至一时间。又,查得杨珊甫被殴后二日,曾吐血二口,惟杨珊甫身体孱弱,向有呕血之症,并非因殴致伤。二十三日,知事即命商会总理钟仰遗会同警佐何裕春,将当日肇事情形暨暴动巡警暨附和人职名详报。二十四日,知事据警佐何裕春查复,将暴动之巡警杨景初、汪桂芳革退,陆春芳、沈子文、赵宗垚各罚月饷一元以儆。又,该管巡长不能事前开导、约束不严,着警佐查取职名各记大过一次。复因宋巡长福良当时多方申请,致生疑窦,发生粗暴举动,调充边境侦探,以观后效。警佐何裕春不能严肃则有之,并无如原禀所云暗中挑动情事。所有调查实情,理合具呈报告,仰祈鉴核施行"等情。厅长综核此案滋衅原因,多由巡长宋福良哓煽而起,仅予调充边境侦探,处罚失之过宽,应即立予斥革。又,巡警杨景初、汪桂芳、陆春芳、沈子文、赵宗垚等，以奉公之人出此野蛮殴人之举动，尤堪痛恨，亦应一并斥革，并按照《违警罚法》第五十条第一款，分别情节重轻酌量处以拘罚。至警佐何裕春，驭下不严，毫无威信，已可概见，应予记过一次。该知事黄赞元，身兼所长，督率无方，亦应予以申斥，用示惩儆而策将来。所有遵批查明长兴县商会业董陈小园等禀控巡长纵警凶殴一案情形，并拟具办法各缘由，理合备文呈复，仰祈都督察核示遵。再，此案续据长兴县知事以办理情形分呈到厅，业经批俟查复核办在案，合并声明。谨呈

浙江都督吕

民政厅长王文庆

中华民国五年七月五日

（《浙江公报》第一千五百五十三号，九至一〇页，呈）

浙江都督吕批

发民政厅据新昌僧仰山禀请饬厅饬县准予办理学校由

禀悉。该僧等捐舍寺产，兴办小学，果无别项纠葛，自当力与扶持。仰民政厅转饬该县知事查明，照章办理。此批。摘由、抄禀，连同附件发。七月四日

（《浙江公报》第一千五百五十三号，一一页，批牍）

浙江都督吕批

发民政厅据鄞县知事呈报分浙候补知事
汪培生留署办理民政主任由

呈及履历均悉。仰民政厅注册备案，并转饬该县知事知照。此批。履历存，抄呈发。七月五日

附原呈

呈为报明分浙候补县知事汪培生请假至甬,经知事商留在署办理民政主任事宜,呈请鉴核事。窃照鄞邑系通商巨埠,华洋杂处,政务殷繁,县署为行政主要机关,佐治一切,尤贵得人而理。知事莅任时,对于佐治人员慎加遴选,适有分浙候补知事汪培生,在前都督届任内报明请假,措资由杭至甬,其人于政治法理研究有素,经验宏富,知事曩曾相处有年,知其品学俱优。此次请假至甬,接晤之下,当与熟商,挽留在署办理民政主任事宜,实获指臂之助。除于遴委掾属案内另文汇报外,惟查汪知事培生系在省候补人员,自应报请察核备查,如荷另有相当委任,以便即饬返省。所有留甬佐治缘由,理合检同履历备文呈报,仰祈都督鉴察。谨呈。

（《浙江公报》第一千五百五十三号,一一页,批牍）

浙江都督府饬政字第四百二十九号[①]

饬民政厅核议南田县呈请酌奖出力员弁由

为饬知事。案据南田县知事吕耀钤详,以"冬防期满,防务平静,半年以上未出盗案,请酌奖出力员弁"等情,并详送清单一纸到府。当经饬据警政厅厅长夏超呈复称,"奉查该县原详内称,该县'岛屿星罗,素多匪徒',该知事于上年冬防期内,'会督营警严密防范,计自上年十月四日起,至本年五月止,半年以上未出盗案'等语。查核该县按月详报缉捕盗匪成绩表,均属相符,具见该知事等平日戒备严密,防范周至。拟请将该知事吕耀钤、警备队第五营管带汤兆德、外海水警第六队队长吴梦得各予记大功一次;警备队第二区第五营哨官李学周、刘廷标,哨长周殿臣,外海水警第六队巡官陈宽、王铎,拟各记

---

① 本文自浙江都督吕批《民政厅呈复核议南田县呈请该县政务主任张廷藻办理防务出力应否以警佐记名一案由》析出。

功一次，以示鼓励。至该署政务主任、现代县警所警佐张廷藻，即系在事出力，自应酌予奖励。惟地方警察业已划归民政厅管辖，应否准将张廷藻以警佐记名之处，拟请饬下民政厅长查核办理。所有遵饬核议各缘由，理合具文呈请察核批示祗遵"等语。除批复外，合行粘抄原详、清单各一纸，饬仰该厅长核议具复候夺饬遵。此饬。

浙江都督吕公望

右饬警政厅长夏超。准此。

（《浙江公报》第一千五百五十三号，一一至一二页，批牍）

浙江都督吕批

民政厅呈复核议南田县呈请该县政务主任张廷藻
办理防务出力应否以警佐记名一案由

如呈办理，仰即转饬南田县知照，并注册备查。此批。七月五日

附原呈

为呈复事。案奉钧督第四百二十九号饬开，"为饬知事。案据南田县知事吕耀铃详，以'冬防期满，防务平静，半年以上未出盗案，请酌奖出力员弁'等情，并详送清单一纸到府。当经饬据警政厅厅长夏超呈复称，奉查该县原详内称，该县岛屿星罗，素多匪徒，该知事于上年冬防期内，'会督营警严密防范，计自上年十月四日起，至本年五月止，半年以上未出盗案'等语。查核该县按月详报缉捕盗匪成绩表，均属相符，具见该知事等平日戒备严密，防范周至。拟请将该知事吕耀铃、警备队第五营管带汤兆德、外海水警第六队队长吴梦得各予记大功一次；警备队第二区第五营哨官李学周、刘廷标，哨长周殿臣，外海水警第六队巡官陈宽、王铎，拟各记功一次，以示鼓励。至该署政务主任、现代县警所警佐张廷藻，即系在事出力，自应酌予奖励。惟地方警察业

已划归民政厅管辖,应否准将张廷藻以警佐记名之处,拟请饬下民政厅长查核办理。所有遵饬核议各缘由,理合具文呈请察核批示祗遵等语。除批复外,合行粘抄原详、清单各一纸,饬仰该厅长核议具复候夺饬遵,此饬"等因到厅。奉此,该南田县署政务主任、代理警佐张廷藻,对于防务异常出力,半年以上又未发生盗案,既据该县知事汇案请奖前来,拟将该员张廷藻酌记大功一次,以资策励。所请以警佐记名之处,应毋庸议。奉饬前因,理合备文呈复,仰祈钧督察核施行。谨呈。

（《浙江公报》第一千五百五十三号,一一至一一二页,批牍）

浙江都督吕批

民政厅呈报改委章毓兰接充第九中校校长由

呈悉。缴。履历存。七月六日

附原呈

呈为呈报事。案查省立第九中学校校长徐檀因事呈请辞职,经本厅饬委何绍韩接充,业经备文呈报在案。兹据何绍韩辞职前来,查有章毓兰,学优才裕,堪以接充该校校长,除填发委任状饬知遵照外,理合取具该员履历,备文呈请钧督鉴核备案。谨呈。

附呈履历一份

章毓兰,现年三十六岁,浙江富阳县人。前清光绪二十八年七月,由本省巡抚聂派往日本留学①。至光绪三十四年三月,由日本东京高等师范学校毕业,四月回国,浙江提学使司支聘为学

---

① 巡抚聂,聂缉椝(1855—1911),字仲芳,湖南衡山人。光绪二十八年(1902)任浙江巡抚。

务公所学务佐治员、讲师①。同年八月，应学部留学生考试，考列最优等第十一名，奉旨奖给格致科进士。宣统元年四月应廷试后，准以主事补用，签分学部派在普通司办事兼图书局编纂。元年、二年迭经学部奏派为学部留学生部试及廷试襄校官。嗣以硕学通儒选充资政院议员，额满未补。历办顺天高等学校、京师优级师范学堂、译学馆、北京清华学校、农业学校等教习。民国元年五月，由教育总长陈委任为教育部主事②，派在专门司第三科办事，三年辞职。须至履历者。

（《浙江公报》第一千五百五十三号，一二至一三页，批牍）

浙江都督吕批

杭州兵站监部呈为嗣后输送军械装具由本府填给护照由

呈悉。查输送军械装具及一切军用物品，向由本府填给护照，查验放行，历经办理在案。至零星军需物品以及军用轻微物件，亦须由各机关备具函件，载明数目，盖章送验，以免阻误而期便捷。除饬属遵照外，仰即转饬知照。此批。七月六日

（《浙江公报》第一千五百五十三号，一三页，批牍）

浙江都督吕批

常山县知事赵铤铉呈为阵亡士兵胡启梅五年
分全数抚金应否仍照给发请示由

呈悉。该县应发胡启梅家属本年抚金，应仍查照旧章，由该县垫

---

① 浙江提学使司支，支恒荣（1849—1915），字继卿，号芰青，江苏丹徒人。光绪三十二年四月至宣统元年（1909）九月任浙江提学使。
② 教育总长陈，陈振先（1877—1938），字铎士，广东新会人。民国元年七月任农林部总长，民国二年三月至五月兼署教育总长。据《政府公报》第三百五十四期载，教育部令第三十一号："委任章毓兰、伍作楫、王祖彝为主事。此令。中华民国二年五月一日教育总长陈振先。"可见前文"民国元年五月"，当为"民国二年五月"。

发,取具领结,连同印领送府核给归垫可也。此批。七月六日

（《浙江公报》第一千五百五十三号,一三页,批牍）

浙江都督吕批

浙江护国军预备第一旅旅长俞炜

呈请发给第一团被服装具由

呈、摺均悉。此项被服装具,应准照数给发,仰即缮具关领,派员送府,以凭填单给领。缴。摺存。七月六日

（《浙江公报》第一千五百五十三号,一三页,批牍）

浙江都督吕批

海宁县知事刘蔚仁呈为呈报事主金锦章家

被劫一案勘缉获犯大略情形由

呈及附件均悉。仰仍严密侦缉,务将本案逸盗余赃并获究办具报。此批。附件存。七月六日

（《浙江公报》第一千五百五十三号,一三页,批牍）

浙江都督吕批

松阳县知事余生球呈为原垫故官潘灏恤金

遵批派员赍领并呈各领由

呈及印领、领结均悉。该县垫发潘灏家属恤金一百九十元,业已发交开泰庄领回,仰即知照。此批。领、结均存。七月六日

（《浙江公报》第一千五百五十三号,一三页,批牍）

浙江都督吕批

发高检厅据余姚县呈报获匪余阿怀被党夺回伤毙探警由

此案先据该县电禀,当以匪盗聚众夺犯,伤毙探警,不法已极,电

饬严拿究办在案。据呈前情,应准悬赏购缉,仰高等检察厅转饬遵照,并由厅通饬各属一体协缉。此批。单钞发。七月六日

附原呈

呈为报明获匪余阿怀被匪党余唔奶等赳众夺回,伤毙探警一案验办情形,仰祈察核事。

民国五年六月二十五日,据浒山警察分所警佐钱锐报告,"本月二十四日,因探闻著名枭匪积盗之余阿怀,业已潜回林东乡车头地方,当派警察倪胜全、黄瑞旺等协同营探鲁廷标即阿荣,雇坐船只,前往秘密侦拿,大队在后接应。当将该匪获住,上船开行,讵突出匪党余唔奶、余阿祥、毛阿方、蔡焕尧等,聚众数百人,跃入河中,掀翻船只,援队分路前进,一时驰追不及,致被匪党将犯夺去,殴伤警察黄瑞旺落水身死,营探阿荣亦受刃伤,呈请勘验严办"等情到县,并经警备队王管带将营探阿荣送署验伤,讯据供称各节,与钱警佐报告相同。饬吏验明鲁廷标即阿荣偏右脑后各有铁器伤一处,右血盆骨有鞭痕四条,填单饬医。随将夺犯情形电禀钧督察核,一面会督军警驰往勘验。先勘得警察黄瑞旺尸身,业已捞放岸上,验明该尸右额角有铁器伤一处,委系受伤后落水身死。当经知事在违警罚金项下先行给洋三十元充作殓赏,将尸妥为棺殓,饬传家属领回安葬。查该匪余阿怀在姚境犯案累累,且系焚毁双河盐局所致毙稽查员缪得胜及余家祚等家被劫案内奉饬严拿之要犯,今被探警拿获,该匪党余唔奶等复敢聚众劫夺擒伤营探,并殴伤警察落水毙命,实属不法已极。肇事后,经知事会营督警驰往追拿,已经远逸。此等著匪积盗凶恶昭著,不悬赏购拿呈请通缉,其何以寒匪胆而靖地方?现经知事悬赏二百元,余匪每名五十元,一律购缉,务获严惩,并将该匪巢穴先行拆毁,以杜后患。查该匪党羽甚众,声气灵通,访

闻业已窜逸鄞、沪各处,应请钧督饬属一体悬赏通缉,以期必获。警察黄瑞旺,因公殒命,情殊可悯。除另文呈请给恤外,理合将是案验办情形并请悬赏购缉缘由备文呈报,仰祈钧督察核示遵,实为公便。谨呈。

　　　　　　(《浙江公报》第一千五百五十三日,一三至一四页,批牍)

浙江都督吕批

发高检厅据鄞县拿获盗匪徐阿乔等二名请赏由

据呈已悉。仰高等检察厅核复饬遵,仍饬勒缉逸犯,务获究报。此批。呈抄发。七月五日

　　　　　　(《浙江公报》第一千五百五十三号,一四至一五页,批牍)

浙江都督吕批

发高审厅据开化县报获邻境盗犯朱星星朱古茂二名由

呈悉。朱星星、朱古茂二名是否邻境盗犯,既已获案五日,何以尚无确供,仰高等审判厅饬即咨查皖省休宁县究竟有无汪姓茶客被盗劫杀之案,一面先提朱星星、朱古茂二名研讯明确,录供呈夺。至该县缉捕邻省盗匪,何以厚山地方人民意图抗拒,是否别有原因,并饬明白附复,毋稍讳饰,切切。此批。七月五日

　　　　　　(《浙江公报》第一千五百五十三号,一五页,批牍)

浙江都督吕批

财政厅查复第八区分局呈请巡船查获
私烟酒随时扣留举发由

呈悉。《公卖局稽查章程》第十、十一条所称,巡丁系指分局所派之巡丁,并不包括盐警,且查前巡按使饬军警各机关协缉时,盐务机关亦未通饬在内。至军警协助,应由巡丁查有私烟私酒之后,携带执

照请求会拿,非于未据巡丁查获之先即须协同巡缉,《章程》中所谓"举发者"专指乡镇团首而言,规定本属明晰,据请饬行盐运使转饬督销局所辖巡船协同巡缉一节,揆诸《章程》,既未相符,而盐务为特种机关,职务各有专属,责令盐警协同巡缉,有无流弊,仰再会商盐运使拟复核夺。此批。七月五日

(《浙江公报》第一千五百五十三号,一五页,批牍)

浙江都督府饬军字第五百三十三号

饬委李鸿春充第一百团少尉由

为委/饬知事。查有该员/军官学堂毕业生李鸿春堪以委充陆军第二十五/该师步兵第一百团少尉,除饬该师师长转饬知照/给委外,合将委状饬发仰即祗领遵照到差。/行饬仰该师长转饬知照。此饬。

计发委任状一张。

都督吕公望

右饬李鸿春、第二十五师师长张载阳。准此。

中华民国五年七月七日

(原载《浙江公报》第一千五百五十四号,一九一六年七月十日,首页,饬)

浙江都督府饬军字第五百三十七号

饬为现在时局渐定所有前派杭州车站之
检查电报电话人员自应一律撤除由

为饬遵事。照得本府前以军兴时代,对于杭州车站之电报、电话均须严密检查,曾经拟订办法,分别饬派检查长暨检查员遵照办理在案。现在时局渐定,所有此项检查人员自应一律撤除,其检查长及检查员均于文到之日一律各回原差。除分别饬遵外,合亟饬仰该即便遵照将回差日期具报备查。此饬。

都督吕公望

右饬检查长朱维翰，检查员刘昌珪、寿竞欧、刘武强、施颂同、吴立、蒋鳌。准此。

中华民国五年七月七日

（原载《浙江公报》第一千五百五十四号，首至一页，饬）

浙江都督府饬军字第五百四十一号

饬民警两厅长军警各机关将从前检查一案即日撤销具报由

为饬遵事。照得《临时约法》既有明令遵行，人民书信秘密之权，自应尊视，从前检查邮件一案，应即撤销。除分行外，合亟饬仰该即便饬属遵照办理/遵照办理，并将撤销日期具报。此饬。

都督吕公望

右饬民政厅厅长，警政厅厅长，第六师师长兼省城卫戍司令官，第四十九旅旅长兼宁波卫戍司令官，第九十八团团长兼绍兴卫戍司令官，嘉湖镇守使、台州镇守使，警备队第四区统带兼温州警备司令官。准此。

中华民国五年七月八日

（原载《浙江公报》第一千五百五十五号，一九一六年七月十一日，四页，饬）

浙江都督府饬军字第五百四十一号

饬拱宸桥邮局检查员将从前邮局检查事宜即日撤销具报由

为饬遵事。照得《临时约法》既有明令遵行，人民书信秘密之权，自应尊视，从前检查邮件一案，应即撤销。除分行外，合亟饬仰该员即便遵照，将检查事宜即日撤销，仍回原差供职，并将撤销日期具报。此饬。

都督吕公望

右饬拱宸邮局检查员赵声、魏其光。准此。

中华民国五年七月八日

（原载《浙江公报》第一千五百五十五号，四页，饬）

浙江都督府饬军字第五百四十一号

饬邮务局局长陆军各机关为尊视人民书信秘密
之权从前邮局检查员应即撤销由

为饬知事。照得《临时约法》既有明令遵行，人民书信秘密之权，自应尊视，从前检查邮件一案，应即撤销。除通饬遵照办理外，合亟饬仰该　　即便知照。此饬。

都督吕公望

右饬邮务管理局邮务长沙木罗浮、陆军第二十五师师长、宪兵司令官、镇海炮台总台官、各团区司令官。准此。

中华民国五年七月八日

（原载《浙江公报》第一千五百五十六号，一九一六年七月十二日，一页，饬）

浙江都督府饬政字第　　号

饬盐运使转饬北监场知事地方盐务务宜兼筹并顾由

为饬知事。本年七月二日据玉环县知事秦联元沥陈办理盐案经过情形及将来协助困难之处，呈请察核等情到府。据此，除批示，"呈悉。查该县盐税改照温属食盐税率通案办理，已据盐运使呈报本府在案。前准酌减盐税一节，本系因时变通，暂行试办，现在改订办法，既经场知事与就地绅民妥议允协，当不致再有意外之虞。惟县、场同官一方，彼此情形隔阂，究非地方之福。且据称该县盐务与他处不同，亦属实情。仰候饬知盐运使转饬北监场知事，嗣后地方盐务务宜并顾兼筹，和衷共济，该知事亦应恪尽协助之责任，勿因取消前案，稍存成见，切切。此批"等语印发外，合行抄呈，饬仰该使立即转饬北监场知事遵照办理。此饬。

都督吕公望

右饬两浙盐运使胡思义。准此。

中华民国五年七月六日

（原载《浙江公报》第一千五百五十四号，一页，饬）

浙江都督府饬政字第　　号

饬交涉公署据民政厅呈为德国矿师赖伦赴宁勘矿
未领护照饬函德领事照约给照以便保护由

为饬知事。本月四日据民政厅长王文庆呈称，"案据宁海县知事江恢阅呈称，'窃职署准本县警察所公函内开，五月二十六日据警佐华稷报称，二十三日午后闻有镇海商人李祖韩与外国人一名乘舆进城，寓在育婴堂等情。警佐即率长警前往调查，一面妥为保护，以昭慎重而免意外。旋据李祖韩面称，缘先父薇庄曾于前清宣统二年禀县详准在宁海西乡沙地地方办采老鼠沿铅矿，嗣因光复中断，现拟复开，故特聘请德矿师赖伦先生赴该矿探勘，还乞派警保护云云，并询据该德国人赖伦述同前情。次日该德国人赴乡勘矿，警佐即派警四名随往保护，及至二十五日傍晚回城，今已离宁赴甬。此次警佐查得该德国人赖伦确因勘矿来宁，并无携带违禁物品暨私测地图情弊，惟事关外人来宁勘矿，所有姓名、国籍并入境出境日期暨在境作为，理合具报等情。据此，经敝所长复查无异。兹据前情，相应函请查核转报等由。准此，事关外国人入境勘矿，理合备文呈报，仰祈钧厅察核施行。谨呈'等情。据此，查外人除通商口岸外，凡到内地，照约必须领给护照，呈由经行地方官署查验，未便听其任意往来。据呈前情，该德人赖伦虽系有镇海商人李祖韩雇同来宁勘矿，并非游历，情形似有不同。惟现在各县境内偏僻地方崔苻尚未尽靖，万一出有意外，转非慎重邦交之道。厅长为杜渐防微起见，拟请钧督饬下交涉署函达德国领事转饬该德人赖伦，嗣后务宜照约履行，以便保护"等情。据此，合行饬仰该署长即便查照办理。此饬。

都督吕公望

右饬交涉公署署长张嘉森。准此。

中华民国五年七月　日

（原载《浙江公报》第一千五百五十四号，一至二页，饬）

浙江都督府饬政字第二百五十八号

饬本府公报处发各盐场局所公报由

为饬遵事。照得本府《公报》为发布法令章制之枢纽，凡属本省管辖各机关自应一律领购，以资阅览。查盐运使署所辖各场、局、所、卡均系法定机关，并未购阅是项《公报》，于法令之颁布、章制之变更，诸多隔阂，办事易生窒碍。兹定自本年七月一日起发该署各场、局、所、卡《公报》各一份，其报费各就额定公费项下开支。除饬盐运使转饬知照外，合行饬仰该主任查照单开各户迅速邮寄勿延，切切。此饬。

计发名单一件。

都督吕公望

右饬本府助理秘书兼浙江公报主任陈焕章。准此。

中华民国五年七月七日

今将应发《公报》各户开列于后

计开：

仁和场	常广督销局	岱山场	徽州督销局
玉泉场	海沙场	鲍郎场	许村场
鸣鹤场	黄湾场	清泉场	大嵩场
芦沥场	穿长场	桐庐查验卡	富阳查验卡
杭州批验所	严州查验卡	新坝查验所	嘉兴批验所

大道头缉私卡	濠河头批验所	温处督销局	象山批验所
上望场	永穗场	南监场	长林场
绍属督销场	北监场	东江场	钱清场
三江场	金山场	曹江掣验所	绍兴批验所
台属督销局	余姚场	长亭场	黄岩场
杜渎场			

（原载《浙江公报》第一千五百五十四号，二至三页，饬）

浙江都督府饬政字第二百六十一号

饬民政厅为平湖士绅徐清扬等电请饬县免征水利费由

为饬知事。本年七月一日据平湖士绅徐清扬、陆惟鋆、葛嗣彤、汤廷荣、朱景章等东电称，"本年地丁加征浙西水利费一角四分，遍查嘉属各县并无带收此项经费，平邑独异，不均孰甚。曾由本地公民禀免在案。现在启征一月，大众观望。伏乞迅电张知事免予增加①，以昭平允，迫切待命"等情。据此，是项水利经费，浙西各县既未一律带征，平湖一邑何以独异？前据公民朱之桢等禀请暂行缓免，并据该县知事会同监征员以"人民因此观望，阻碍正税"等情呈报到府，均经批饬核议在案。据电前情，应否准予俟浙西各县一体实行后，再行加征之处，合亟饬仰该县迅即会同财政厅并案核议，克日呈复，一面饬知该县遵照办理，并转徐清扬等知照。此饬。

都督吕公望

右饬民政厅长王文庆。准此。

中华民国五年七月六日

（原载《浙江公报》第一千五百五十四号，三页，饬）

---

① 张知事，指张濂，民国五年五月至民国六年一月任平湖县知事。

浙江都督府饬政字第二百六十二号

饬各县知事呈报所属各机关购阅公报由

为饬遵事。照得本府公报为宣布本省法令之枢纽，业经委派专员总管报务，并订定《刊登条例》十条，发登六月九日《公报》在案。其中选登体例皆与各衙署及团体职务事，实多所关系，凡属本省管辖，无论何项机关均应领购，以资查考。乃近查本府公报处开列各县署领购名册，其认购多份者尚属寥寥，以致各处上达公文，对于命令颁布、章制变更早经刊布之件，尚有请示办法者，似此情形隔阂，实于政治之进行诸多窒碍。嗣后县属各机关、团体自本月一日起，其向未购备者应一律订购，由该知事按表分别填列汇报本府，以便饬处照发。其报费查照向章，仍由该县按月汇缴财政厅核收。除分饬外，合将表式饬发，仰该知事限文到三日内遵照办理，毋稍违延，切切。此饬。

计发表式一纸。

都督吕公望

右饬七十五县知事。准此。

中华民国五年七月十一日

县　名	所属机关名称	已购份数	添购份数	已购总数	添购总数
附记	一、表内所属机关，凡县属警察事务所暨各分驻所、县中校、高小校、教育会、宣讲所、商会、农会、自治办公处以及其他各团体机关均列在内。 二、凡从前已经购领机关，即于已购栏中注明若干份，此次添购各机关即于添购栏中注明若干份，以便稽核。 三、已购、添购之总数，须于各该栏中填明，以便饬处照发。				

（原载《浙江公报》第一千五百五十七号，一九一六年七月十三日，三至五页，饬）

浙江都督府饬政字第二百六十三号

饬财政厅依限编造本年下半年出入总概算草册由

为饬知事。照得政务设施应以预算为根据,本省各项岁出本可依据五年度预算办理,惟自独立以来,机关组织既有变更,支出款项不无增益,若不及时整理,殊非慎重财政量入为出之本旨。自应将本年下半年(七月一日起至十二月末日止)出入总概算从速编造,并取严格主义,以期收支适合。其支出一部分,除关于军需及本府应支经费应俟另行造册饬发汇编外,其余独立后改组及扩张各机关,如民政、警政、高审等厅,所编预算已据各该厅编送本府核定批发该厅在案。此外未经变更各机关及其他支出各款,应仍照五年度预算暨续准追加之案办理,如有疑义,即由厅分别咨饬查明,并将某项为原预算所有、某项系独立前追加、某项系独立后追加,详晰声注,以清眉目。其收入一部分,则应查照五年度预算与三、四两年收入数目互相比较,酌量办理,用昭周密。合亟饬仰该厅迅即遵照饬知事理,悉心汇编,于七月二十日以前将草册呈送来府,以便先交政务会议详加审核,庶可提交立法机关议决,以循预算之正轨。案关全省预算,务宜依限遵办,勿稍违延,切切。再,国家之岁出、岁入,与地方之岁出、岁入,应分造两册,即以三年度核定预算及二年度省议会议决案参互考证,为分画标准,藉以固地方行政之基础,并为国家财政与地方财政画分之准备,并仰知照。此饬。

都督吕公望

右饬财政厅长莫永贞。准此。

中华民国五年七月七日

(原载《浙江公报》第一千五百五十四号,四页,饬)

浙江都督吕批

民政厅呈为德国矿师赖伦赴宁海勘矿未领护照
饬函德领事照约给照以便保护由

呈悉。已饬交涉公署查照办理矣。此缴。七月六日

（原载《浙江公报》第一千五百五十四号，一七页，批牍）

浙江都督吕批

财政厅查复平阳茶会请改定关税一案由

呈悉。缴。七月七日

附原呈

呈为呈复事。案奉钧督批平阳茶业会长林宝燊禀请分别改定茶税由，奉批，"既据禀厅有案，仰财政厅查案核批具复察夺。此批。抄由发"等因。奉此，查此案前据该会长林宝燊具禀到厅，当以"各关税务不属本厅范围之内，无从查核，且据称是项修正税则系在三年间，事隔年余，何以忽有异议，殊不可解，所请应毋庸议"等语批示挂发在案。奉批前因，理合具文呈复，仰祈钧督察核备案。谨呈。

（原载《浙江公报》第一千五百五十四号，一七页，批牍）

浙江都督吕批

民政厅呈复上虞县警队与警察冲突一案
并酌拟办法呈请察核示遵由

呈悉。警佐蔡尊周，既据查明情尚可原，应准免予撤差，由该厅记过一次，降等更调，以示薄惩。余均如所拟办理，仰即分别饬知注册备案。此批。七月六日

（原载《浙江公报》第一千五百五十四号，一七页，批牍）

浙江都督吕批

发财政厅据嘉善县嘉兴县油酒业王永盛等
禀支栈经理剥商肥己等情由

禀、电均悉。吊坊肩挑及零售、酒店、柜销等捐是否呈准有案，抑系该支栈巧立名目，私收肥己，仰财政厅查明核办具报。此批。摘由并抄禀、电发。七月六日

（原载《浙江公报》第一千五百五十四号，一七页，批牍）

浙江都督吕批

民政厅呈复衢县前派代表川费准予开支由

呈悉。缴。七月七日

附原呈

呈为呈复事。案奉钧批衢县知事桂铸西呈为遵批撤销代表并请核销经费由，奉批，"呈悉。仰民政厅核复饬遵。此批。呈抄发"等因。奉此，遵查该县遣派代表来省，既经届前都督电准有案，而原呈又称该代表等请愿之初，本以地方公益为重，所请将该代表等三人晋省川资共支银六十元，就该县地方公益项下支销，原无不合，自应准予照销。至两次绅商开会及专人分赴四乡送信，共支银十二元四角，此项费用当然在该县署行政经费内动支，未便准其另行请销，以示制限。奉批前因，除饬遵外，理合备文呈复，仰祈钧督察核施行。谨呈。

（原载《浙江公报》第一千五百五十四号，一七至一八页，批牍）

浙江都督吕批

发警政厅据平湖民陆江等控水警分队长
彭寿春渎职殃民各款由

据禀是否属实,仰警政厅查明办理。此批。七月七日

附原禀

禀为水警渎职殃民,私刑违法,胪陈事实,环求察核查办事。窃江等均籍隶平湖县属之新埭区,有水警分队长彭寿春分驻该区,由第九队方队长派出,原期防卫地方、保护人民起见。讵彭寿春在区办事,对于地方人民专施凌虐手段、强暴行为,以致众怨沸腾,声名狼藉。如该处旧埭坊陆宝纷家出有盗案,彭寿春并不实力缉捕,反任意株连,意图敲诈。军警如是,人民何安?其平时劣迹不胜枚举,用敢胪列近事陈述如左:

一、诬旧埭坊姚少泉良民为盗,被其拖去鞭背一千五百,踏扛子七次,监禁私锁一昼夜,经本区商民八家出具保状,又经本区自治委员函请得释,然该民已被凌虐,已受刑伤。此本年事也。

二、强牵旧埭坊农民陈阿大耕牛,变卖洋三十六元。此本年事也。

三、诈取张兜坊农民吴富荣洋一百五十元,并滥用私刑监禁六日。此本年事也。

四、私锁旧埭坊农民胡阿全监禁一夜,诬良为盗,兼之私刑,经失主陆宝纷不许乃释。此本年事也。

以上数端,系江等见闻所及,故敢禀求饬委查办,以儆官邪而纾民怨。除禀警政厅长暨内河水上警察厅厅长外,为此联名禀叩浙江都督电核施行。谨禀。

(原载《浙江公报》第一千五百五十四号,一八页,批牍)

浙江都督吕批

天台县徐芳等为前控警佐朱英种种违法一案请再派员密查由

禀悉。查此案业据台州镇守使查复到府，批饬民政厅饬县分别提讯，并饬将朱英立予撤任归案澈惩矣，仰即知照。此批。七月六日

（原载《浙江公报》第一千五百五十四号，二五页，批示）

浙江都督吕批

永嘉县民程增淦续控叶蓁等争执涂田一案乞平反由

禀悉。查前巡按使原批所称免追草利，系指历年所获之草利而言，与叶蓁等续控争执涂田之案内经该县判令赔偿之涂草原价，迥不相同，与按例科罚银元更无干涉。乃该民辄以县知事抗违前批，仍追罚金草价为词，牵扯混渎，希图翻案，又不按照《诉愿办法》向直接上级衙门诉愿，率来本府越控，均属不合。不准。此批。七月六日

（原载《浙江公报》第一千五百五十四号，二五页，批示）

都督府咨复参议会

公布预算表并饬厅按月照支由

为咨复事。本年七月五日准贵参议会咨开，"本会预算案业经大会讨论，三读通过，相应将预算案缮具表册，咨请查照公布施行"等由，并送预算表二份过府。准此，查是项预算表前据贵议会会计科缄送到府，即经饬行财政厅查照在案。兹准前由，除公布并饬财政厅按月照支外，相应咨复贵议会请烦查照。此咨

浙江参议会议长张

都督吕公望

中华民国五年七月八日

（原载《浙江公报》第一千五百五十五号，一九一六年七月十一日，首页，咨）

浙江都督府饬政字第二百六十五号[①]

饬天台县知事据公民胡秀麟邮递禀请饬县营严缉逸匪由

为饬催事。案据该县公民胡秀麟禀控盗匪王老四劫杀一案，当经前巡按使以"案情重大，该管营、县既未获犯，亦不详报，即经饬行该知事严缉详报"在案。迄今十月之久，未据获报，该管营、县所司何事，殊属玩泄。兹据胡秀麟续禀前来，合亟饬催。饬到该县即便遵照前饬赶紧会督营警严缉赃盗，务获给究，已获之麻雄强等究竟是否此案赃犯，并即讯明拟办，暨将是案详细情形呈报察核，毋再延匿，致干重咎，切切。此饬。

都督吕公望

右饬天台县知事田泽勋。准此。

中华民国五年七月八日

（原载《浙江公报》第一千五百五十五号，一页，饬）

浙江都督府饬政字第二百六十六号

饬民政厅长调查省议会议员在省暨在籍人数由

为饬遵事。照得规复《约法》，召集国会，均奉中央明令公布，大局统一即在目前。所有本省省议会亟应预备召集，以重民意而维法治。惟省议会自停止以后，时阅三年，前项议员或远赴他省，或身入宦途，均属不免之事实。其现时在省，或在各该员本籍，可以应召赴会者，究有若干人，将来召集能否足法定人数，均非先期调查，不足以征实在而资稽核。又，从前省议会文卷是否齐全，器具是否敷用，通志局拟迁何处，均须点查筹备。为此饬仰该厅长，就各科中遴选妥员迅速按照饬开各节详细查明，克日呈报，以凭核办，

---

① 饬政字，底本误刊为"饬军字"，径改。

切切。此饬。

都督吕公望

右饬民政厅长王文庆。准此。

中华民国五年七月八日

（原载《浙江公报》第一千五百五十五号，一页，饬）

浙江都督府饬政字第二百六十八号

饬财政厅为嘉兴公民陶崇廉等电请饬县免除九厘征费由

为饬知事。据嘉兴公民陶崇廉等电称，"地丁征价，前经省议会议决，仍旧制划分正税、附税，均连征费在内，嗣加增之九厘征费，实属重迭，且系命令，不基法律，更与《约法》第三十一条违背，乞饬县免除，以符法案而苏民困。禀续上"等情。据此，合行饬仰该厅长核办具复。此饬。

都督吕公望

右饬财政厅长莫永贞。准此。

中华民国五年七月九日

（原载《浙江公报》第一千五百五十七号，一九一六年七月十三日，五页，饬）

附　嘉兴来电

都督、财政厅长钧鉴：地丁征价，前经省会议决，仍旧制划分正税、附税，均连征费在内，嗣加增之九厘征费，实属重迭，且系命令，不基法律，尤与《约法》第三十一条违背，乞饬县免除，以符法案而苏民困。禀续上。嘉兴公民陶崇廉、陆佐墀、沈文华、盛邦采等叩。江。（中华民国五年七月三日）

（原载《浙江公报》第一千五百五十七号，一五页，电）

浙江都督府饬政字第二百七十二号

饬财政厅查照参议会咨送预算表按月支付由

为饬知事。本年七月五日准参议会咨开，"本会预算案业经大会讨论，三读通过，相应将预算案缮具表册，咨请贵都督查照公布施行。此咨"过府。准此，查此项预算表前准造送到府，即经饬厅查照在案。兹准更正咨送前来，除公布并咨复外，合将原表饬发一份仰该厅查照现表银数，按月支付可也。此饬。

计发预算表一份。

都督吕公望

右饬财政厅长莫永贞。准此。

中华民国五年七月八日

浙江省参议会按月预算表

科　　　目		银　　元	说　　明
第一项　俸给		四·九三七	
	第一目　公费	四·一五〇	
	第一节　议长公费	三〇〇	
	第二节　副议长公费	四〇〇	二人，月各支二百元。
	第三节　议员公费	三·四五〇	二十三人，月各支一百五十元。
	第二目　薪金	六九六	
	第一节　书记长薪金	一二〇	一人，月支一百二十元。
	第二节　书记薪金	一五〇	三人，月各支五十元。
	第三节　速记薪金	九〇	一等一人，月支五十元；二等一人，月支四十元。
	第四节　缮校薪金	二四〇	十人，月各支二十四元。

科　　目		银　元	说　明
	第五节　守卫薪金	九六	四人,月各支二十四元。
	第三目　工资	九一	
	第一节　门房工食	七	一名,月支七元。
	第二节　公役工食	七〇	十名,月各支七元。
	第三节　园丁工食	一四	二名,月各支七元。
第二项　办公费		四七七	
	第一目　文具	一五〇	
	第一节　纸张笔墨	一〇〇	
	第二节　刷印	五〇	以备刷印议事录及议决案之用。
	第二目　邮电	二一二	
	第一节　邮费电报	二〇〇	现因大局未定,电报较多,故预定此数。
	第二节　电话	一二	
	第三目　购置	四〇	
	第一节　书籍报纸	二〇	
	第二节　杂用器具	二〇	
	第四目　消耗	七五	
	第一节　茶水煤炭	二五	
	第二节　电灯	五〇	
第三项　杂费		二四〇	
	第一目　杂支	二四〇	
第四项　预备费		二〇〇	
	第一目　预备费	二〇〇	

总计按月支出银元五千八百五十四元正。

（原载《浙江公报》第一千五百五十五号，二至四页，饬）

浙江都督吕批

民政厅呈报批发海宁谦吉典被焚请援案减轻赔偿由

呈悉。缴。七月七日

附原呈

浙江民政厅呈为遵批呈报事。本年六月二十三日奉都督批发全浙典业公会呈请核准海宁县谦吉典被焚当货援案赔偿，并恳酌量减轻以示体恤由，奉批，"呈悉。典业失慎，例应赔偿。既云突被天灾，又云失事前后数日左右邻舍预为防范，语意支离，究系如何实情，仰民政厅核办具报，并转饬知照。此批"等因。奉此，查此案前据海宁县知事刘蔚仁呈称，"案据宁邑城区谦吉典禀称，'窃敝典被毁衣物办理之法，前于呈送奉查清册禀内奉批开，据呈送清册分别存毁数目已悉。查该典遭灾，业经月余，所有被毁衣物应如何办理之处，迄未据决议，实属任意延缓。既据拟将全案开送典业公会公议，仰该典赶速进行，即将议决办法具禀来县，以凭核转，毋再稍延。切切等因。遵即于阴历四月十六日录批陈请本省典业公会开会集议，旋于四月二十日奉公会传单召集，于四月二十六日下午二时开会，届日各同业均派代表赴会，敝典亦随同在场。当奉公同议决，敝典应援照《全浙典业通守规则》第十三条条文减轻办理。按第十三条条文，系援据江苏木榜成案，第十四条条文，典中失窃及自行失慎者，应报地方官厅查勘当时失事情形，并查明该典两年内售卖满货加贯之价值，并计折半作为当物原值，以赔当户。惟当本利息均应扣除，当以敝典满货自售价照邻典，即奉询据同城之元恒典代表，按两年满货加贯折中计算，凡当本洋一元者以洋三角四分酌量减轻，除利开赔等因。则是赔偿已有标准，而减轻未有成数，有不得不陈述下情，吁求体恤者。查敝典无端被火，委实出自天灾临时，业奉勘明在案，更证以事后比邻许宅、徐宅及毗连之女学堂等先后于十日内火警八次，众目共睹，益有明征。天灾事变之不应赔偿，似无疑义。今仍议令赔偿，在公会自系顾念各当户一面起见，而查核敝典被灾事实，又确与自行失火者不同，故复有减轻之议。是赔偿只为通论，而减轻实为本分。此敝典之所以请求者一也。

典当货物向有当半之说，近以贸易竞争，设法招来，徇情滥当，各处皆然。本城附近各典衣物则值十当至七八，金银首饰等件竟有值十当九或十足者，敝典亦同此情形，是当户被焚衣物，当时既得当本八九，又照满货贯价，偿足其值，似已无亏。在典当之自行失火者，固应如此办理。敝典事实不同，则减轻之议，并非分外要求。此敝典之所以请求者二也。

查典当失事系在典主与各当户两方面损害之事，非仅贫穷小民之独受苦累已也。敝典承当货物并非如乡镇各典之有丝、包、米、豆大宗押款可以轻本，短期博取其利，所当只零散各户衣物居多，合之则其数不赀，分之则所值有定，而敝典处于主位，独受其灾。此次损失当本计共有七万六千八百余元之多，其痛苦较之各当户奚啻什百。说者谓典主殷实，当户贫苦，宁使典主吃亏，似亦通论。殊不知敝典乃公司性质，资本无多，计分十五股，系属零星凑集而来，孤注于此。一日雁此无妄，血本一空，立身白地，财力业已倾竭。今仍议以赔偿，即云减轻，实亦力有不逮。此敝典之所以请求者三也。

敝典以《民法》未奉颁布，前清旧案又不适用，既经遵投公会议决，自应遵照办理，尚何有辩论之余地。惟照贯减轻，衡诸事实，准诸公论，惟有吁恳钧慈俯念敝典事出天灾，受祸已酷，准其照贯酌减定一标格，俾得遵赔，以符议案。一面并乞批示转详，实为德便。谨附呈公所议决案一纸、同城元恒典满货加贯价目清单一纸、《全浙典业公会修正通守规则》一纸、摘录江苏木榜规条一纸，并祈察核。再，查《典业通例》，赔偿后被焚基内所有火镕未化金银铜锡等渣滓，由典主自行淘取变价归本，原主不得过问。至前奉查存未焚各号首饰，俟定案开赔时，同时放赎，另行禀请示谕。合先陈明'等情，并粘附议决案、满货加贯价目清单及《通守规则》《规条》等件到县。据此，查该典此次被灾损失架本，实计有七万六千八百余元，创巨痛深，可想而知。今全浙典业公会援照《通守规则》第十三条条文，议决减轻办理，本属体恤该典遭此意外巨灾，与寻常失慎不同，酌理衡情，公同表决。惟按《典业通守规则》第十三条条文，以两年内售卖满货加贯之价值，并计折半作为当物原值，以赔当户等语，似最公允，若再照贯酌减，货物满十八个月之当户几无希望。虽灾患出于意外，原可归诸天命，无如持物质当者大都贫苦小民，允宜双方兼顾，力谋适当。据禀前情，应否照准，抑作何办理之处，知事未便擅主，合将送到典业公会议决案、满货加贯价目清单及《通守规则》《规条》等件一并照抄，开摺随文呈送，仰祈厅长鉴核迅赐批示，以便转饬遵办，实为公便。呈送清摺一扣"到厅，并附呈称，"查典业失慎向赔六成六，最近者以前清光绪三十一年南浔新和典失慎一案赔偿四成四，此因今昔质价之不同，致先后办法之有异。总之，典业议赔，以满货贯价为计算之根据，近来同业竞争，质价渐高，于是满货较多，贯价渐低，则议赔亦似应随贯减轻，但当户贫苦者多，自应格外体恤。若援照新和典之案责以四成赔偿，不独质价有今昔之殊，而该典实力有不逮，照《典业通守规则》第十三条办理，凡当物满十八个月者，虽去年二月以前之当物，宁邑典业尚是一分八厘收息,二月以后改收二分,今姑照十八个月分八计算,除扣利息外,赔偿甚属式微,恐难折服当户之心理。知事再三酌议,四成四与三成四相差一成,即折半计算,应定为三成九。惟念当者均非富户,得能多赔一分,当户便多得一分,兹拟定为四成,凡当本一元者赔偿大洋四角,所有利息照章按月计算,在于四角内扣除,余归当户,支领多寡,由此类推。宁使该典受亏累重,勿令民间啧有烦言。此亦知事衡情酌理不偏不倚之办法也。是否有当,伏乞核示遵行"等情。当经批示,"呈及附呈、清摺均悉。查本省《典业规条》尚未核定,该县谦吉典此次被毁,当然不能援用,既据该知事衡情酌理,双方并顾,拟以贯四除利赔偿,应予照准,仰即转饬遵照。此批。摺存"等语印发。嗣据典业公会并呈到厅,又以"呈悉。查此案前据该县知事呈请到厅,业经批准贯四扣利赔偿印发在案,仰即转行知照。此批"等语,批饬知照各在案。兹奉前因,除饬知外,理合查案备文呈报,仰祈都督鉴核施行。谨呈。

(原载《浙江公报》第一千五百五十五号,五至七页,批牍)

浙江都督吕批

据民政厅呈复长兴县商会业董陈小园禀控巡长
纵警凶殴一案拟具办法请察核示遵由

呈悉。准如所拟办理,仰即分别注册,并转饬长兴县遵照。此批。七月七日

(原载《浙江公报》第一千五百五十五号,七页,批牍)

浙江都督吕批

盐运使呈以范贤祥代理黄岩场知事应即照准加给任命状由

呈及履历均悉。据称黄岩场知事林步瀛另调,遗缺以范贤祥代

理,应即照准。仰将发去任命状转饬祗领,并将前知事林步瀛任命状呈缴注销。此缴。履历存。七月七日

(原载《浙江公报》第一千五百五十五号,七至八页,批牍)

浙江都督吕批

盐运使为余姚场知事陈书玑与金山场知事
熊鳌对调准加给任命状由

呈及履历均悉。据称代理金山场知事熊鳌与余姚场知事陈书玑对调,应即照准。仰将发去任命书二张,分别转饬祗领,并将前发任命状呈缴注销。此缴。履历存。七月七日

(原载《浙江公报》第一千五百五十五号,八页,批牍)

浙江都督吕批

民政厅长呈请关于县署直辖各机关图记均由本厅刊发由

如呈办理。此缴。七月八日

按原呈已见本月六日本报"呈"门。

(原载《浙江公报》第一千五百五十五号,八页,批牍)

浙江都督吕批

高检厅呈复查明义乌楼聿新等禀楼宝袋被诬为匪由

呈悉。仰即转饬现任义乌县知事秉公查明楼宝袋究竟有无为匪情事,具复核夺。此批。七月八日

附原呈

浙江高等检察厅呈为遵批查明通饬义乌楼宝袋一案缘由,呈请鉴核事。

案奉钧督批据浙江民政厅呈为义乌县楼聿新等禀明楼宝袋

被诬为匪缘由,请转呈取销缉案由,内开,"据呈已悉。仰高等检察厅查案核复。此批。呈抄发"等因。奉此,查本厅于民国三年十月二十七日准同级审判厅函开,"本月十九日奉巡按使饬开,'据义乌县知事袁荫翘详称,案奉钧使虞电开,金华转义乌县知事电称,奉电限饬著匪沈剑生,派探侦查,据报该犯系义乌沈宅人,不在金邑,除再饬探密缉外,乞速电饬义乌县知事,就近缉获等语。查著匪沈剑生业经电由金华道尹转饬依限缉拿究办在案,仰即遵照如限获讯具报。再,访闻该县尚有著名刀匪楼宝袋,党羽众多,专事劫掠,前经悬赏缉拿有案,并着一并拿办,克日具复,毋延。虞。印等因。奉此,查该匪沈剑生即沈剑僧,又名沈剑仙,系义乌西乡沈宅庄人,此次义乌匪扰,实由该匪从中鼓惑,知事抵任后访查确实,分饬警队悬赏缉拿,讵该匪畏罪逃逸,业经详请钧使通饬各属军警一体协缉在案。奉电前因,复经选派干警前往该处严密探缉,旋据该警回署报称,该匪沈剑生即剑僧自匪乱后携属远扬,家内仅留一老妪看守,四出密访,迄无踪迹。警等见此情形,只得复入该匪室内搜查,当搜得该匪相片二张、名片多纸,又花会布筒一个,花会票一包,花会簿四本,呈请核示等情。据此,当将所获照片仍交该警等饬令再行设法侦缉。本月二十一日知事因公赴县辖西乡上溪地方,事竣后,复经将该匪沈剑生踪迹详密询访,查得该匪沈剑生确已逃匿附近浦江县境戚村桥及黄宅市二处,义邑境内委无该匪确实踪迹。除再由知事选派干警密往浦江县戚村桥、黄宅市两处,并备函密请浦江县知事就近加派军警一体协缉务获解究外,理合先将办理此案情形遵饬详报,并将收得该匪沈剑生即沈剑僧相片一张、名片一纸备文详请钧使俯准将限缉日期酌予展缓,并恳将该匪相片射印多张,通饬各属知事及所在军警一体协缉解究,深为公便。再,楼宝袋一名,系县境东乡花溪人,为著名刀匪,现亦逃匿无踪,俟访查明确后再行拿案讯报。合并声明等情。计粘送相片一张。据此,查该著匪沈剑生此次鼓煽匪徒,扰乱地方,前经迭电金华道尹、警备第三区统带及金华、义乌各知事一体严缉,限期获案;该刀匪楼宝袋,亦着义乌县知事一并拿办在案。据详前情,除批示外,合亟粘附射印相片,饬仰该厅长迅即转饬所属一体协缉,务获解究,并附发沈剑生相片一纸'到厅。奉此,查通缉案犯向由贵厅主管,奉饬前因,似应循旧办理,以明统系,相应粘附该匪沈剑生相片一纸,函请贵厅饬属一体协缉,至纫公谊"等由。准此,当经本厅于十一月十九日通饬各属一体协缉在案。兹奉前因,理合将通缉义乌楼宝袋一案缘由备文呈复,仰候钧督核夺。谨呈。

（原载《浙江公报》第一千五百五十五号,八至九页,批牍）

浙江都督吕批

新登县知事呈送募款兴修水利工程规则请察核由

呈及章程均悉。农田水利关系民食,该知事现拟募款兴修,尚属热心办事,惟办事重在实行,不尚空言。该县现在亟需兴修之水利共有几处,需款若干,若何捐募,仰民政厅饬即会商本地人士详细计画呈复核夺,毋得以空言搪塞。章程暂存。此批。呈抄发。七月八日

（原载《浙江公报》第一千五百五十五号,九页,批牍）

浙江都督吕批

发警政厅据代理内河水营第三区区长王凤飞呈为
辖地辽阔船警不敷分布筹议规复旧额请核示由

呈悉。仰警政厅核议具复饬遵。此批。呈抄发。七月七日

（原载《浙江公报》第一千五百五十五号,九至一〇页,批牍）

浙江都督吕批

泰顺县知事呈报财政主任及会计员姓名年岁籍贯请备案由

如呈备案。此缴。七月八日

附原呈

呈为呈报事。案查《浙江省县知事交代补则》第四条内开，"县知事到任后，应将管理财政之主任及会计员姓名、年岁、籍贯分详巡按使、财政厅及该管道尹，该主任及会计员有更调时亦同"等因。奉此，查知事到任之初，会计员一缺已委谢箴廉充任，惟财政主任选未得人，当由前知事任内委定之员暂行办理。兹查有汤聘莘堪以充任财政主任，业已饬委接办在案。所有财政主任及会计员姓名、年岁、籍贯，理合遵章具文呈报都督察核备案。谨呈。

计开：

财政主任汤聘莘，年四十三岁，本省永嘉县人。

会计员谢箴廉，年二十七岁，福建仙游县人。

（原载《浙江公报》第一千五百五十五号，一〇页，批牍）

浙江都督吕批

陆军典狱官呈请改叙文官由

呈及履历均悉。查该典狱官既在军界供职有年，又经补授军佐在案，自应按照军佐资格循资候升，若因破格改叙文官，则本省此项人员甚多，深恐此风一开，相率援例请求改叙，殊于官职统系多所紊乱。所请以县知事存记之处，应毋庸议，仰即知照。此缴。履历存。

七月八日

（原载《浙江公报》第一千五百五十五号，一〇页，批牍）

浙江都督吕批

缙云县知事呈报四月份民刑诉讼摘由清单由

呈、表均悉。仰高等审判厅考核汇办，仍将未结各案赶紧结报，并饬以后送厅汇核。此批。表二份存。七月八日

（原载《浙江公报》第一千五百五十五号，一〇页，批牍）

浙江都督吕批

发高审厅据平湖县知事呈报史槐庭家
劫案内首犯沈引福一名格毙由

呈悉。此案盗首沈引福一名，既因临拿拒捕格毙，应准备案。仰高等审判厅饬提朱阿大、倪友昌二名，复讯明确，按律拟办，仍勒缉余盗务获究报。此批。格结存。七月八日

附原呈

呈为具报事。查接管卷内，本年四月二十八日据县属周圩坊人民史槐庭、史槐堂状报，四月二十七夜三更时分被盗行劫失赃一案，当经诣勘详报。知事抵任接准移交，分别咨饬严缉赃盗去后。旋于六月二日准水上警察第九队方队长缉获盗犯朱阿大、倪友昌两名咨送过县，提讯该盗等供认听从沈引福等伙劫得赃不讳，分别羁押追缉首盗在案。兹于六月二十四日准水上警察方队长函称，据水巡长金春波报称，本月二十三日夜，探悉平属东乡林家埭北七老爷庙附近地方，史槐庭等家劫案内盗首沈引福潜匿，当即率队前往兜捕，讵该犯拒捕，当场格伤毙命，夺获洋枪三支，函请诣勘等由过县。准经饬委城区一等警佐郑福烽带同检验吏驰往尸所，由该坊役吴祺顺认明确是沈引福正身，督吏验得致命左肋有枪子伤一处，穿透右肋，委系因伤身死，填格具复前来。查该盗犯沈引

福本系积匪,漏网有年,今又纠伙行劫史槐庭家得赃,临拿复敢逞凶拒捕,实属罪大恶极,水警弁兵探访匪踪,奋力兜拿,因拒捕当场格毙,洵足为地方除害,殊甚嘉许。所有出力弁兵应由队长另行核奖,以示鼓励。除仍勒缉余盗提同现犯朱阿大等研讯律办外,合将格毙首盗相验缘由,备文呈报,仰祈钧督察核。谨呈。

（原载《浙江公报》第一千五百五十五号,一〇至一一页,批牍）

浙江都督吕批

发民政厅据诸暨县知事呈请提拨盐规
充贫儿院教育会经费由

据呈将盐公堂规费全年一千二百元,提充贫儿院及教育会经费等情,事属化私为公,应准照行,仰民政厅查照备案,并转饬知照。此批。抄呈发。七月八日

附原呈

为提拨盐规移充贫儿院、教育会常年经费,仰祈察核示遵事。案据贫儿院院长何其华、教育会会长金鼎铭呈称,"窃贫儿院自本年三月开办以来,规模粗具,但暨邑地方辽阔,贫儿甚夥,本院因经费困难,定额仅有二十名,至一般可怜之贫儿不能受同一之教育,殊为憾事。至教育会经费尤形窘迫,其每年开支无一的款。教育为国家根本,县教育会为一县教育枢纽,其关系重大,自不待言,若常无经常经费,则暨邑教育前途,将有不堪设想。今查盐公堂向有一种规费,按月赠送历任知事,实可拨作地方慈善教育之用,联名呈请,分别拨给"等情。据此,查暨邑贫儿院自本年开办以来,收养无依贫儿,成效卓著,惜因限于经费,名额未能增加,本年六月间有贫儿金祖诰、祖谋随其母李氏来城乞食,查系西乡已故戊辰科进士湖北即用知县金绍基之孙,年皆幼

稚,教养无力,据绅耆陈敬基等来县禀报,即经知事送入贫儿院妥为抚养,一面于就地公款中酌拨洋三百二十元以作该院补助之费。惟拨款无多,仅能增额十名,且只敷一年之费,此后即难为继,若非亟筹常年款项,实无以图扩充永久之谋。而教育会为全邑教育机关,因无款可筹,以致教育事业诸多障碍。该院长等所请指拨经费,实为当务之急。至盐公堂规费一项,因该公堂办理诸义浦巡盐事宜,县公署有缉捕审办之责,向由各盐商致送公署每月洋一百元,似属一种津贴,自前清至今久已视为成例,历前任知事均经照收。知事于本年三月抵任后,迄未往支,以之拨充贫儿院、教育会两项公费,洵属化私为公,一举两得。兹经知事酌量分配,拟将是项盐规一千二百元,每年提拨洋八百元为贫儿院增广名额之费,以四百元补助教育会常年经费。似此一转移间,在盐公堂出自盐商,本系固有应支之款,而贫儿院、教育会得有此项挹注,即可从事扩充,力筹进行,实于慈善、教育前途均有禆益。是否有当,理合备文呈请,仰祈都督察核示遵。谨呈。

（原载《浙江公报》第一千五百五十五号,一一至一二页,批牍）

浙江都督吕批

盐运使为奉贤县公民阮惟和等禀为
浙省袁浦场荡地灾重请量予减征由

禀悉。既称曾经奉贤县知事咨行袁浦场转详有案,仰盐运使查案核办具复。此批。摘由、抄禀发。七月八日

（原载《浙江公报》第一千五百五十五号,一二页,批牍）

浙江都督吕批

前瓯海道署书记员吕复请求饬厅录用由

既经高等审判厅批候核委,自应静候。该厅量才委用,何得自行

指请派充,殊属冒昧。特斥。此批。七月八日

(原载《浙江公报》第一千五百五十五号,一三页,批示)

浙江都督吕批

温岭蒋拱之控看守所长曹文郁诈欺不遂擅捕释恨由

据禀看守所长曹文郁诈欺不遂,擅捕复押,言之凿凿,虚实均应澈究,着即照章邀具的保来案出具如虚坐诬切结后,再行查办。此批。七月八日

(原载《浙江公报》第一千五百五十五号,一三页,批示)

浙江都督吕批

嘉善县知事呈报东舍滨口发现无名男尸由

呈悉。该无名男尸究系如何致毙,仰高等检察厅饬即访查办理,毋以一呈了事。此批。格结、图存。七月八日

附原呈

呈为呈报事。本年六月十八日据乡警朱元昌报称,"磷五区调字圩东舍滨口,本日辰刻汆来无名男尸一具,面目模糊,皮肉腐烂,身穿青布短衫裤,报请勘验"等情。当即带同吏警前诣该处,勘得该处河道南属旧秀水界,北属本境,东系滨口,西系田岸,阔约三丈,深丈尺不等。该无名男尸由西南顺水汆来,仆浮东舍滨口,身穿青布衫裤,外束青布搭膊短衫,以内又缚白绵纱裤带,光头赤足。遂令将尸捞舁平地,卸去衣裤,饬吏如法相验。据吏张瑞喝报,无名男尸,面目腐烂,不能辨认年岁,身量五尺八寸,检验顶心至两胯皮肉俱已腐烂,骸骨显露,合面至两脚十趾,虽有皮肉,亦已成腐,细检周身骨殖,又无受伤暨断折之处,致死之由委难辨认。报毕,亲验无异,讯据乡警朱元昌、

地邻陈宝其供，与报词相同，惟据声称该尸已于前一日在旧秀水界内发现，无人报验，兹由彼夼至此地，究竟何邑人民，是否失跌落河溺毙，抑系死身被人抛入河内，一时无从查究。当饬将尸棺瘗浅埋标记，暂交乡警收管，一面填格取结、绘图附卷。除备文通报并出示标明服式，遍贴界连处所，招属认领埋葬外，合将本案验讯情形，连同格结、图说呈请钧府察核备查。谨呈。

（原载《浙江公报》第一千五百五十六号，一九一六年七月十二日，六页，批牍）

浙江都督吕批

发民政厅据桐庐县知事呈报荻浦深澳两庄争水哄斗已拨兵解散及善后情形由

呈悉。该乡民等动辄纠众械斗，甚至互有死伤，实属不法已极，既由该知事会同营警弹压解散，应即迅速查明首要凶犯拿获，秉公按律究办，以儆蛮风。该知事于辖境以内纠集三四百人，事前毫无察觉，实属疏忽，姑念即时解散，从宽免予置议，仰民政厅转饬知照。此批。呈抄发。七月八日

（原载《浙江公报》第一千五百五十六号，六至七页，批牍）

浙江都督吕批

财政厅呈荐该厅田赋捐税两科科长请加给任命状由

呈悉。据称该厅前征榷科科长陆庆楹改充捐税科科长，前帮办征榷科科长梁寿藏改充田赋科科长，应即照准，仰将发去任命状转饬祗领，并将前发任命状呈缴注销。此缴。七月八日

浙江都督吕批

发奉化县知事据嵊县钱王氏禀氏夫钱旺根
被韩成凤挟嫌捏报酷刑毙命由

据禀,氏夫钱旺根被韩成凤挟嫌诬报为匪,经警备队副官陈雪山捕获,酷刑致毙,究竟尸身受有何伤,是何部位,未据确切指明。既据赴县喊究,何以并不请验,该县又何以不为查办,核情恐有不实。惟控关人命,虚实应究,仰奉化县知事确切查明,据实呈复察夺,毋稍徇饰,切切。此批。禀抄发。七月八日

附原禀

禀为挟嫌捏报,酷刑毙命,吁请分别饬县并营提案究诬事。窃本区林鹅庄韩成凤向为竺道士羽翼,前光复时同在乡间冒勒北伐捐,怨声载道,而北庄人对之尤力。及竺道士逝世,韩成凤自知不容于乡里之间,逃往奉化,投入李管带即春和营中充当兵士。衅缘阴历四月初十日,氏夫钱旺根与方德献、邹福全三人往奉化溪口庄买桑叶,行至亭下高墚地方,适李管带之副官陈雪山率领营兵韩成凤等赴六诏捕匪,途与氏夫等相遇。韩成凤于副官陈雪山处捏报氏夫为匪,陈雪山不察真伪,即将氏夫等捆缚拷打,又将氏夫身边搜去英洋十元、龙洋二十角,及送入营中,加以种种非法酷刑,惨无人道。事经报知家中,即由氏夫弟钱旺贤往询,并挽亭下镇茶商沈楚珩备函具保,置若罔闻。复经氏邀请本处绅士周兆厍、王炳照等亲诣该营详告来由,始于十七日上午释放,受伤已不堪言状,未及二小时猝发癫狂,立时在途殒命。十九日经氏奔县喊究,奉县知事当庭面谕,此案早已明白调查,钱旺根确已冤死,但势力不及,又将奈何? 可怜氏夫旺根开设南货店,素不干预外事,远近咸知。韩成凤以氏夫为北庄人,不分皂

白,捏词报告,私图复仇,是氏夫之冤死,虽管带及副官之偏听,实根于韩成凤之恶意谋害。以韩成凤之一兵士,其倚势害良,而县知事且诿之无可奈何,一任氏夫被害冤沉海底,县知事于心何忍,即氏夫亦断难瞑目。为此泣叩都督电核准予分别饬嵊县知事及驻奉化之李管带即春和,迅将营兵韩成凤提到,按律究诬,以伸冤抑而维法律。谨禀。

（原载《浙江公报》第一千五百五十六号,七至八页,批牍）

浙江都督府饬政字第二百七十四号

饬民政厅通行各属行政官厅对于各学校改用照会由

为饬遵事。案查各省创办学校之初,大吏对于中等以上学校暨地方官对于各小学校行文,均用照会,良以教育一端关系于立国根本大计,至为重要,非得国中名宿出而主持,不足以资振顿,而非隆其待遇,则凡雅负时望之士,或不愿出而担任,用意至为深远。民国成立,行政官厅对于各学校忽一律改用"饬"文,视同僚属,殊不足以尊重耆宿,维絷名流,于振兴教育前途大有妨碍。嗣后各行政官厅对于各学校向用"饬"文者,应一律改用"照会",各学校对于各官厅向用"呈"文者,一律改用"牒呈"。至各学校职务上应办事件,仍须按照定章,由各该管官署分别认真监督,其公文向由主管官署核复或应报由主管官署核转者,仍应循序办理,不得违越。为此饬仰该厅通行各县知事暨各学校遵照办理,并分咨各厅署知照,切切。此饬。

都督吕公望

右饬浙江民政厅长王文庆。准此。

中华民国五年七月九日

（原载《浙江公报》第一千五百五十七号,一九一六年七月十三日,五至六页,饬）

浙江都督府饬军字第五百四十三号

饬委洪雨霖为第一火药库库员由

为饬发事。案查第一火药库库员缺,前由该兼局长保荐洪雨霖接充,经本府准予暂用行知在案。兹查该员任事以来尚称勤勉,自应发给委任状,以重职守。合将委任状饬发,仰该兼局长转给祗领。此饬。

计发委任状一张。

都督吕公望

右饬兼军械总局局长陈肇英。准此。

中华民国五年七月十日

(原载《浙江公报》第一千五百五十七号,三页,饬)

浙江都督府饬政字第二百七十七号

饬警政厅拟订各项警察人员任用规则业经政务会议议决由

为饬知事。前据该厅厘订各项警队人员任用规则,呈请核定施行,并缮送清摺四摺到府,当经批饬,候交政务会议核议再行饬遵在案。兹于本月七日由政务会议公同核议,认为可行,合亟饬行该厅知照并即通饬所属遵行。此饬。

都督吕公望

右饬警政厅长夏超。准此。

中华民国五年七月十一日

(原载《浙江公报》第一千五百五十七号,六页,饬)

浙江都督府饬政字第　　号

饬民政厅据温岭公民毕卫恒等电禀郑警佐
被人诬告请嗣后呈禀概令取保由

为饬知事。本年七月五日据温岭县公民毕卫恒等电禀称,"温邑

676

年来捏名诬告警佐郑承恺者,遍查之事层见迭出,闻近又有捏造颜德、沈根鲁名诬告,邑中并无是人,则其所控之虚伪由此可想。查郑警佐在邑数年,办事素称谨畏,虽一经澈查,是非不难立见。然被诬者凭空受查办之累,诬之者始终无反坐之虞,事之不平,孰甚于此!而且不肖之徒与人挟有嫌隙,谁不生心而一试。民等非为郑警佐惜,实为全体前途虑。敢请嗣后遇有攻讦人之呈禀,须概责令取具确实铺保,庶便根究,而使若辈不得再售其诈。是否有当,尚请核夺。温岭公民毕卫恒、金作梅、江发旋等五十人公叩。江"等情。据此,查本府现无颜德、沈根鲁控告该县警佐郑承恺之案,据电前情,合行饬知,饬到该厅即便查案办理。至控告官吏,向章本须邀保具结,足杜虚诬,并即行县饬知。此饬。

都督吕公望

右饬民政厅长王文庆。准此。

中华民国五年七月十日

（原载《浙江公报》第一千五百五十七号,六至七页,饬）

浙江都督吕批

民政厅财政厅会呈永嘉县给拨各长警恩饷
碍难动拨省税仍应就地方款内酌量动支由

呈悉。仰即转饬遵照。此批。七月十日

附原呈

呈为具复永嘉县给发各长警恩饷碍难动拨省税,请赐察核事。窃奉钧督批永嘉县知事呈恩饷可否由省拨还或将征存省税呈划作解由,奉批,"呈、册均悉。所称'恩饷无款可支,可否由省拨还或将征存省税划抵'等语,仰民政厅咨会财政厅核议饬遵。

其永嘉警察局既经前瓯海陈道尹呈请①,改隶民政厅管辖,业已批厅。查照所有该县拨发该局恩饷一千八百三十三元,应如何支给之处,仰该厅一并饬报核议,具复察夺。此批"等因。奉此,查省库收支各款均有预算规定,近因军用浩繁,竭蹶异常,无可挪移。此项恩饷,原饬在地方收入项下动支,各县均一律遵办,该县自未便独异,即使所称"警费及自治附捐均有垫无存",系属实在,而准备金或公益费项下亦可酌量动拨,所请划拨省税之处碍难照准。奉批前因,除饬该县将应给警队警察恩饷仍就地方款内酌量动支外,理合呈复,仰祈钧督察核施行。谨呈。

（原载《浙江公报》第一千五百五十七号,一一页,批牍）

浙江都督吕批

第二十五师师长呈为第九十七团排长傅光国等
三员遗缺以差遣郑启明等委充由

呈悉。步兵第九十七团第三连排长缺,准以差遣郑启明委充;第六连排长缺,以差遣吴介委充;第九连排长缺,以差遣陈焜委充,月薪均照少尉支给。仰将发到委任状转饬给领。此批。七月十日

计发委任状三张。

（原载《浙江公报》第一千五百五十七号,一一页,批牍）

浙江都督吕批

护国军预备第一旅旅长呈请委任杜伟
为第二团第三连连长由

呈悉。第二团第三连连长缺,准以杜伟委充。仰将发到委任状转饬给领,查取该员履历具报。此批。七月十日

---

① 前瓯海陈道尹,即陈光宪,字紫笙,江苏江宁人,民国四年一月至民国五年五月任瓯海道尹。

计发委任状一张。

（原载《浙江公报》第一千五百五十七号，一一页，批牍）

浙江都督吕批

第六师师长呈为二十二团三连三排长缺以陈炳云接充由

呈悉。步兵第二十二团三连三排长缺，准以陈炳云委充，月薪照少尉八成支给，委任状随发，仰即转饬祗领。此批。七月十日

计发委任状一张。

（原载《浙江公报》第一千五百五十七号，一二页，批牍）

浙江都督吕批

第六师师长呈为二十一团九连司务长徐豁
改为差遣缺以中士章占鳌升充由

呈悉，应予备案。惟嗣后官长不能称职，无相当之职可以改充，应即解职，不得调为差遣，致涉虚糜，仰即饬属一体遵照办理。此批。七月十日

（原载《浙江公报》第一千五百五十七号，一二页，批牍）

浙江都督吕批

民政厅为青田县警佐郑肃请以县知事拔升由

呈及履历均悉。据称该县警佐郑肃历办警务成绩卓著，仰民政厅查核事实，按照《警察官吏奖励定章》量予核奖。所请以县知事拔升之处，未便照准，并转饬该县知事知照。此批。履历存。七月十日

（原载《浙江公报》第一千五百五十七号，一二页，批牍）

浙江都督吕批

民政厅据平湖县知事呈报体察地方分别办理情形由

据陈办理情形一似言之成理，惟所谓力策进行者多系拟议之词，

并非实心规划。又如学校管教合法者何校,因循敷衍者何校;司法案件每月共有若干,该知事亲自处理者若干,法警接票并不下乡或虚伪报告如何,拟办已有几款,曾否报明高等审判厅有案;警察日间既不站岗,夜间又不巡逻,则该警佐所司何事,何以并不呈请撤换;均未详细声明。该知事如果有心图治,应将拟办事件会商地方人士切实计划,分别举办。其应革事宜,亦应按法办理,详细报查,不得以空言搪塞。仰民政厅转饬该知事,并通饬各县一体遵照。此批。七月十一日

（原载《浙江公报》第一千五百五十七号,一二页,批牍）

浙江都督吕批

象山县知事张鹏霄呈报勘验丐民赵发兴等被仇杀死由

呈悉。此案崔广金等与已死赵发兴等究竟挟何仇隙,遽行一并致死,亟应缉讯严办,仰高等检察厅饬限一月内务将崔广金即坑沙三等获案,传证研讯起衅致死确情,依限按律拟办,并饬咨会邻县将已拔幼孩赶紧查明押放。案关三命,毋任延纵干咎。此批。勘图、格结存。七月十日

附原呈

呈为呈报事。本年六月二十三日案据侨妇赵黄氏禀报,"切氏原籍临海县白桥人,随夫赵发兴在象求乞有年,流寓于南乡方前庵。祸因氏夫与宁海丐头崔广金即坑沙三等积有宿怨,突于本月十二日三更时,纠同丐伙天台老潘、老万、烂脚老王、李加火、阿荣、阿六、三清等十余人,捣进庵门,骤将氏夫妇并六岁幼子又丐伙陈老实拔至周岙朱家坑地方,崔广金等惨将氏夫赵发兴与陈老实二人用刀戳毙,氏被拔到大岭畈放回,惟幼子常被拔过宁海而去。事后又查得丐伙王老少一名,亦被该凶等同夕先时遇于三角塘地方戳毙,而三个尸身现由就地乡警暂时棺殓看

守。苦氏女流,须各处查明实在,故延时日。为此报请勘验,救缉法办"等情前来。当查方前庵地方离城八十余里,地属海僻,交通隔阂。在未据该氏禀报之前数日,已有风闻,疑信参半,遂派法警驰往切实调查。甫接回报,即据赵黄氏将前情起诉到县,知事以案关重要,指控人犯或有未即远飏,亟饬法警从严访拿,并于六月二十五日率同警吏亲诣出事处所分别勘明,启棺认真相验。验得已死赵发兴、陈老实及王老小等三人,生前均被刀戳受伤身死,委系实在,一面查讯发生事实,又与禀情相符。当场填格、绘图、录供附卷,惟凶犯崔广金即坑沙三等,均系乞食营生,聚散既无常时,转徙亦无定所。况犯此重案,势必彼此分窜,遁入穷荒,一时恐卒难猝获。除饬警会营赶紧购缉并飞咨邻县协拿解究,并救回人孩给领外,理合将勘验情形连同图、格、吏结备文呈报。除分呈各厅外,为此呈乞鉴核备查施行。谨呈。

（原载《浙江公报》第一千五百五十七号,一二至一三页,批牍）

浙江都督吕批

仙居县知事孙熙鼎呈报五月份并无盗匪
案件发生请免填表由

呈悉。此项缉捕盗匪成绩月报表,原为考核成绩而设,所有旧日未破、未结各案均须列表,即本月辖境内并未发生案件,亦应如式造送,并在备考栏内声明,岂容率请免予填表,仰民政厅转饬该知事遵照补造呈核毋延。此批。抄呈发。七月十日

（原载《浙江公报》第一千五百五十七号,一三至一四页,批牍）

浙江都督吕批

发高审厅据诸暨刘子蔚控讼棍杨雪斋一案请饬提保押交讯究由

本案控经前巡按使批县讯办在案。据禀前情,仰高等审判厅转

饬诸暨县知事遵照前批勒保交案，迅予依法拟办，勿稍徇纵，切切。此批。禀、粘均抄发。七月十日

（原载《浙江公报》第一千五百五十七号，一四页，批牍）

浙江都督吕批

温岭蒋拱之续控看守所长曹文郁由

已于前禀批示矣，着即遵照。此批。粘状暂存。七月十日

附原禀

具禀温岭蒋拱之，为控告属员拒绝不收，不已请求迅饬地方检厅移送同级审厅，停止看守长职务，传案审明律办，肃官方以保人权事。窃民呈控看守所长曹文郁一案，前禀业已叙明。兹因四次投递，案关该厅属员，收发员受托不收，似此被其诈欺，则冤沉海底，岂官吏得贿不能控告，而民间违法治有专条，亦法律中所必无，不已以所控检厅原状并呈钧署，请求钧督将诉状饬发检厅移送同级审厅传案讯明律办，则民之冤抑可伸，不致控诉无门。为此禀乞钧督电准施行，实为德便。谨禀。

（原载《浙江公报》第一千五百五十七号，一五页，批示）

浙江都督吕

为定期分班接见续行报到各候补知事由

为牌示事。照得本省候补知事，节经本都督将先后报到各员分别接见在案。兹复据各该员等续行报到前来，合再排定日时分班接见。为此示仰后开各员，务各按照规定期间齐集本府招待所，静候依次传见，毋得自误。特示。

计开：

星期二（即十一日）下午二时起

第一班接见人员

龙　斌　张正芬　陈锡恩　唐濬煊　秦懋勋　陆诵清　吴辅勋
吴传球

第二班接见人员

朱邦杰　王施海　叶大澂　金鸿翔　罗念慈　葛泰林　李成蹊

（原载《浙江公报》第一千五百五十七号，一六页，牌示）

浙江都督府饬政字第二百八十号

饬警政厅禁止省城各戏园演唱淫戏
并仰移会民政厅饬属一律严禁由

为饬遵事。照得戏曲一端关系社会教育，一切淫词艳曲均应从严禁止，以维风化而图改良。访闻省城各戏园开设之初，亦以改良戏剧为职志，近因营业竞争，不免有演唱淫戏情事。青年子女德性未定，易被诱惑，实于风俗人心大有妨害，应由该厅转饬省会警察厅，克日传谕禁止，仍随时选派得力警士前往认真监视，如有违犯，立即报告该厅，照章罚办，毋稍宽贷。至各属所有戏园、社戏，距省窎远，尤难免无前项情事，并仰移会民政厅通饬该管警察厅暨各县知事一律严禁，合亟饬仰该厅遵照办理，切切。此饬。

都督吕公望

右饬警政厅长夏超。准此。

中华民国五年七月十一日

（原载《浙江公报》第一千五百五十八号，一九一六年七月十四日，首页，饬）

浙江都督府饬政字第二百八十一号

饬警政厅转饬所属购阅公报由

为饬遵事。照得本府《公报》为宣布法令之枢纽，业经派委专员总管报务，并订定《刊登条例》十条，发登六月九日《公报》，并通饬本省各县、局、场、所法定机关暨公共团体一体照购各在案。其中选登本府暨各厅署通饬缉拿盗匪逃犯一项，实与该厅所属之内河、外海各水警暨各区警备队关系尤为重要。乃近查本府公报处开列领购名册，各水警及警备队机关并未购阅是项《公报》，非特对于命令之颁布、章制之变更情形多所隔阂，即各该机关属于职务上缉捕一项，亦恐不免有疏漏之虞。兹定自本年七月一日起，凡内外水警自队长以上，各区警备队自管带以上，均应订购《公报》一份，其报费各就额定公费项下开支。仰该厅长迅将辖属应购处数及驻扎地点开单呈报，以便饬处照发，并仰转饬所属一体遵照毋违，切切。此饬。

都督吕公望

右饬警政厅长夏超。准此。

中华民国五年七月十一日

（原载《浙江公报》第一千五百五十八号，首至一页，饬）

浙江都督吕批

财政厅呈报浙海关两次拿获生土药赏款已照数核给由

据呈已悉。缴。七月十日

（原载《浙江公报》第一千五百五十八号，一二页，批牍）

浙江都督吕批

长兴县知事呈报鼎甲桥商民赵步升被劫失赃拒伤一案由

呈及附件均悉。仰仍严密协缉，务将本案正盗真赃破获究办具报。此批。附件存。七月十一日

（原载《浙江公报》第一千五百五十八号，一二页，批牍）

浙江都督吕批

慈溪县知事呈报县属护龙乡宝积禅院
被盗一案勘验缉拿情形由

呈、单均悉。仰仍会督营警严密侦缉,务将本案真赃正盗破获究办具报。此批。单存。七月十一日

（原载《浙江公报》第一千五百五十八号,一二页,批牍）

浙江都督吕批

杭县知事姚应泰呈为派员赴领王造英遗族年抚金由

呈悉。该故排长王造英遗族抚金业已发交来员领回,仰即补具印领送府备查。此批。七月十一日

（原载《浙江公报》第一千五百五十八号,一二页,批牍）

浙江都督吕批

发民政厅据泰顺县知事呈该县警佐杨中权
职务废弛性情骄纵请撤换由

该县警佐杨中权如果职务废弛,性情骄纵,自应撤换,以重警务,仰民政厅核议具复饬遵。此批。呈抄发。七月十一日

附原呈

呈为呈请事。窃知事接篆泰顺两月,于兹一切政务无不悉心考察,力求整顿。查警政一门最形腐败,警佐杨中权职务废弛,性情骄纵,关于警政设施事项,如卫生、清道、消防各部概无设备。知事到任后旬日,适城厢东街民房失火,该警佐督率不力,扑灭无方,以致延烧三十余家,惨难入目。而且通衢道路亦多污秽不堪,巡警站岗半属有名无实。此职务废弛者一。教练

巡士为警佐应负职任，况泰邑地居边境，值此防务吃紧之际，既无军队驻扎，警察教练尤不可缺。当经知事面商认真教练办法，该警佐辄以巡士程度过低，无从认真为对。此种言词出于警佐之口，已属不合，其平时办事敷衍，从可概见矣。此职务废弛者二。日前泰邑邻境福建界内谣传有土匪出没，知事立即派探侦查，并面谕该警佐派探分查，冀资印证而筹防备，乃竟阳奉阴违，终无报告。虽云保护地方，知事负有完全责任，而警佐遂堪置身事外乎？此职务废弛者三。署内为办公重地，耳目观瞻，乃该警佐不时招集朋侪饮酒猜拳，声达署外，大属不成事体。又每每夸耀，省中某要人曾与熟识，某要人曾与交好，满口傲言，遇事不听知事调度，其性情骄纵已达极点。且处分违警案件，良善每受摧残，报告诸多不实，默察舆情，诚有敢怒不敢言之苦。更可恶者，当本省独立后，奉前都督届饬查各县出力军警酌给恩饷，就地方收入项下支拨等因，时知事甫经代理，以地方款项支绌，拟就自治赢余项下呈请钧督核准支给在案。乃该警佐别存私心，罔顾公务，不待批回，唆纵巡士迭次入署吵闹，非经知事明白开谕，险酿事端。诸上所为，均属有乖厥职。目今时局始宁，治安所系，知事不敢苟容误事，理合将警佐杨中权职务废弛、性情骄纵之处，据实沥陈，恳请察核，迅赐将警佐杨中权撤换，遴委妥员接任，以重警政而肃官方，实为公便。谨呈。

（原载《浙江公报》第一千五百五十八号，一二至一三页，批牍）

浙江都督吕批

民政厅呈送海盐县保卫团月支经费表
并声复拨款借垫尚无妨碍请示由

呈悉。查该县既称添募团丁逐渐减少，则每月加拨之七百元亦可递减，究竟此项团丁系由何月何日添起，现在时局渐定，与该县原

呈时情形不同,应即酌量裁减,所余之款尽数留备地方自治之用,仰即转饬该县遵照,妥议具复察夺。此批。抄表存。七月十一日

（原载《浙江公报》第一千五百五十八号,一三页,批牍）

浙江都督府饬军字第五百五十三号

饬第六师第二十五师预备第一旅转饬所属购阅公报由

为饬遵事。照得本府《公报》为宣布法令之枢纽,每日刊登文件,关于军事部分者,实居多数,凡属本省各军队机关自应一律领购,以资查考。兹定自本月一日起,发各师部《公报》二份,旅部一份,团部一份,营部一份,其报费就各该部额定公费项下开支,每届三个月由本府军需课于各该部支领公费项下划还,以省手续。除分饬外,合行饬仰该师长、该旅长转饬所属一体遵照,并将各该部驻扎地址迅行开单呈报,以便饬由公报处照发,切切。此饬。

都督吕公望

右饬陆军第六师师长童保喧、陆军二十五师师师长张载阳、护国军预备第一旅旅长俞炜。准此。

中华民国五年七月十二日

（原载《浙江公报》第一千五百五十九号,一九一六年七月十五日,首页,饬）

浙江都督府饬军字第五百五十四号

饬第六师长据第二十五师师长呈为九十七团第二连排长蔡得标因内部受伤请予退役遗缺以该团差遣洪捷接充由

为饬遵事。据陆军第一十五师师长张载阳呈称,“窃据步兵第四十九旅旅长韩绍基呈称,‘据步兵第九十七团团长刘炳枢呈称,据第一营营长朱练呈称,职营第二连排长蔡得标,自辛亥年攻克南京,胸部被子弹穿伤,虽当时医治就痊,迄今伤口不时作痛,体力衰弱,经军

医诊视,据云内部受伤,不能复元。又兼父老多病,屡促归养,志愿退役。恳请按照《浙军退役简章》第二章第三条第一项办理,并造具功绩表等情,由团复核相符转呈前来,旅长复查属实,似应准予退役。如蒙俯准,则该员遗缺,查有该团差遣洪捷堪以委充,按照中尉支薪。是否有当,理合检同原送功绩表,备文呈请鉴核示遵。再,查该员自民国元年六月以前,系在二十二团供职,所有该员功绩以及当时薪数均由二十二团造报,职旅无案可稽,应请呈明都督府查案汇核,以昭慎重而免冒滥,合并声明'等情。据此,查该旅长所呈,第九十七团第二连排长蔡得标因伤痕作痛,恳请退役归养,自系实情。除批该排长蔡得标准予先行解职,至能否照退役章程办理,呈请核示后再行饬遵。所遗该排长缺,并由师饬委该团差遣洪捷补充,月薪照少尉支给外,所有呈请退役排长蔡得标从前有无功绩,职师无案可稽,可否查照《浙江陆军官佐退役简章》第二章第三条第一项办理,未便擅拟,理合备文呈请查案察办"等情。据此,查第二十二团前送功绩名册并无蔡得标其名,该员究竟有无功绩以及当时薪数若干,应由该师长饬属查明具报,以凭核办。除批示外,合行饬仰该师长遵照办理。此饬。

都督吕公望

右饬陆军第六师师长童保暄。准此。

中华民国五年七月十二日

(原载《浙江公报》第一千五百五十九号,首至一页,饬)

浙江都督府饬政字第二百八十二号

饬民政厅转饬海盐黄岩两县将清丈田亩办理
情形具报并责成赶速办理完竣由

为饬知事。照得海盐、黄岩两县将清丈田亩一节,曾经该两县知事拟具办法,呈请前巡按使核准施行在案。迄今时阅半年,该两县办理是事成绩如何,未据呈报到府,无凭考核。兹事于清理田赋,保护私权,关系至为巨大。该两县知事不畏繁难,毅然禀请举行,殊堪嘉许。惟事在创行,设或办理失宜,中途废止,不徒该两县无可观成,即全省因而阻止。合即饬仰该厅转饬该两县知事务须认真办理,俾得刻日完竣,并将现在办理情形先行具复核夺,毋稍延缓,切切。此饬。

都督吕公望

右饬民政厅长王文庆。准此。

中华民国五年七月十二日

(原载《浙江公报》第一千五百五十九号,一页,饬)

浙江都督府饬政字第二百八十五号

饬民政厅嗣后荐任知事应将荐任之员品性政绩等项详细声叙由

为饬遵事。照得知事一官,于地方利害、民生休戚有密切关系,任用之始允宜审慎。嗣后遇有知事缺出,该厅荐任之员如系曾任本省官吏,应将其前次在任是否得力,因何去职,交代是否清结,详细声明,其有原卷可查者,并应将卷宗检齐,连同履历,一并呈送,即有因事或被控撤任者,亦不妨明白声叙,以资参考。其未曾在本省服官各员,该厅既列荐牍,自必确知其人,亦应一并切实声叙,以凭选择。为此饬仰该厅遵照办理,切切。此饬。

都督吕公望

右饬民政厅长王文庆。准此。

中华民国五年七月十二日

(原载《浙江公报》第一千五百五十九号,一至二页,饬)

浙江都督吕批

发民政厅据绍兴萧山县知事会呈水利联合研究会
第一次议决事项缮送记事书由

呈、摺均悉。仰民政厅查核备案饬知,并饬将应修水利事项,分

别最要、次要切实研究,议定办法,呈候核夺,毋得徒托空言,是所厚望。此批。呈抄连摺发。七月十一日

（原载《浙江公报》第一千五百五十九号,八页,批牍）

浙江都督吕批

发高审厅据龙泉县知事呈复李镜蓉
控陈前知事朋吞罚款一案由

呈悉。此案县卷既未发回,究竟杭地审厅如何判决,仰高等审判厅查案具复核夺,并饬该县知照。此批。呈抄发。七月十一日

附原呈

呈为查复李镜蓉控前知事陈蔚等朋吞罚款一案,各前任办理经过情形,恳请察核示遵事。本年六月十三日奉钧府批发李镜蓉禀前知事陈蔚勒罚肥私请追缴由,奉批,"据该民先后具禀到府,查阅旧卷,案经该县前知事查明蔡龄受贿情形确系实在,业经朱前都督兼民政长任内批,'由提法司令行省检事厅饬县依法审判'在案,何以至今延未讯结,仰龙泉县知事查案详细具复,听候核办可也。此批。前后两禀并抄发"等因。奉此,遵查是案于民国元年九月间,据县属西乡李镜蓉控前知事陈蔚等朋比吞赃各情,朱前知事光奎依法受理。正在核办,旋奉前都督朱令仰调查该案情形,当经朱前知事详细查复,因人证不齐,故未公开审判。续李镜蓉援律声请移转管辖,前审检所认为正当,取具意见书附于该声请书之后,检卷送请丽水检察厅移转管辖。该厅以案情重大,非所管辖,发还原卷。复经前帮审员金蕴岳,于二年十月间,将卷改送高等检察厅核办。直至四年二月间,经高检厅依《刑诉律》管辖各节,声请高等审判厅决定将陈蔚、夏涛、蔡龄等朋吞罚款一案移转于杭县地方审判厅管辖。去岁六月五

日,承准杭县地方检察厅公函饬传被告及证人,经杨前知事毓琦于六月八日分别解送,即由该检察厅提起公诉,经同级审判厅判决各在案。现在卷宗尚未发回,判决主文如何,无从得知。奉批前因,合将龙邑各前任办理是案经过情形,备文详细呈复,仰祈都督察核示遵,实为公便。谨呈。

(原载《浙江公报》第一千五百五十九号,八至九页,批牍)

浙江都督吕批

发财政厅据平湖县公民时汝霖等请澈查陶菊泉等
控财政主任方鸿铠等朋吞公费由

查此案前据陶菊泉等具禀到府,即经批厅饬县并案查办在案。据禀前情,仰财政厅速饬平湖县一并澈查明确,据实呈复察夺,毋稍徇延,切切。此批。禀抄发。七月十一日

(原载《浙江公报》第一千五百五十九号,九页,批牍)

浙江都督吕批

发财政厅据监征员/宁洋广货捐征收局
会呈四月分征解对照表及比较表由

该局四月分现征数按照新定比额,绌收至二千六百九十余元,有无弊窦,仰财政厅查核饬遵,并由该局转移该监征员知照,切切。此批。抄由发。七月十一日

(原载《浙江公报》第一千五百五十九号,九页,批牍)

浙江都督吕批

发高检厅据余姚县知事呈报匪犯余唔叨服毒自尽一案由

呈及格结均悉。既据验明匪犯余唔叨确系畏罪服毒自尽,自应毋庸置议,仰高等检察厅转饬勒缉逸匪余阿怀等务获究报。缴。格结存。七月十二日

附原呈

呈为报验匪犯余唔叻服毒自尽一案,填格取结,仰祈察核事。窃照浒山警察倪胜全等协同营探鲁廷标即阿荣缉获著匪余阿怀,被匪党余唔叻等纠众夺回,伤毙探警一案,业将验办情形呈报鉴核。兹于六月二十七日据林东乡自治委员余守志函报,"小桥镇车头地方夺犯毙警案内首犯余唔叻即小活狲,于昨夜三更时分由该房族拿住,拟即送县究办,不料该犯畏罪服毒身死,理合报验"等情前来。随同书记、检验吏前诣勘明,余唔叻尸身仰卧余姓公堂外地上,头西脚东,身穿衣裤,光头赤足。勘毕,饬令尸移平明地上,如法相验。据检验吏陆世荣喝报,已死余唔叻,案年三十岁,验得仰面面色青黯,两眼胞微开,两眼睛全,上下唇吻青黯色,上下牙齿全,口微开,舌在内,两手微握,两手心青色,肚腹青色,十趾甲青色,合面十指甲青色,两脚心青黯色,用银针探入咽喉、谷道,以纸密封,良久取出,作青黯色,用皂角水揩洗不去,余无故,委系服毒身死。报毕,亲验无异,当场填格取结,尸令棺殓,封交村警看管。查该匪余唔叻系与余阿怀等焚毁双河盐警局所,致毙稽查员缪得胜,及余家祚等家被劫案内奉饬严拿之要犯,现复率众夺犯伤毙探警,实属死有余辜,今既畏罪自尽,应毋庸议。除仍勒缉逸匪余阿怀等务获究报外,合将验明余唔叻畏罪服毒身死情形,填格取结,备文呈报,仰祈钧督察核。谨呈。

（原载《浙江公报》第一千五百五十九号,九至一〇页,批牍）

浙江都督吕批

发民政厅据杭县知事续送李谷香对于
源丰润抵款房屋原信据由

呈悉。此项信据前据呈送到府,据称系由该知事批饬检送,业已查核属实,并请于验明后随批发还。是该知事之对于此案未尝不审慎周详,既已查核属实,又请随批发还,其为并非抄件,已可概见。惟察阅信据,既无号戳,又无印章,颇滋疑窦,是以饬令查明具复,再予核示。兹据复称,前送信据系属抄件,兹将绘呈原信呈送察核等情,核与前呈词意大相径庭,欲求真相,非调查县卷,核明原禀及批饬检送之理由不可,随即将全卷调送前来,详加复核。卷内本年六月三日李谷香所递禀词,曾粘抄押据一纸,当由该知事批示发还,并饬另检押据呈送,以凭核明详办。是抄件之未便核转,该知事亦深知之。迨六月十二日李谷香将押据检送,始行准予转呈。何以前呈押据又系抄件,现在始为转送,有无别情,仰民政厅迅即澈查明确,务于五日内据实呈候核夺,勿稍徇延,切切。此批。原呈两件、粘据两纸、县卷一宗均发,仍缴。七月十二日

（原载《浙江公报》第一千五百五十九号,一〇页,批牍）

浙江都督吕批

发高审厅据义乌县呈报楼龚氏毒死亲夫小狗一案由

呈及格结均悉。楼小狗究竟因何致死,是否楼龚氏故意谋毒,抑或另有别情,仰高等审判厅转饬该县严密查访,一面提犯楼龚氏,并传齐尸族人等详细研讯,务得确情,按律判决,毋稍枉纵,切切。此批。格结存。七月十二日

附原呈

呈为呈报事。案于本年六月二十三日知事访闻离城三里之东江桥地方,有民妇楼龚氏毒死亲夫楼小狗情事。正在饬查间,并据县警察所警佐来署面报同前情,当即饬传该尸妇楼龚氏到案讯供,未据直认,照章暂予管收,一面仍予饬查,并传该尸族人楼正福等到案讯问去后。旋据报告并据该楼正福等状称,“窃民

等聚族于东江桥桥东地方,缘月之二十一日忽闻族人楼小狗即银吉突于二十夜间毙命,人言纷纷,生死不明,因其并无亲房,当即召集合族祠理,于次日传唤其妻龚氏到祠诘问,语言含糊,未免令人生疑。不得已又于昨、今两日投告城东总族。正议报验间,适奉饬提其妻审讯。案关人命,报请察核验夺"等情前来。即经讯据楼正福供称:"楼小狗二十日去看斗牛,回家晚间甚好,我们均看见过的,至半夜而死,因为他死得太速,不明不白,村中人不准他收殓。至昨日半夜楼龚氏瞒族中人收殓,究竟有毒无毒,我不晓得,楼龚氏有无与人通奸,我们不知。小狗死后,看龚氏只有泪痕,没有啼哭。听闻别人说起这楼龚氏,因门外菜园所种苦菜尝被刘忠爱家所养小猪去吃,因将砒礵、水银放在水杓内调和,撒在苦菜之上,谋毒小猪,水杓粘有各毒没有洗过,楼小狗回家,龚氏即将水杓取水调和麦粉烤麦饼,把丈夫吃了。是否有意谋毒,我也不晓得的。"余供均与报词略同。据此,除庭谕候诣验外,知事即于次日带同吏警人等驰诣该处,先勘得该处有坐西朝东茅屋二间,南边贴连,又有平房一小间,其南面一间茅屋内有尸棺一具,头东脚西,摆在凳上。据称即系楼小狗即银吉之死棺。勘毕,饬将该尸棺舁放平明地面,揭去棺盖,取出尸体,卸去上下衣裤,对众如法相验。先据检验吏刘瑞祥喝报,相验得已死楼小狗即银吉,问年三十四岁,量身长四尺八寸,仰面,面色青黑色,发变不致命,两眼胞开,两眼睛凸,两鼻窍有紫黑血流出,上下唇吻青黯色,翻胀微裂,上下牙齿全,口开有紫黑血流出,舌抵齿青黑色,两手微握,两手心青黑色,致命胸膛青黑色,肚腹胀青黑色,合面不致命,十指甲青黑色,谷道突,两脚心青黑色。报毕,亲验无异,复用足色银钗用皂角水揩洗过探入该尸口内及粪门,依法罨验良久,取出作青黑色,仍用皂角水对众揩洗,其色不去,委系生前服毒身死,余无故。验毕,当场填明尸格,尸令棺殓,封交该尸族人等领回埋葬,取具面同相验切结,并领填切结附卷,一面将该银钗固封存案。除提在押楼龚氏,并传同该尸族人等严鞫明确,按律判决外,所有本案勘验大略情形,理合备文呈报,仰祈钧督察核,深为公便。除呈高等审、检两厅暨民政厅外,谨呈。

（原载《浙江公报》第一千五百五十九号,一〇至一二页,批牍）

浙江都督吕批

第二十五师师长呈为九十七团第二连排长蔡得标
因伤请予退役遗缺以洪捷接充由

呈及功绩表均悉。查第二十二团前送功绩名册并无蔡得标其名,应否准予退役,候饬第六师查明再行核办。现准先予解职,所遗九十七团第二连三排排长缺,准以差遣洪捷接充,照中尉支薪,委状随发,仰即分别转饬祗领遵照。此批。表存。七月十二日

计发委状一张。

（原载《浙江公报》第一千五百五十九号,一二页,批牍）

浙江都督吕批

陆军第六师师长呈为二十一团七连排长赵显榜撤
差遣缺以傅典承等分别升补由

呈悉。傅典承应准加委为第二十一团七连三排长,仰将发到委任状转饬给领。此批。七月十二日

计发委任状一纸。

（原载《浙江公报》第一千五百五十九号,一二页,批牍）

浙江都督吕批

陆军第六师师长呈为二十四团排长简复盛遗缺
请以排长陶振武等分别升补由

呈悉。步兵第二十四团第四连三排排长陶振武,准升充该连中

尉一排排长,照中尉八成支薪;遗缺以该连二排排长陈枘舟调充,照少尉十成支薪;递遗之缺以该连少尉一排排长朱仲宴调充,仍支原薪。仰将发到该员等委任状转饬给领。此批。七月十二日

计发委任状三张。

（原载《浙江公报》第一千五百五十九号,一二页,批牍）

浙江都督吕批

第六师师长呈为二十一团八连排长杜逢辰体弱
改为差遣遗缺以于经匡委充由

呈悉。步兵第二十一团第八连二排排长杜逢辰,既系体格薄弱、管理不周,应即饬令销差,遗缺准以于经匡委充,照少尉八成支薪,仰即分别转饬遵照,并将发到于经匡委任状转饬给领。此批。七月十二日

计发委任状一张。

（原载《浙江公报》第一千五百五十九号,一二页,批牍）

浙江都督吕批

民政厅厅长呈报武林艮山候潮凤山
各门拆造雉堞办理情形由

如呈备案。此缴。七月十二日

附原呈

为呈报事。前奉都督发交省会工程局详拟改造武林、艮山、候潮、凤山四门城楼,造具估表,请察核示遵由一件,内称:"窃职局上年遵奉使饬,会同警察厅长、杭县知事,召集城乡自治委员集议修理省城各城楼倾圮事宜,佥以旧存城楼既已坍塌堪危,倘概事修复,所费不赀,且徒供乞丐栖止之所,于事实上毫无补益,不若择其完固者略行修葺,暂留纪念外,余皆一律拆卸,改作雉

堞,较为闳壮省费等情,会衔详奉批准照办"等因。当即相其缓急详准先将清泰、望江两门城楼提前拆改,余俟次第兴葺各在案。现清泰、望江两门城楼工程将次完竣,颇壮观瞻。兹查武林、艮山、候潮、凤山四门城楼,栋宇朽腐过甚,不早修改,一过飓风,倒塌堪虞,拟即援案继续拆修,仿照清泰、望江两门城楼办法改筑雉堞。经饬据工务股员张葆林勘估,复称,"遵即前往将各处内外城楼逐项估计,分别列表,详请察核"等情前来。查表列四城楼拆卸工价估计共洋四百零五元,改造费共洋一千零五十九元九角六分,两共需洋一千四百陆十四元五角六分;四城楼旧料变价估计值洋一千五百二十三元八角五分,收支相抵,尚可盈余洋五十八元八角九分,以之为临时监工员役津贴、薪费,缺短当亦有限。此第就目前预算估计,将来公告投标拆改工价果能不超出估额,则于公家费款不事另支,城楼危险即可立免,且于上年议定成案,正相符合。惟案关城楼拆改,是否可行,总办未敢擅便,理合照缮拆改四处城楼估计表,备文详送,仰祈察核示遵等情到厅。当经厅长查核表列各款数目,错误甚多,即将原表发还该局更正送核去后。兹准该局函复内称,"查表内数目舛错,实系雇员缮写之误,兹已逐款更正,送请查照见复"等由到厅。查省会各门城楼拆改雉堞一案,前经该局会同警察厅长、杭县知事详奉前巡按使署批准有案。据拟办法,核与上年成案亦属相符,自应准予照办,俾便进行。除以"表列各款,既经更正,所拟办法,核与上年成案亦属相符,自应准照办理。除呈报都督备案,并将估表存查外,相应函复贵总办查照办理"等语函复该局知照外,合将办理情形具文呈报,仰祈都督察核备案。谨呈。

浙江都督吕批

民政厅厅长呈复批发开化县呈为发给
匾额贫苦无资请免缴注册费由

呈悉。该县呈请免缴吴庚元父子奖案注册费,事在独立期间,无咨部核复之必要,仰仍遵照前批转饬知照可也。此缴。原呈存。七月十二日

附原呈

呈为呈请事。本年六月三十日奉钧督批发开化县知事林应昌呈为发给匾额,贫苦无资,可否免缴注册费,以示体恤由,内开,"呈悉。该村民应缴注册费,准予优免,仰民政厅转饬知照。此批。呈发,仍缴"等因,并附原呈一件到厅。奉此,察核原呈声称各节,尚系实在情形,所有孝子吴庚元父子应行补缴注册费,钧督准予优免,仰见敦崇仁孝,提倡风化之至意,本应遵即转饬知照。惟查民国三年十月内务部颁行《呈准酌收褒扬注册费办法》第五款之规定,是项注册费系应行缴部之款,其第四款所列得免缴费之事由,仅限定受褒扬人已故并无子孙家属,暨因特别事故给予褒扬者两项,曾经前巡按使公署通饬遵照,对于各属请褒案件并迭经依据办理各在案。该民吴庚元父子现俱生存,其受褒行谊系在《褒扬条例》第一条所列九款之内,又非特别事故,核与前款规定之两项,均不符合。至因家道贫苦,能否邀准优免,又别无成案可援,可否批俟大局统一后,据情咨准部复再行饬遵。管蠡之见,是否有当,理合检同奉发原文,呈请钧督察核示遵。谨呈。

（原载《浙江公报》第一千五百五十九号,一四页,批牍）

浙江都督吕批

交涉公署拟复日商在定海白马礁起除沉轮
饬从速工作并预定竣工限期由

呈悉。准如拟办理,仰即转饬该县知事将办理情形随时具报为要。此批。摘由发。七月十二日

附原呈

呈为日商在白马礁起除沉轮,拟由宁波交涉署函商日领预定竣工期限事。本月三日奉钧府发交政字第二零八号批,"呈、表均悉。据称各节,尚系实情,仰交涉公署查核办理,呈报察夺。惟未定办法以前,仍当妥为保护,免生意外,并转饬该县知事遵照。此批。原呈并表抄发"等因。奉此,查白马礁为中国领海,该日商领取护照赴该处起除东平沉轮,自应由该处地方官设法保护,该县知事呈称,"白马礁孤悬海中,风涛险恶,巡船难于久泊。该日商工作需一年之久,海盗猖獗,保护为难"等语,虽属实在情形,惟巡缉洋面,清除海盗,仍属地方官应负之责任,未便以保护为难向日领提议。此案本由署沪日总领事函称,"宁波交涉署饬县保护",拟由职署知照宁波交涉署转商驻沪日总领事,谕饬该日商从速工作并预定竣工限期,庶于保护之中略示限制之意。除分咨宁波交涉署暨转饬定海县知事遵照外,理合将办理情形呈请鉴核备案。谨呈。

(原载《浙江公报》第一千五百五十九号,一四至一五页,批牍)

浙江都督吕批

发交涉公署据瓯海关监督兼温州交涉员
冒广生呈报办结自立会争执教堂由

呈悉。所拟办法尚属妥洽,仰交涉公署备案,并咨行该交涉员转

饬该县知事，将另觅基地办结情形具报。此批。七月十二日

附原呈

呈为具报办结平阳自立会与内地会争执教堂事。

本年五月间迭据温州内地会教士衡平均函称，"平阳二十五都宜山地方设立教堂，全县计有五十余所，讵料五月十日敝总会开特别大会，召集五县教师研究道理、会议教务，突有自立会总理林湄川因本会教师赴郡，纠集黄楚玉、姜铭臣等八九人擅用野蛮手段，竟将教堂及住室并器具等件，以图霸占。又胆敢在礼拜日将本会改称为自立会名目，又不容教师在本堂宣讲，反倒声称，既行自立，其基址、器具应归自立会，与内地会绝无关系。似此行为，不但犯有教规，即法律亦有所不容。况敝会永租教堂房屋均有契据可凭，恳请迅速派员查明，严行决定，并要求将自立会前占该会古鳌头、方家坑、腾家堡、蒲门、俞思坑等处各教堂一并归还"各等语。交涉员查宗教相争，往往事起细微，酿成流血之祸，盈千累万，当经飞饬平阳县知事出示晓谕，并派员前往弹压，妥为排解去后。旋迭据平阳自立会教士林溥泉即湄川函称，"平邑全县教堂均系本地教友集资购地建筑，外人所资助者不过十之一二，何故诬我侵占，又谓逞凶霸夺。宜山礼拜堂，因该堂亦是集资而筑，爰于古历四月特具公函来请敝会代为宣讲，溥泉买舟前往，至下午四时而归，并无行李及器皿存放其堂，种种污蔑，焉能缄口？禀乞取销平阳县知事告示，设法恢复自立会名誉"各等语。复由交涉员函嘱林教士来署，当面劝导，劝以仍将宜山教堂让出，其古鳌头等处教堂是否霸占，事在以前，可置不问。该教士亦明大义，情愿和平了结。另由交涉员发给匾额一方，交自立会张挂，以保颜面。

六月六日据平阳县知事复称，"据队长刘连升复称，'奉饬亲往宜山地方勘明，该教堂内住室并器具等件均无损失，并查前之

二十一日礼拜系由该教堂教友函请自立会宣讲,实非有心图占。迨二十七日晨刻,即礼拜日时,内地会教师先与各教友到堂,续即自立会教师陈楚卿、朱修廷亦与各会友相继而来,双方先自争执是非,经升再三排解,绎情理喻,宜山教堂仍归内地会。所有以后自立会尽可另择基址建筑会堂,各守教规,毋许侵犯。当时两会教师及会友等均已承认允可,自立会教师、会友亦愿即时退出。本日自立会礼拜曾已择该处民房暂作礼拜,至晚散会,别无异议'等情,理合呈复察核"等情。据此,理合具文呈报钧署察核备案,并请转饬交涉署备案。再,六月二十九日据内地会衡教士函称,"敝会于四年七月间,在瑞安陶山地方买有山园一片,将行兴工建筑,不料该地绅谓此山建筑教堂,有关风水,不容建筑,请赐核夺"等语,现已由交涉员饬由瑞安县知事并函请该地绅士设法另觅相当之地给予该堂,并将该教士原买陶山山园基地契据退还,以期双方相安无事,俟办结后再行呈报。合并声明。

谨呈。

(原载《浙江公报》第一千五百五十九号,一五至一六页,批牍)

浙江都督吕批

新登县知事因国会召集呈请辞职即照准选员接替由

呈悉。准予辞职,仰民政厅迅即遴员荐候任命,并转饬该知事知照。此批。七月十二日

(原载《浙江公报》第一千五百五十九号,一六页,批牍)

附　民政厅电各县知事 查明参众两院议员迅
即通告如期赴京报到以便继续开会由

各县知事:(急)。奉都督饬,"转京电,以'国会奉令定于本年八月一日起继续开会,所有参、众两院议员,前由贵省区选出及现

时旅居贵省区者,应飞电饬属分别转知迅即起程,务于七月二十五日以前来京,赴筹备国会事务局报到'等语。合行饬仰该厅长查照,迅即分别通知"等因到厅。除登报通告外,合亟飞电该知事迅即查明,分别通知为要,仍复民政厅。文。印。(中华民国五年七月十二日)

(原载《浙江公报》第一千五百五十九号,一八页,电)

浙江都督吕批

杭县徐继生续禀侯才世溺毙一案请复审由

着遵前批,静候执行,毋得一再混渎。此批。七月十二日

(原载《浙江公报》第一千五百五十九号,一八页,批示)

浙江都督府饬政字第二百八十三号①

饬民政厅通饬各属继续认真办理各要政由

为饬知事。照得农工各业关系国计民生至为巨大,本省各属农桑水利、森林苗圃、贫民工厂、因利局、贫儿院等各要政,迭经前巡按使拟定办法,通饬各县知事及水利委员会等次第举办各在案。历时既久,该知事等成绩昭著,切实进行者固不乏人,而敷衍塞责、虚糜款项者尚复不少,合行饬仰该厅迅饬所属,凡关于前项一切事宜已办者,务须继续进行,力求完善,未办者尤宜速定计划,刻日举行。通限文到十日内将过去之成绩及将来之计划详实呈复备夺,一面由该厅长随时严加督察,其有奉行不力者即行据实呈参,以儆颟顸而重要政,切切。此饬。

都督吕公望

---

① 本文饬政字号,据浙江省长公署指令第一百六十八号《呈一件寿昌县知事遵报办理农桑水利各要政情形由》(原载《浙江公报》第一千五百九十四号,一九一六年八月十九日,一三至一六页)补全。

右饬民政厅厅长王文庆。准此。

中华民国五年七月十二日

（《浙江公报》第一千五百六十号，一九一六年七月十六日，首页，饬）

浙江都督府饬政字第二百八十七号

饬财政厅为本省国会议员请垫发川费并拨借在京公寓开办费
共洋一万一千一百元分别函复饬知照数汇寄由

为饬遵事。顷接本省驻沪国会议员张浩、陈黻宸、邵瑞彭、许燊、丁僎宣、张烈、周珏、陈洪道、朱文劭、杜士珍、杜师业、韩藩、赵舒、张传保、徐象先、蒋著卿、周继潆、金秉理等函开，"案查国会议定《支给规则》，浙江参众议员每岁应各给往来川资银四百元，此项川费应由中央交院给发。但现在集会期迫，起程在即，诚恐因经济关系先后参差，殊与开会时期有碍。同人筹商划一办法，拟请尊处先行垫发每员往京川资银二百元，计浙江参众两院议员四十八名，需共垫发银九千六百元，请即饬拨由上海代表事务所分发，以资便利，将来即在本省解京款内照数划扣，一面由同人等到京后向院声明，不再重发。其有旅居京中，或缺额待补者，并由同人与事务所接洽稳妥办法可也。再，本省议员人数众多，入京后拟组织公寓，以资联络而便居住。顷接王君正廷、殷君汝骊由京来电，内开：'房已看妥，惟租金少，租器具、电灯、天棚诸款，非千余金不办，弟处未能代垫，望速电浙请补助款来，即可进行。盼复'等语。现此项开办经费，急切无可筹措，拟并请尊处暂行借垫洋一千五百元，一并拨由上海代表事务所刻日汇京，俾便进行一切，至纫公谊"等情。查国会开会日期急迫，浙省各议员所需川费自应由浙暂垫，以免延误。除函复如数照汇外，合行饬仰该厅迅将上列两项各费洋一万一千一百元如数照汇，并将汇付日期具报。此饬。

都督吕公望

右饬财政厅长莫永贞。准此。

中华民国五年七月十三日

（《浙江公报》第一千五百六十号，首页，饬）

浙江都督府饬政字第　　号

饬高检厅据永嘉县知事呈尸亲藉尸诈扰
聚众抗拒营警请示办法由

为饬知事。本年七月十一日据永嘉县知事郑彤雯呈称，"窃于本年四月十日据五十二都柟溪地方民妇李徐氏状称，伊子'李黎臣于去年阴历十二月十七日携带洋银至枫林解账，路经垟头地方，被季昌运等殴夺，致伊子受伤呕血，丧失心神，患病至今，竟于阴历三月初五日晚毙命，叩请验究'等情到县。据经验明，李黎臣委系生前落水身死，并查明李黎臣实于去腊起染患疯癫。后至本年阴历三月初间往乐清垟头积社筅地方，正值筑垟，黎臣在隔江狂言，谓能飞渡过河，遂一跃落水，捞救不及，以致溺毙。核与所验情形吻合，分别填格取结，遵章详报高等审、检两厅，并分别提传各在案。旋据季昌运、季昌波辩诉，'以下家峦及港头地方李应木、李鸿儒、李锡侯等纠众移尸，捣抢物件，请求严拿追办'，并据公民金建勋等状同前情，节经饬警押令尸亲领棺埋葬，并拘提讯究。讵该尸亲等负嵎抗拒，又经选派警队并咨请警备队第四区统部为法律上之辅助，转饬柟溪防营协同拿办去后。兹准复称，'即经饬据柟溪易管带饬委第一哨哨官徐吉高带队协同县警驰往该处相机办理去后。旋据徐哨官报称，本日午刻奉饬率队会同县警驰赴下家峦，未刻即到。讵料该处民情刁蛮，不畏法纪，鸣锣击鼓号召党羽三四百，枪林弹雨，声称该党均属尸亲，并非盗贼，与尔防营何相干涉等语。哨官因案系民间刑事，奉饬协同法警办理，不过为法律上之辅助，虽势甚凶悍，未便还枪对敌，有伤生命，再四思维，不得不收队回防，请示再办等情。据此，查该哨所称系属实情，此等械斗之风，层见迭出，且因此盗匪乘隙四处窃发，非请格杀勿论，不足以儆刁风而彰法律，理合据情呈报，伏乞转咨'等情。据此，查该地聚众开枪，追击官兵，玩法已极，其应如何办理之处，函请查核施行等由。准此，并据法警报告前来，查该处地僻民强，无论何事，往往恃众逞蛮，实不可与言法律。即如此案，始而藉尸扰赖，继而负嵎抗拒，终则持枪拒捕，追击营警，其弁髦法令，实属形同化外。在未遇此等事实以前，以为案关司法，无论犯罪事实如何，皆可依法办理。迨既遇之后，竟觉扞格多方，穷于对付。盖办案手续，罪犯未到以前必须先行拘提，到案之后始可按律究办。今此狡悍性成，节次抗不到案，甚且用枪拒捕，迹其居意，大抵彼等自恃犯非匪盗，彼能持枪抵抗，兵警不能还格，明知黔驴无技，故敢任所欲为。事至今日，若竟因此中断，固失法律尊严，多派兵警，亦于事实无济。且彼则持枪，我则徒手，情见势绌，危险万分，办事至此，困难已极。知事现拟再行派警会营前往拿办，惟若辈如果冥顽不灵，仍复聚众持枪抗拒营警，法律既穷，究应如何办理，俾资救济而示威严之处，理合备文呈请察核，迅赐电示祗遵，实为公便。再，此案抗拒情形，本即电禀，诚恐词意简略，是以沥情呈请，以期详尽，合并声明"等情到府。据此，查此案未据该县将相验情形呈报，究竟原验李黎臣尸身有无染患疯癫形状，是否确系自溺，无凭悬揣。如果李应木等实有移尸揸抢情事，事在该知事相验之后，既经会营派警查拘，何致始终抗拒，自贻伊戚，是否原验未确，不足以折服尸亲之心，抑该知事办理不善，另有别故。除电复外，合亟饬仰该厅即便遴委干员刻日驰往该县，确切查办，先行禀复察夺，一面饬县照案分别传提，讯明拟办，毋任玩违。仍将委员职名报查。此饬。

都督吕公望

右饬高等检察厅检察长王天木。准此。

中华民国五年七月十三日

（《浙江公报》第一千五百六十号，一至二页，饬）

复永嘉县知事电

永嘉郑知事：呈悉，已饬厅委员查办矣。都督吕。文。印。（中华民国五年七月十二日）

（《浙江公报》第一千五百六十号，二至三页，电）

浙江都督吕批

发高审厅据长兴县知事呈报王老二被唐老四刃伤致死由

呈悉。唐老四所供杀人原因，虽与王陆氏所报微异，然其为故意杀人已经自白，所称酒醉一节，显系饰词。仰高等审判厅饬即提犯唐老四并传同人证研讯明确，按律拟判，并将凶刀起获备查，毋稍枉纵，切切。此批。供单、格结存。七月十二日

（《浙江公报》第一千五百六十号，一二页，批牍）

浙江都督吕批

民政厅长呈复宁海县知事电防务吃紧请将警队先裁十名维持两月乞示遵由

呈悉。仰即饬行该知事遵办，并转谕知照。此缴。七月十三日

附原呈

为呈复事。本年六月三十日奉钧督批宁海县知事电呈防务吃紧请将警队先裁十名维持两月乞示遵由，奉批："敬电悉。该县警队乏款维持，业将前呈发厅核议，饬于六月底一律裁撤，当经批准如议办理。兹据称'防务吃紧，拟先裁十名，及挪用准备金积存款项，维持两月'等语，仍仰民政厅察议办法，迅即饬遵具复。此批。电抄发"等因。奉此，查此案前据该县知事分电到厅，当以该县既无的款可筹，所有警队应遵前饬，于六月底一律

裁撤，电复遵照在案。旋据该县自治委员杨师俊、徐乃斌等电称，"宁海兵力单薄，警队多赖臂助，现奉裁撤，恐缓急莫济，乞酌留半数，其经费并恳于准备金积存项下暂行挪用，一面速筹的款，另禀核夺，俯准电饬遵办"等情前来。复经以"此项警队经费，该员等既担任另筹，姑准酌留二十名，款由积存准备金项下暂时借用，仍应速筹归还，并转谕知悉"等语，电饬海宁县知事遵办又在案。奉批前因，理合备文呈复，仰祈钧督察核。谨呈。

（《浙江公报》第一千五百六十号，一二页，批牍）

浙江都督吕批①

青田县知事呈防务紧要垫款补修西北
隅城缺三处可否作正开支由

呈、表均悉。兴修城垣，并不先请核示手续，殊属缺略，姑念事起仓猝，尚系实情，应准酌量拨给，以免赔累。仰民政厅核定银数、指定款项，分别呈复饬遵，并咨财政厅知照。此批。表存。

浙江都督吕批

民政厅呈复青田县垫用修城经费其在
该县准备金项下支销察核由

据呈已悉。准如所拟办理。此批。七月十三日

附原呈

为呈复事。案奉都督批青田县知事呈防务紧要垫款补修西北隅城缺三处可否作正开支由，奉批内开："呈、表均悉。兴修城垣，并不先请核示手续，殊属缺略，姑念事起仓猝，尚系实情，应准

---

① 本文自浙江都督吕批《民政厅呈复青田县垫用修城经费其在该县准备金项下支销察核由》（附原呈）析出。

酌量拨给,以免赔累。仰民政厅核定银数、指定款项,分别呈复饬遵,并咨财政厅知照。此批。表存"等因。并据该知事分呈同由及决算表、收据等件到厅。查各县修城经费多在各该县准备金项下支销,此项修城费用为数尚属无多,查核表列用数,亦尚核实,拟请准其在该县准备金项下如数支还,以清垫款。除饬行该知事遵照,并分咨财政厅知照外,理合具文呈复,仰祈都督察核施行。谨呈。

(《浙江公报》第一千五百六十号,一二至一三页,批牍)

浙江都督吕批[①]

内河水上警察厅呈复硖石编船情形及办法请核由

呈悉。仰警政厅核明饬遵具报。此批。呈抄发。

浙江都督吕批

警政厅呈复奉批发内河水上警察厅呈报
硖石编船情形及办法一案请备案由

呈悉。仰即转饬内河水上警察厅,遵照该厅批示认真督察,毋滋流弊,是为至要。此批。七月十三日

附原呈

呈为呈复事。本年七月五日,奉钧督政字第二一三九号批内河水上警察厅呈复硖石编船情形及办法请核由,奉批:"呈悉。仰警政厅核明饬遵具报。此批。呈抄发"等因。奉此,查此案前据该厅长并呈到厅,当经职厅以"呈悉。此案既据查明,分队长吕如尹暨水巡长周斌等对于编查船舶并无需索情事,应准免予置议。至编查船舶,即所以保护商民,既称与捐税、丝市并无影响,自应照常进行。仰该厅长随时认真督饬,毋滋流弊,仍候都

---

① 本文自浙江都督吕批《警政厅呈复奉批发内河水上警察厅呈报硖石编船情形及办法一案请备案由》(附原呈)析出。

督批示衹遵"等语，批饬遵照在案。奉批前因，理合查案备文呈复，仰祈钧督察核备案。谨呈。

（《浙江公报》第一千五百六十号，一三页，批牍）

浙江都督吕批

高审厅呈报判决富阳盗犯华阿茂一案由

如呈备案。缴。判决书抄本存。七月十三日

附原呈

呈为奉批发交提审富阳盗犯华阿茂一案录具判决书呈请鉴核事。四年十二月十一日，奉前巡按使屆批本厅转详富阳县知事拟处盗犯阿茂癫痫死刑一案请鉴核施行由，内开："详悉。此案前据该县事主孙玉书、田祝氏等，以'华阿妹误作孙有茂被拿，请超豁'等情，禀诉到署，当经以'查该县详送蒋海林等供摺内仅有沈阿茂即阿茂癫痫之名，是否即现词孙有茂之误，华阿妹籍贯、姓氏既相悬殊，应即讯明保释，仰富阳县查案核办具复。尔等既系事主，愿为担保并即回县禀保可也'等语，抄禀批发。嗣据该县详复，以'华阿茂即阿茂癫痫一案已录案详厅转详核办'等情，复经批厅转饬，俟厅详到后另文核办各在案。据详前情，该县于该被告华阿茂既未讯取确供，查核蒋海林等所供姓名、年岁，亦未相符，其中显有疑窦，案关大辟，该县率尔定拟，殊属不合，应即由厅提取全案犯证卷宗，复审明确，详署核办，以昭信谳而免枉纵。缴。供、判姑存"等因到厅。奉此，职厅遵即调卷，提犯传集原告人证，公开审理，业经辩词终结，于本年六月十九日，宣告判决在案。所有奉批发交提审盗犯华阿茂一案判决情形，理合录具判决书一份，备文呈请钧座鉴核备案。谨呈。

（《浙江公报》第一千五百六十号，一三至一四页，批牍）

浙江都督吕批

发财政厅据吴兴县监征员陈其蔚知事张嘉树
会呈五年六月分征收情形及田赋征数表由

察阅来表程式,尚属相符,惟解库之款,既系以银元上兑,呈文内应于报征地丁银抵补金米石之下,将各项折合银元数目一并叙入,以期明晰,仰财政厅查核,并转饬知照。此批。呈、表均抄发。七月十三日

（《浙江公报》第一千五百六十号,一四页,批牍）

浙江都督吕批

馀上监征员呈报余姚县等征解钱粮捐税情形由

呈悉。仰即随时催促该县局等尽征尽解,勿稍稽延。再,据称各年民欠钱粮,为数甚巨,究系何年所欠,共有若干粮串,已否裁截,是否实欠在民,抑蹈从前书差欠之弊习,应由该员详晰查明,从速呈复核夺。此批。七月十三日

（《浙江公报》第一千五百六十号,一四页,批牍）

浙江都督吕批

民政厅荐任徐士瀛署理新登县知事由

呈暨履历均悉。新登县知事李兆年,既因国会召集,呈请辞职,应即照准,遗缺即以徐士瀛委署,任命状一纸随批并发,仰即转给祗领。此批。履历三扣存。七月十三日

（《浙江公报》第一千五百六十号,一四至一五页,批牍）

浙江都督吕批

民政厅荐任金城署理新昌县知事由

呈暨履历均悉。新昌县知事唐玠,既系众议院议员,现因国会限

期召集，应准免去本职，遗缺即以金城委署，任命状一纸随批并发，仰即转给祗领。此批。履历三扣存。七月十三日

浙江都督吕批

民政厅呈请任命张寅署定海知事魏大名
署瑞安知事俞景朗署东阳知事由

呈及履历均悉。瑞安县知事缺准以定海县知事魏大名调署，所遗定海县缺准以东阳县知事张寅调署，递遗东阳县缺即以俞景朗署理。仰将发去任命状三张，分别转饬祗领，并饬刘泽龙、魏大名、张寅三员将前发任命状呈缴注销。此缴。履历存。七月十三日

浙江都督吕批

发民政厅据杭县为陈耕湄禀称领垦荒地请求维持由

查该民等请领竺山西湖荒地，迭经前巡按使及财政厅饬县勘明，"因与各乡水利有关，饬令禁止开垦"在案。所请给发承垦证书一节，碍难照准。至称王莲邦等化名承领等情，本署无案可稽，是否属实，仰民政厅转饬余姚县知事迅予查明禁止。此批。禀发仍缴。七月十三日

浙江都督吕批

发民政厅据杭县明敏女校校长禀请拨款补助由

查本省学校受省款补助者，以中等以上各学校为限。该校系小学程度，所请拨款补助之处未便照准，仰民政厅转饬知照。此批。摘由连同抄禀发。七月十三日

浙江都督吕批

发民政厅据杭县明敏女校详请核奖成绩优异教职各员由

详、单阅悉。仰民政厅查案核办。此批。详单抄发。七月十三日

（《浙江公报》第一千五百六十号，一五页，批牍）

浙江都督吕批

民政厅呈报奖叙海塘测量处办事出力人员请备案由

如呈备案。此缴。单存。七月十三日

（《浙江公报》第一千五百六十号，一五至一六页，批牍）

浙江都督吕批

民政厅呈据盐平塘工局呈报监工员
钱文祥积劳病故请恤由

呈、摺阅。该监工员钱文祥勤职有年，积劳病故，应准照章给予一次恤金九十元，即在盐平塘工局工程杂用项下开支，仰即转饬知照。此缴。摺存。七月十三日

（《浙江公报》第一千五百六十号，一六页，批牍）

浙江都督吕批

水利委员会技正呈为涂棍筑坝断流请派队督拆由

呈、图阅悉。蒋志钦等筑坝断流，妨害水利，迭经官厅禁阻，尚敢抗不遵行，实属目无法纪。仰民政厅转饬该县知事会同营警迅予勒拆提究，并饬该技正知照。此批。图存，呈抄发。七月十三日

（《浙江公报》第一千五百六十号，一六页，批牍）

浙江都督吕批

发民政厅据全浙典业公会据情呈送苏省典业木榜规条
叩求核准吴兴县同泰馀庆两典援案免赔
被劫当货并恳严饬捕获原赃待赎由

此案前据该公会呈请,业经批仰民政厅核办饬遵在案。所请援据《江苏典业木榜规条》并《全浙典业通守规条》免予赔偿一节,是否可行,仰该厅长迅即核议,具复候夺。此案首要各匪犯,迭经本府并嘉湖戒严司令官严饬营、县缉拿究办在案,事阅月余,毫无影响,实属玩延,仰民政厅会同警政厅迅饬该管营、县一体严缉,限一个月内拿案具报,毋再延宕干咎,切切。此批。呈及附件发,仍缴。七月十三日

（《浙江公报》第一千五百六十号,一六页,批牍）

浙江都督吕批

发新昌县知事据公民吕锡庚禀前请留升警佐沈衍箕
一案声明列名原委由

禀悉。查此案前据俞观旭禀称,留升警佐系被人捏名等情到府,当经饬县查复核办并批示在案,据禀各情,仍仰新昌县澈查复夺。此批。禀抄发。七月十三日

（《浙江公报》第一千五百六十号,一六页,批牍）

浙江都督吕批

高检厅呈送鄞县监狱工场开办等费请销由

呈及册摺均悉。此项用费既据核明,尚属正当,亦未超过预算,应准照销,仰即转饬并咨财政厅查照。缴。册摺存。七月十三日

（《浙江公报》第一千五百六十号,一六页,批牍）

浙江都督吕批

高审厅呈报义乌监犯脱逃请将有狱管狱各官分别惩处由

呈悉。义乌县监犯楼六宝乘间脱逃,该有狱、管狱各官实属疏于防范,看役人等更难保无得贿故纵别情,仰即转饬勒缉楼六宝一名务获究报,并提看役莫锦笙严讯究办,毋稍宽纵。管狱员潘霖平日既荡检不修,办事乖谬,应即先行撤任,以肃官方,仰即移知高等检察厅查照。至请将知事照章惩处一节,准如所拟办理,并由高等检察厅饬令,将该款存储以备修监之用,仍咨财政厅知照。缴。七月十三日

(《浙江公报》第一千五百六十号,一六至一七页,批牍)

浙江都督吕批

发高检厅据桐庐县知事呈报申屠承荣等因争水械斗致伤申屠天福身死一案诣验由

呈悉。此案申屠自禄等与申屠承荣等辄因争水起衅,彼此械斗,以致受伤十余人,击毙申屠天福一名,实属目无法纪。仰高等检察厅饬即会督营警,务将在场滋事各犯,按名获案,讯明孰为下手杀人正凶,依限按律拟办,并将争水案一并秉公判结,以杜后衅。一面召集士绅、房族长约束两造,毋任续滋衅端。至申屠振湛等所受伤痕,既据验明,来呈一未叙及,殊属疏漏,并饬随呈附复,以昭翔实。均毋迁延,切切。此批。格结存。七月十三日

附原呈

为呈报事。本年六月二十六日据县属荻浦村民申屠自禄等状称,"本月二十四日突来深澳村申屠承荣、爱生、作海、阿全、寿仁、名扬、六根、光喜、如金、茂生、喜全、锡林、生初、阿兰等,带领数百人,各执枪刀棍爬,先将在村外耕种之申屠涨泉等七八人,

用枪击伤，并堵截灌溉数十余亩之水澳，村人为保护身家性命财产计冒死抵御，至傍晚始退。二十五日复被掳去耕牛，放枪轰击，适值王哨官带兵到来弹压，讵深澳人目无官长，复被枪伤申屠振宝等五人，击死申屠天福一人，并将尸体掳去，请求诣验拿凶究办"等情。查此案先于二十五日据深澳士绅申屠椿等、获浦士绅申屠彰等分别报告，二十四日两村人民因争水互相聚众哄斗，双方受伤，请派兵弹压各等情，即经咨会驻桐警备队王哨官率兵两棚驰往弹压，当时双方闻有兵到，立即解散。惟获浦又受伤五人，深澳受伤一人。知事闻报后，立即率同书记、检验吏驰往。先经获浦，查受伤人申屠涨泉等四人业已先行赴杭就医，当将申屠振湛等九人所受伤痕逐一验明；旋往深澳验明申屠树贞一人伤痕，各属实，分别填单附卷。再勘得已死获浦人申屠天福，仰卧深澳村祠堂大门内左首，头东脚西，身穿白粗布小褂，芦席纹布裤，腰系白布带，光头赤足。讯据深澳乡役申屠光顺供称，"听说这尸身系村人当时误为同村之人，扛回祠内，并无别情"等语。勘毕，饬将尸舁平地，对众卸去衣裤，如法检验。据检验吏喝报，验得已死申屠天福委系生前受伤身死，馀无别故。经知事亲验无异，对众填格，尸饬棺殓封交乡役暂行看管，取具各结附卷，当将申屠自禄等状诉各被告及受伤人供出各正凶，饬警按名严拿，务获究报。除两村乡民因争水互斗，弹压解散，暨召集两村士绅、各该房族长办理善后各情，业经先行呈报外，所有勘验缘由，合再填格取结，备文呈报，仰祈都督鉴核查考。谨呈。

（《浙江公报》第一千五百六十号，一七至一八页，批牍）

浙江都督吕批

发高检厅据兰溪县知事呈报下邵村经堂殿内发现无名男尸由

呈悉。仰高等检察厅饬即查明，该无名男尸姓名、籍贯，因何自缢,呈复核夺。再,察阅所呈勘验情形,无名男子尸身已发变肉烂,其为缢死多日,已可概见。此等无人管理之殿宇空屋最易藏奸,应如何酌拨公共团体管理之处,并由该县酌定,具复察夺。此批。格结存。

七月十三日

（《浙江公报》第一千五百六十号,一八页,批牍）

浙江都督吕批

发高审厅据兰溪县知事呈报祝水花溺水身死一案验讯由

呈悉。此案祝水花是否自溺,抑实被汪樟溪推堕以及汪樟溪推门板时有无致死祝水花故意,均应详细研究,不得专凭法警调查报告。仰高等审判厅饬即访查明确,传证质究,务得实情,依限按律办理,毋枉毋纵,是为至要。此批。格结存。七月十三日

（《浙江公报》第一千五百六十号,一八页,批牍）

浙江都督府饬军字第五百六十四号

饬知军事编辑处总经理为委该处总编纂暨编辑校对员由

为饬知事。兹委林知渊为该处总编纂,月支薪洋一百二十元;钟浩生、李光、陈光誉为该处编辑员,钟浩生一员月支薪洋七十元,李光、陈光誉二员月各支薪洋五十元;王友濂为该处校对,月支薪洋二十元。又,委本府军务厅参谋成炳荣、厉尔康,差遣朱培,第六师参谋长刘体乾、第二十五师参谋郑姜、护国军预备第一旅第二团少校团附卢祥麟、步兵第九十九团上尉岳璋,兼充该处编辑员,不另支薪。除分别饬委外,合行饬仰该总经理知照。此饬。

都督吕公望

右饬军事编辑处总经理林之夏。准此。

中华民国五年七月十四日

浙江都督府饬军字第五百六十四号

饬委林知渊为军事编辑处总编纂/钟浩生
李光陈光誉为军事编辑处编辑员由

　　为饬委事。查有该员堪以委充军事编辑处总编纂、编辑员，月支薪洋一百二十元、七十元、五十元，合将委任状发仰该员祗领遵照。此饬。

　　计发委任状一张。

都督吕公望

　　右饬林知渊、钟浩生、李光、陈光誉。准此。

中华民国五年七月十四日

浙江都督府饬军字第五百六十四号

饬委王友濂为军事编辑处校对由

　　为饬委事。查有该员堪以委充军事编辑处校对，月支薪洋二十元，合行饬委，仰即遵照。此饬。

都督吕公望

　　右饬王友濂。准此。

中华民国五年七月十四日

浙江都督府饬军字第五百六十四号

饬委本府军务厅参谋成炳荣厉尔康等七员
兼充军事编辑处编辑员由

　　为饬遵事。查有本府军务厅参谋成炳荣、厉尔康，差遣朱培，陆军第六师参谋长刘体乾，陆军第二十五师参谋郑姜，步兵第九十九团上尉岳璋，预备第一旅第二团团附卢祥麟等七员，堪以兼充军事编辑处编辑员，不另支薪。除分别饬外，合行饬仰该员遵照。/该师长知照。/该旅长知照。此饬。

都督吕公望

右饬本府军务厅参谋成炳荣、厉尔康,本府军务厅差遣朱培,第六师参谋长刘体乾,第二十五师参谋郑姜,步兵第九十九团上尉岳璋,护国军预备第一旅第二团团附卢祥麟,第六师师长童保喧,第二十五师师长张载阳,护国军预备第一旅旅长俞炜。准此。

中华民国五年七月十四日

(《浙江公报》第一千五百六十一号,一九一六年七月十七日,首页至一页,饬)

浙江都督府饬军字第五百六十五号

饬知本府参谋成炳荣自本月份起加薪由

为饬知事。查本府军务厅参谋成炳荣,服务勤劳,自本月份起,准月支薪水洋一百五十元,合行饬仰该参谋知照。此饬。

都督吕公望

右饬本府军务厅参谋成炳荣。准此。

中华民国五年七月十四日

(《浙江公报》第一千五百六十一号,一至二页,饬)

浙江都督府饬政字第二百八十九号

饬警政厅迅饬省会警察厅严密管束旅馆
并咨民政厅分饬各厅局所一体查禁由

为饬遵事。照得旅馆营业原为便利行旅而设,本省自此年以来,交通便利,商旅殷阗,该项营业日益发达,管束稍有未周,即易滋生流弊。近来访闻省城各旅馆中有容留或代客招致不端妇女情事,如果属实,殊于风化有关,合亟饬仰该厅迅饬省会警察厅严密查禁,一面分别妥订规则,俾资遵守。如各该旅馆仍敢阳奉阴违,一经发觉,即予按律惩办。如该管警察官吏奉行不力，并应从严议处。其省外各属有无如前项所闻情弊，并仰咨行民政厅分饬各厅、局、所一体认真查禁。再，访闻省会各茶店亦渐有不端妇女勾引青年子弟情事，应如何酌定查禁办法，即饬省会警察厅妥议，由该厅复核，呈报察夺。此饬。

都督吕公望

右饬警政厅长夏超。准此。

中华民国五年七月十四日

（《浙江公报》第一千五百六十一号，二页，饬）

浙江都督府饬政字第　　号

饬高检厅查禁各县知事以旧充禁卒
暨家丁充当看守长看守人等由

为饬遵事。照得监狱看守所各种章程暨《监狱看守服务规则》，早经先后订定颁布，凡关于卫生清洁工作管理诸端，均须切实遵行，看守长、看守尤非选择朴实耐劳稍经训练之人，未易胜任。乃闻各县知事每以旧日禁卒或自己家丁滥厕其间，此辈积习甚深，凡需索凌虐一切营私舞弊之事靡不优为，而应尽职务反多废弛，且每恃知事为护符，即管狱各员有心整顿，亦虑无从着手，实与狱务前途大有妨碍，应由该厅通饬各县知事严行禁止。所有看守长、看守人等，应责成各管狱员遴选充任，仍由各该知事认真监督，如有前项情弊或不甚得力，应即随时撤换，以期振顿。该厅亦须严密查察，毋任违犯，是为至要。为此饬仰该厅遵照办理，并通饬各管狱员一体知照毋违，切切。此饬。

都督吕公望

右饬高等检察厅检察长王天木。准此。

中华民国五年七月十四日

（《浙江公报》第一千五百六十一号，三页，饬）

浙江都督府饬政字第　　号

饬委民政厅长监盘会算烟酒公卖局汤前局长交代一案由

为饬委事。本年七月十二日据财政厅长兼烟酒公卖局长莫永贞呈称，"案准前局长萧鉴咨，'以汤前任移交各项摺册正在钩稽间，适奉都督饬将烟酒公卖局机关并入财政厅合署办理，遵即督饬局员整理结束，所有汤前局长移交前件不及赶办清算，相应连同原交文册、现银等专项咨送查核'等由到厅。准此，即经局长会同萧鉴副局长逐项钩稽，现已竣事，因即造具复册，并订定本月十八日为会算之期，函知汤前任查照。理合备文呈请派员监盘，以昭慎重"等情。据此，除批示外，合行饬委。为此饬仰该厅长王文庆即依期前往监盘，克日会算结报毋延。此饬。

都督吕公望

右饬委民政厅长王文庆。准此。

中华民国五年七月十四日

（《浙江公报》第一千五百六十一号，三页，饬）

浙江都督府饬政字第　　号

饬省会警察厅长转饬所属购阅公报由

为饬遵事。照得本府《公报》为宣布本省法令之枢纽，业经委派专员总管报务，订定《刊登条例》十条，发登六月九日《公报》，并通饬本省各县、局、场、所法定机关暨公共团体一体照购各在案。其中选登本府暨各厅、署通饬缉拿盗匪逃犯一项，实与该厅所属之各区分署暨各分驻所及警察分所关系尤为重要，乃近查本府公报处开列领购名册，该各分署等并未购阅是项《公报》，非特对于命令之颁布、章制之变更，情形多所隔阂，即各机关属于职务上缉捕一项，亦恐不免有疏漏之虞。兹定自本年七月一日起，凡该厅所属各区分署暨分驻所及警察分所,均应订购《公报》一份,以资查考,其报费各就额定公费项下开支,仰该厅迅将辖属应购份数及署、所地点开单呈报,以便饬由公报处照发,并仰转饬所属一体遵照毋违,切切。此饬。

都督吕公望

右饬省会警察厅长夏超。准此。

中华民国五年七月十四日

(《浙江公报》第一千五百六十一号,四页,饬)

浙江都督吕批①

淳安县呈造册报销警队什兵侦探给发一月恩饷由

呈、册均悉。仰民政厅查核具复,并饬该知事遵照。此批。抄呈同册发。

浙江都督吕批

民政厅奉批呈复淳安县报销警队什兵侦探给发恩饷由

呈悉。此批。七月十二日

附原呈

民政厅长王文庆呈为呈复事。本年六月三十日奉钧督批淳安县呈造册报销警队什兵侦探给发一月恩饷由,奉批,"呈、册均悉。仰民政厅查核具复,并饬该知事遵照。此批。抄呈同册发"等因。奉此,查侦探原非军警,本难给发恩饷,惟该县因防务吃紧,临时添设,对于此次独立不无微劳,据拟与警队一律给饷,应准照行,以资鼓励。奉批前因,除饬县遵照外,理合备文呈复钧督鉴核。谨呈。

(《浙江公报》第一千五百六十一号,一○页,批牍)

---

① 本文自浙江都督吕批《民政厅奉批呈复淳安县报销警队什兵侦探给发恩饷由》(附原呈)析出。

浙江都督吕批

警政厅呈复缙云县呈请拨还垫给陈荣生恤金一案由

呈悉。此批。七月十三日

附原呈

为呈复事。本月三日奉都督批发缙云县知事欧阳忠浩呈称垫发亡兵陈荣生二年年恤金请拨还归垫一案,奉批:"呈悉。仰警政厅会同财政厅查案核办,饬遵具报。抄呈及印领、领结暨恤金给与令一件并发"等因。奉批遵查亡兵陈荣生恤金,前于民国四年十二月间届前巡按使任内,曾据警备队司令官徐乐尧详请核给一次恤金四十五元,遗族年金三十五元,当经饬由前财政厅长拨款给领并咨陈陆军部核复在案。兹奉前因,核案相符,除将恤金给予令饬发该知事给还,并咨财政厅拨款归垫外,理合备文呈复,仰祈都督察核施行。谨呈。

（《浙江公报》第一千五百六十一号,一〇页,批牍）

浙江都督吕批

发警政厅据桐庐县知事呈解选送警察赵振华五月
分饷银暨存饷银元并请饬缴存饷收据由

据呈,解选送警察赵振华五月份饷银六元四角,又存饷银十元,均悉。仰警政厅查收发交模范警队核给。至该项存饷,既由该县出有存饷收据发给该警收执,并应饬令缴厅转发该县注销并即具报备查。此批。抄呈暨原解饷银并存饷十六元四角并发。七月十三日

（《浙江公报》第一千五百六十一号,一〇页,批牍）

浙江都督吕批

发财政厅据嘉兴公民陶崇廉等禀地丁征收费
非法加征请予通饬免除由

前据该公民陶崇廉等电禀到府，即经饬知财政厅核办具复在案，据禀各情，仍仰财政厅并案办理。此批。摘由发。七月十三日

（《浙江公报》第一千五百六十一号，一一页，批牍）

浙江都督吕批

吴兴知事呈复抵补金主任被控一案遵照批指分别办理由

呈悉。浮收钱粮，案情重大，该主任范佑申虽据称查无朋串实据，然究非寻常疏忽可比，仅予撤换，已属从宽，所请留办之处，应毋庸议。仰民政厅转饬知照，并饬将里正陈三宝等迅即按律惩办具报，以儆效尤。余如所拟办理。此批。呈抄发。七月十三日

（《浙江公报》第一千五百六十一号，一一页，批牍）

浙江都督吕批

民政厅长呈准警政厅咨为嵊县牛知事办匪勤劳请奖由

呈悉。缴。七月十四日

附原呈

呈为呈报事。窃查嵊县剿办清隐寺匪徒聚众滋事一案，前据县知事呈报到厅，业将在事出力之县警队长王复礼记功示奖在案。昨准警政厅函同前由，并称"该县知事牛荫麟，此次办理匪案，亦卓著勤劳，似应一律酌奖"等语。厅长复查此次该匪徒等假借护国军名义希图大举，幸该知事牛荫麟应变才长，竟能化险为夷，使地方不受糜乱，其劳勘殊不可没，业经由厅核记大功

一次,用示策励。除注册及分别咨饬外,理合具文呈报,仰祈钧督察核。谨呈。

(《浙江公报》第一千五百六十一号,一一页,批牍)

浙江都督吕批

民政厅呈义乌县知事陈祖望因病辞职由

呈悉。缴。七月十四日

附原呈

浙江民政厅呈为据情呈请免职事。据原任义乌县知事陈祖望呈称,"窃知事前以身罹重病,蒙屈前都督准假,并由道委派邱知事峻代理,知事即于五月六日卸任,业经详报在案。惟知事请假已逾月余,现病尚未痊愈,难以克期销假,不得已吁请钧长据情转呈都督俯准知事辞去义乌县知事之职,遴员接署,以专责任。至一切交代,知事已自行赴署算结,所有款项均悉数移交代理邱知事接收,此外并无经手未完手续,理合备文呈请鉴核,准如所请,批示施行"等情。据此,查该知事前因患病呈奉前都督批准给假一月,饬令该管道尹派委分道候补知事邱峻接代,具报在案。兹据呈请,该知事陈祖望假期已满,病尚未愈,请求辞职,似应俯如所请,以资调摄,除批示并饬该县代理知事知照外,理合据情转呈,仰祈钧督核准批示施行。谨呈。

(《浙江公报》第一千五百六十一号,一一至一二页,批牍)

浙江都督吕批

盐运使所属各处所缴报费悉数照收并将溢缴数目
分别饬知并添购报费饬补解由

呈及报费均收悉。该使对于所属各场、局、所、卡应缴报费先行如数垫解，办法简洁，洵堪嘉尚。惟查此项报费，各县属均照全年计算，该处所属事同一律，除杭州批验所、新坝查验所、大道头缉私卡三处既已裁撤，准如呈饬止寄外，计报三十八份，每份照全年算，应发还价洋二角，核计共溢解价洋七元六角。其外应添购玉环局、壶镇缉私卡、桐庐缉私卡报三份，共应解半年报费洋十一元七角，以溢解数留抵外，应补缴洋四元一角，仰即照数遵缴，并分别转饬知照。此批。七月十三日

附原呈

两浙盐运使呈为遵饬派阅公报并陈明文件未经抄送缘由仰祈鉴核事。窃于本年七月六日奉钧府饬开，"照得本府《公报》为发布法令章制之枢纽，凡属本省管辖各机关自应一律领购，以资阅览。查该署直辖各场、所、局、卡并未购阅，于法令之颁布、章制之变更，诸多隔阂，办事易生窒碍。兹定自本年七月一日起发该署各场、局、所、卡《公报》各一份，其报费各就额定公费项下开支。除开单饬知公报处照办外，合行饬仰该运使迅行转饬遵照毋违。再，前饬该署抄登《公报》之件，时近一月，迄未照章送登，并仰查照前饬办理勿延"等因，并抄发清单一件。奉此，遵即分饬各该场、局、所、卡照章购阅。惟查奉发单内所开各盐务机关内有杭州批验所、新坝查验所、大道头缉私卡，均已先后裁并，应请饬知公报处毋庸寄送，其余三十八处，应购阅《公报》三十八份，所有报费、邮赀半年应缴银一百五十四元九角，谨先由司署如数垫缴，以省转折。再，前奉饬将司署公牍文电应登《公报》之件抄送公报处刊登一节，查司署重要文件，其应行公布者，业经登载本署所刊《两浙醝政录》中，曾将五、六两月份所印第七、八期送交公报处在案，嗣后自当随时送阅，以备选登。至普通文件，每日常多至百数十起，类与前饬所开应登《公报》事件无关，似可毋庸抄送，以省繁牍。所有遵饬派阅《公报》并陈明司署文

件未经抄送公报处各缘由，理合具文呈请钧府鉴核施行。谨呈。

（《浙江公报》第一千五百六十一号，一二至一三页，批牍）

浙江都督吕批

省会警察厅长呈为举荐徐安真为工务主任请核准由

呈悉。据称以徐安真为该厅工务处主任，应即照准。仰将发去任命状转饬祗领，即将工务切实择要进行，以副委任，并取具该员履历补报备查。此缴。七月十四日

（《浙江公报》第一千五百六十一号，一三页，批牍）

浙江都督吕批

省会警察厅长呈缴前省会工程局关防请核销由

呈悉。缴。关防存销。七月十四日

附原呈

呈为呈缴前工程局关防请察核销毁事。窃查前省会工程局于民国四年三月一日成立，奉前巡按使届颁给关防一颗，文曰"浙江省会工程局之关防"，当由前兼代总办周李光将启用日期详报分咨各在案。现在工程局呈奉钧督批准裁并职厅办理，改名曰"省会警察厅工务处"，于七月一日实行改组，嗣后日行文件概由职厅盖用印信，所有前颁省会工程局关防，理合备文呈缴，仰祈钧督察核准销遵行。谨呈。

（《浙江公报》第一千五百六十一号，一三页，批牍）

浙江都督吕批

发高审厅据江山县呈报姜增祥被姜增祺等戳伤身死由

据呈已悉。察阅姜增祺供词，固多闪烁，即姜文阳所供亦与呈

报不符，究竟因何起衅，仰高等审判厅饬即访查明确，一面提犯集证研究实情，按律拟判，毋枉毋纵，切切。此批。格结、供摺存。七月十四日

附原呈

呈为陈报检验并获犯讯供情形事。本年六月二十六日准警备队吕管带桂荣函称，"顷据驻新塘边第一哨哨官王世根报称，本月二十五日下午六时据民人姜文阳来哨报告，'切民居住新塘边乡岸家塝地方，突有本乡辣腿姜增祺、姜吕目、赵即开仁等欺民单懦，拥至民家搬掳什物。民子增祥前往拦阻，被姜增祺用刀戳伤，民子即夺增祺之刀戳伤姜吕目、赵即开仁两人，均皆毙命，而姜增祺等仍未解散，请求派兵弹压'等情。当即带队前往，拿获姜增祺一名，并搜获长柄刀二把，带同原告姜文阳解请转送究办等情前来。据此，用特函送核办"等由过署。准此，即经知事提犯讯供，分别交保管押，一面带同书记员、检验吏、警察人等驰诣距城五十五里之新塘边乡岸家塝地方，勘得已死姜增祥尸身，仰卧在该处路旁，头东脚西，勘毕饬将尸舁平地，对众卸去衣裤，如法相验，确系生前受伤身死属实。已死姜吕目、赵即开仁两名①，在江邑界内受伤后，逃入江西玉山县界内身死，未便越境检验，当即函致玉山县知事代为检验具复在案。除俟玉山县知事函复到日再行备文补报，并将已验姜增祥尸身饬令棺殓封交看管，一面传集人证讯明核办外，理合将检验并获犯讯供情形先行备文呈报，仰祈钧督察核。谨呈。

（《浙江公报》第一千五百六十一号，一三至一四页，批牍）

---

① 两名，底本作"一名"，前文已表述为"两人"，径改。

浙江都督吕批

发财政厅据长兴县呈请转饬财政厅核给缉盗赏金由

呈悉。仰财政厅查照核给具复。此批。钞呈同凭单并发。七月十四日

附原呈

呈为报明拨垫缉盗赏金填送请款凭单仰祈察核发厅转给支付通知书下县俾便划领事。本年四月二十七日，县属水口地方，被邻省盗匪窜劫保卫团枪枝及商店瑞丰等十四家财物、击伤团丁店伙一案，当经知事分别咨饬严拿，并以案情重大，于详报时，一面陈情按照《积匪巨盗悬赏购缉办法》先行悬赏购缉，规定盗首一名百元、伙盗一名五十元，奉钧督批准在案。嗣于五月七日准内河水警第十四队长邹升高督派探警，在于江苏宜兴境内破获是案盗犯沈立成一名，并起获原赃多件，一同送署，讯据供认听从逸盗余长清等伙劫不讳。比经查照《积匪巨盗悬赏购缉办法》第四条，即由知事于正税项下拨垫赏洋五十元，咨送邹队长分给探警，以示鼓励。兹查沈立成一名，业已奉电饬执行枪毙，录供具报在案。除提续获余盗讯明拟办，并勒缉逸盗务获究报外，所有此次缉获伙盗沈立成一名，拨垫赏洋五十元，理合填送请款凭单，备文呈请都督察核，发交财政厅查明转给支付通知书，下县俾得划领归垫，以清款目，实为公便。谨呈。

（《浙江公报》第一千五百六十一号，一四至一五页，批牍）

浙江都督吕批

财政厅长兼烟酒公卖局长呈请派员监盘

会算汤前局长交代一案由

呈悉。仰候派员监盘会算可也。此批。七月十四日

（《浙江公报》第一千五百六十一号，一五页，批牍）

浙江都督吕批

发民政厅据安吉县知事呈为造送六月分禁烟月报请鉴核由

呈、册阅悉。仰民政厅查核备案，转饬知照。此批。呈、册并发。

七月十四日

安吉县民国五年六月份烟犯罚数表①

姓　名	籍贯或住址	罪　名	判罚数目	已未清缴或法院解交日期	充赏格若干
刘正叶	安徽安速县②	依《刑律》第二百六十九条处以五等有期徒刑六个月	并科罚金二十元	该犯于本年一月二十六日获案讯明判决执行，六月八日据缴罚洋二十元。	照章二十元以下，六成给赏获案之法警银十二元。
备　考					

安吉县造民国五年六月份禁烟月报清册

安吉县知事姜若谨将民国五年六月份禁烟收支款项造具清册送请鉴核。

计开：

---

①　底本有文字无表格。

②　底本如此。民国时期安徽省六十三个县，并无安速县，据其字形，疑为"定远县"之误。

旧管　存银七十二元二角一分九厘。

新收　本年一月二十六日,拿获私开烟馆人犯刘正叶一名,判决并科四成罚金八元,于六月八日缴署。

(说明)刘正叶系并科罚金二十元,照章二十元以下以六成赏获案之法警,实收前数载明。

开除　无。

实在　存银八十元二角一分九厘。

(《浙江公报》第一千五百六十一号,一五至一六页,批牍)

浙江都督吕批

发警政厅据定海王仁来禀护商局长枉法病商
请迅饬查明追赃缉盗由

禀悉。据永嘉宁商日新号,以"护船陷商,人掳货劫"等情来辕禀控,业经批厅饬转查缉究报在案。兹据该民人禀同前情,仰警政厅迅予并案饬查核办具报毋延,切切。此批。钞禀发。七月十四日

(《浙江公报》第一千五百六十一号,一六页,批牍)

浙江都督府饬政字第二百九十号

饬民政厅长为饬查松阳县余知事侵扣警察恩饷由

为饬查事。据代理松阳县警佐何光耀密函,报称"窃自吾浙独立以来,松阳境内匪风四起,警察警队日夕梭巡,秩序以安。近蒙钧饬一百五十八号给发各警恩饷一月(知事并无通饬明文)见诸《公报》,松邑警察三十三名(除火夫不计外),县警队原有连夫十二名,新招警队十二名(已于本月六日解散),本月四日给发各警恩饷,均以铜元计算(每百枚当英洋一元),凡兵警月饷在六元者给发铜元六百枚,七元者则给七百枚(按银元照市换铜元每一元可换一百四十二枚),县警队仅发恩饷六名,警察则少发三名,各警兵等向耀请求补给等情,无

如余知事以上峰不准电费为辞，命耀公布。耀思恩饷与军饷相同，丝毫不能克扣，且电费自有电费开支，安有向恩饷扣除之理，情关障碍钧恩，故敢冒昧上禀。为此仰祈察核施行"等情。据此，事关侵扣饷项，虚实均应查明，合行饬仰该厅即将所列各节，饬派妥员切实澈查，复候核夺。此饬。

都督吕公望

右饬民政厅长王文庆。准此。

中华民国五年七月十四日

（《浙江公报》第一千五百六十二号，一九一六年七月十八日，首页，饬）

浙江都督府饬政字第二百九十六号

饬各厅凡本都督批发核议案件务须迅速妥议呈复由

为饬遵事。案查各属呈请核示案件，凡系各厅主管事务，节经本都督先后批发核议具复各在案。当此百度维新之际，一切应兴应革事件，均须积极进行，而处理政务，尤宜力求敏速，一扫从前因循稽压之弊。除分行外，为此饬仰该厅遵照，凡本都督批发案件，均应迅速妥议，克日具复，以凭核办，毋稍违延，切切。此饬。

都督吕公望

右饬民政厅、财政厅、警政厅、高检厅、高审厅。准此。

中华民国五年七月十五日

（《浙江公报》第一千五百六十二号，首页至一页，饬）

浙江都督府饬政字第一百七十号①

饬民政厅核议嘉善县知事函请添招长警一案缘由

据嘉善县知事殷济面陈该邑警察不敷支配，请允增设。旋据函

---

① 本文自浙江都督吕批《民政厅呈遵饬核议嘉善县函请添招长警一案由》（附原呈）析出，整理者拟题。

称，"按照前次通详招募六十名，所有经费即在警察余款项下按月动拨，并请借拨新式快枪给领，暨饬下水警一体巡防"等情前来。查该县地当冲要，添招巡警，稍厚防御之力，尚属可行。除请拨枪械各节，应俟该知事呈到再予核夺外，所有添招名额、动拨经费，亟应核拟办理。为此饬仰该厅长查明该县前次通详，迅即核议呈复察夺。此饬。函抄发。

都督吕公望

右饬民政厅厅长。准此。

中华民国五年七月　日

浙江都督吕批

民政厅呈遵饬核议嘉善县函请添招长警一案由

呈及抄摺均悉。应如所议办理，仰即转饬嘉善县遵照。此批。抄摺存。七月十四日

附原呈

呈为遵饬核议嘉善县知事函请添招巡警一案仰祈察核示遵事。案奉钧府饬政字第一百七十号内开，"据嘉善县知事殷济面陈该邑警察不敷支配，请允增设。旋据函称，'按照前次通详招募六十名，所有经费即在警察余款项下按月动拨，并请借拨新式快枪给领，暨饬下水警一体巡防'等情前来。查该县地当冲要，添招巡警，稍厚防御之力，尚属可行。除请拨枪械各节，应俟该知事呈到再予核夺外，所有添招名额、动拨经费，亟应核拟办理。为此饬仰该厅长查明该县前次通详，迅即核议呈复察夺。此饬。函抄发"等因。奉此，当查警费余款向系解省指供要需。该知事原函所称"按照前次通详招募警察六十名，即在警费余款项下按月动拨"等情，当时曾否核准，本厅无卷可稽，即经饬据该知事抄

录呈请添募警察叠次原详及奉到各批清摺前来,厅长察核清摺,并察酌该县地方情形,既经增募临时警队二十名,毋庸再行添招长警。现在时局将次平定,似应仍饬遵照屈前都督批示办理。除水上警察系隶警政厅管辖,业经咨请转饬协同巡防外,所有遵饬核议嘉善县知事函请添招长警一案缘由,是否有当,理合照抄清摺,备文呈复,仰祈都督察核示遵。谨呈。

（《浙江公报》第一千五百六十二号,二页,批牍）

浙江都督吕批

财政厅呈为市面金融活动拟将军用票暂时中止发行由

呈悉。既称市面金融渐见活动,赋税收入亦不至如前之短绌,所请将此次制就军用钞票暂时中止发行,自应照准,仰即知照。此批。

七月十四日

附原呈

为呈请事。窃厅长前以浙省举义以后,武备扩张,军需紧急,而市面又受停兑之影响,金融阻滞,益起恐慌,当拟仿照民国初年成案,发行军用钞票,藉济要需而维商市,曾将告示及发行章程分别拟订,呈奉钧督核准照办,由厅刊印送请印发转饬各县、局遵照晓谕在案。兹查前项军用票业经上海商务印书馆印备齐全,陆续运回,本可即日发行。惟现在《约法》恢复,国本已定,市面金融因之渐见活动,而赋税收入或亦不至如前之短绌,如无特别用款,以入抵出,或尚可以支持。所有此次制就军用钞票拟请暂时中止发行,以静待时局之趋向。是否有当,理合具文呈请,仰祈钧督鉴核批示遵行。谨呈。

（《浙江公报》第一千五百六十二号,二至三页,批牍）

浙江都督吕批

发民政厅据杭州商会以多设茧行有妨丝绸禀请
准如绸丝业董事等所请仍遵旧例办理由

禀悉。前据嘉兴商会暨六邑茧业公所及嘉兴机民周浩如等以屠槃英等拟在嘉兴栖耽寺、鳅安、塘桥等处违章禀设茧行，先后电请驳斥到府。因未据屠槃英等禀请有案，均经饬行该厅查明核办在案。兹据称，"近闻各茧商尚思扩充营业，禀请取消定例"等情，是否即指前案而言，未据叙明，无凭察核。惟浙东西各地情形不同，应否分别办理，抑或将前定五十里之限制酌量改变，俾得民商兼顾之处，仰民政厅一并悉心妥议具复察夺，并咨财政厅暨转该商务总会知照。此批。禀抄发。七月十四日

附原禀

禀为茧行多设有妨丝绸据情转请循旧限制仰祈鉴核事。本年七月四日，据杭城绸业董事金溶熙、丝业董事周祥龄等略称，"窃我浙丝绸出产为各省冠，行销几遍寰区。自茧行林立以来，各乡民贪于近利，售茧者多，缫丝者少。丝少则售价昂，售价昂则绸货资本所关，不得不随之以俱贵，销场滞钝，实由于此。况外人售茧而去，无非织成绸匹，仍运销于中国，致中国原有绸货转处于消极地步，其势更不可以复振。盖茧行之设，原为吸收外人金钱起见，但设立过多，适足以助外货之发达而阻国货之进行，利权外溢，所失百倍于所得。历任官长有鉴于此，是以《条例》内有'各属乡镇周围各距五十里以内无茧行者，准于适宜地点设立茧行一处，并有设行后，如因就地情形，必须设立分行者，应报明地点，禀由本公署核准。但分行至多不得逾二处'之规定，以示限制，法至良、意至美也。乃近闻各茧商尚思扩充营业，

禀请取消前项《条例》，万一邀准，则我浙丝、绸两业将无振兴之希望，而机户、料坊万余人生机亦将因之渐绝。董等为营业计，为国货计，为大局计，惟有具略陈乞贵总会察照，敬祈转禀都督并函请民政、财政两厅长俯赐鉴核，准照原定各属商民禀请开设茧行应遵守《条例》办理，以资维持，无任公感"等情前来。窃查丝、茧两项内则运销于中国，外则推销于各国，若茧多丝少，则本国织绸原料转不若各国之多，相形见绌，营业更艰，加以各国织成绸匹大半输入中国，夺我利权，彼长此销，势所必然，国货之振兴无望，工业之生计攸关，是多设茧行，其有妨于丝、绸两业殊非浅鲜。察核董等所陈各节，尚系实情，理合据情禀请都督钧鉴。所有该董等陈请，仍照原定各属商民禀请陈设茧行遵守《条例》办理之处，仰祈核准，以维持国货，实为公便。祗候批示施行。谨禀。

（《浙江公报》第一千五百六十二号，三至四页，批牍）

浙江都督吕批

发民政厅据龙游县知事呈送五年四五两月分
违警罚金收支清册由

呈、册均悉。仰民政厅核饬遵照。再以后各县册报罚金收入项下，应将简明事由及被罚人名于册内列入，其支出项下各项用款，有无收据，亦应声明，并仰通饬各县一体照办毋违。此批。册存。七月十四日

附收支清册

龙游县知事兼警察所所长庄承彝呈，今将五年四月分违警罚金收支各数，分别核明，造具清册，呈请鉴核。

计开：

收入项下

一、收上月分存储罚金洋三百二十一元一厘;

一、收溪口警察分所册缴罚金洋二十三元五角;

一、收五都詹警察分所册缴罚金洋二元二角;

一、收塔石头警察分所册缴罚金洋十三元;

一、收警察所本月分罚金洋六元四角三分七厘。

以上共计收入洋三百六十六元一角三分八厘。

支出项下

一、支调省模范队葛骏星、金国钦二名加饷洋共八角;

一、支警察所巡警陈天祥、徐树蓉、周铭、王廷曜巡逻严密,奖谕三次,赏洋一元六角;

一、支湖镇警察分所巡警李得标、刘文玉保护疯癫,赏洋八角;

一、支溪口警察分所巡警金宝财保护酒醉,赏洋一元;

一、支溪口警察分所巡警陈德忠、胡连升排解口角,赏洋五角;

一、支溪口警察分所巡警金宝财、尹鸿登等驱除疯狗,赏洋二元;

一、支溪口警察分所巡警王正棠、刘耀拿获窃贼,赏洋一元二角;

一、支塔石头警察分所巡警胡仁杰、吴志杰、陈树标排解口角,赏洋一元二角;

一、支塔石头警察分所巡警吴志标、陈树标保护疯癫,赏洋八角;

一、支湖镇警察分所传达公文川资,洋一元;

一、支湖镇警察分所拘留犯饭六十餐,洋二元一角;

一、支湖镇警察分所看管犯饭七餐,洋二角四分五厘;

一、支溪口警察分所公费一成,洋二元三角五分;

一、支溪口警察分所巡警郭国梁、王正棠解送犯人川资,洋四角;

一、支溪口警察分所传达公文川资,洋四角;

一、支溪口警察分所拘留犯饭一百三十六餐,洋四元七角六分;

一、支溪口警察分所看管犯饭十餐,洋三角五分;

一、支五都詹警察分所巡警徐炳福、吴继起解送人犯徐广竹川资,洋二角;

一、支五都詹警察分所传达公文川资,洋五角六分;

一、支五都詹警察分所拘留犯暨看管犯饭共十六餐,洋五角六分;

一、支五都詹警察分所公费一成,洋二角二分;

一、支塔石头警察分所公费一成,洋一元三角;

一、支塔石头警察分所拘留犯饭九十四餐,洋三元二角九分;

一、支塔石头警察分所看管犯饭三餐,洋一角五厘;

一、支塔石头警察分所传达公文川资,洋六角;

一、支警察所拘留犯饭共二百四十六餐,洋八元六角一分;

一、支警察所看管犯饭十四餐,洋四角九分;

一、支警察所传达公文川资,洋二元三角五分。

以上共支洋三十九元七角九分,除收抵外,应余洋三百二十六元三角四分八厘。

龙游县知事兼警察所所长庄承彝呈,今将五年五月分违警罚金收支各数,分别核明,造具清册,呈请鉴核。

计开:

收入项下

一、收上月分存储罚金洋三百二十六元四分八厘;

一、收湖镇警察分所册缴罚金洋九角；

一、收溪口警察分所册缴罚金洋二十七元三角；

一、收五都詹警察分所册缴罚金洋十二元；

一、收塔石头警察分所册缴罚金洋二十一元一角；

一、收警察所本月分罚金洋六元四角。

以上共计收入洋三百九十四元四分八厘。

支出项下

一、支调省模范队葛骏星、金国钦二名加饷洋共八角；

一、支警察所巡警程步濂、王廷耀供职勤慎，奖谕三次，赏洋一元四角；

一、支溪口警察分所巡警王鸿福、王正棠、尹鸿登保护酒醉，赏洋一元五角；

一、支溪口警察分所巡警金宝财、王正棠排解口角纷争，赏洋共六角；

一、支溪口警察分所巡警郭国梁、朱荣排解口角纷争，赏洋共八角；

一、支溪口警察分所巡长张寿三排解口角纷争，赏洋一元；

一、支溪口警察分所巡警金宝财排解口角纷争，赏洋二角；

一、支溪口警察分所刘耀、胡连升排解口角纷争，赏洋共六角；

一、支溪口警察分所巡警王鸿福、陈德忠救护迷儿，赏洋共一元；

一、支溪口警察分所巡警尹鸿登、金宝财拿获窃赃，赏洋共八角；

一、支五都詹警察分所巡长李春发，巡警余锦标、吴继起、周树林、方宝鸿、姚文达、徐炳福拿获窃贼，赏洋共二元；

一、支五都詹警察分所巡警姚郁文、周树林、姚文达、余锦标排解口角得力，赏洋共八角；

一、支塔石头警察分所巡警吴志标、程复泉、胡德魁、龚秉文等排解口角,赏洋共一元六角;

一、支湖镇警察分所一成公费,洋九分;

一、支湖镇警察分所传达公文川资,洋八角;

一、支湖镇警察分所拘留犯饭九十六餐,洋三元三角六分;

一、支湖镇警察分所看管犯饭九餐,洋三角一分五厘;

一、支溪口警察分所拘留犯饭一百八十餐,洋六元三角;

一、支溪口警察分所看管犯饭十二餐,洋四角二分;

一、支溪口警察分所巡警王鸿福等解送人犯童贵泉等六名进城川资,洋共一元二分;

一、支溪口警察分所巡警王鸿福等解送邓古古进城川资,洋二角;

一、支溪口警察分所一成公费,洋二元七角三分;

一、支五都詹警察分所传达公文川资,洋八角六分;

一、支五都詹警察分所巡警姚文达等赴泽随地方蓝裕銮家调查窃案川资,洋二元;

一、支五都詹警察分所巡警徐炳福等赴官潭区等处雷德涫家调查窃案川资,洋二元;

一、支五都詹警察分所拘留犯饭三十六餐,洋一元二角六分;

一、支五都詹警察分所看管犯饭二餐,洋七分;

一、支五都詹警察分所一成公费,洋一元二角;

一、支塔石头警察分所一成公费,洋二元一角一分;

一、支塔石头警察分所拘留犯饭一百八十餐,洋六元三角;

一、支塔石头警察分所传达公文川资,洋七角;

一、支警察所拘留犯饭共二百四十四餐,洋八元五角四分;

一、支警察所看管犯饭八餐,洋二角八分;

一、支警察所传达公文川资,洋一元八角。

以上共支洋五十五元四角五分五厘,除收抵外,应余洋三百三十八元五角九分三厘。

（《浙江公报》第一千五百六十二号,四至九页,批牍）

浙江都督吕批

发民政厅据嵊县知事呈报陈世培等在新昌
私采矿石售与日商请核示由

查此案前据访闻,业经电饬新昌县知事查禁在案。据呈,"陈世培等未经领有执照,遽引日商到山探矿并私采矿石约售日商"等情,实属显违禁令,仰民政厅会同交涉署迅饬嵊、新两县严加禁止,具报核办。此批。呈及前电抄发。七月十四日

（《浙江公报》第一千五百六十二号,九页,批牍）

浙江都督吕批

发警政厅据青田县知事呈为驻青哨长陈佐卿
成绩昭著请优予拔升祈核示由

呈悉。仰警政厅核议复夺饬遵。此批。七月十四日

（《浙江公报》第一千五百六十二号,九页,批牍）

浙江都督吕批

发民政厅据杭县知事呈复勘明祝沛莲屋
被炮伤估给修价乞核示由

呈及图册阅悉。该民住屋,既据委查确有损坏,应准如所拟,在该县准备金项下支给修理工价银一十四元四角八分,以示体恤,仰民政厅备案,并饬该知事知照。此批。呈抄发。图册存。七月十四日

（《浙江公报》第一千五百六十二号,九页,批牍）

浙江都督吕批

民政厅呈复吴兴应时禀请准补留英徐新陆官费遗缺由

呈悉。据前清提学司署案卷虽已无存，然印、谕具在，自足征信。该生既以自费考入德国大学专门学校，继在本国充当教员三年以上，其资格亦与《部定游学章程》符合，自不能以前已有人越次攘补，遂令其终抱向隅，仰仍遵照前批先予递补，以昭平允。仍即具复备查，并谕该生知照。其余存记各生，已于楼聿新呈请补给官费案内详晰批示，仰即遵照办理可也。此缴。印、谕并发，仍缴。七月十四日

（《浙江公报》第一千五百六十二号，九页，批牍）

浙江都督吕批

民政厅呈寿昌县知事呈复缉捕月报表未列已破旧案由

呈悉。查缉捕成绩月报表，原为稽核各县尽心缉捕与否而设，凡案内尚有未获余犯，仍应继续缉捕，不能谓已经破获一名或数名，而余犯之缉捕与否即可不问也。惟按月册报手续太繁，以后应改为三月汇报一次，仰即通饬各县遵照办理，并咨高等检察厅知照。此批。

（《浙江公报》第一千五百六十二号，九至一〇页，批牍）

浙江都督吕批①

浦江县呈发给恩饷造册请销由

呈、册均悉。仰民政厅核销存查。所称新招警队二十名，仍请每名给赏洋两元一节，一并核议饬遵具报。此批。抄、呈同册发。

---

① 本文自浙江都督吕批《民政厅呈为奉批核议浦江县呈发给恩饷造册请销一案议复准予核销惟新招警队未便拨给请鉴核由》（附原呈）析出。

浙江都督吕批

民政厅呈为奉批核议浦江县呈发给恩饷造册请销一案
议复准予核销惟新招警队未便拨给请鉴核由

呈悉。仰即转饬遵照。此批。七月十四日

附原呈

为呈报事。本年七月一日奉钧督批浦江县呈发给恩饷造册请销由，奉批："呈、册均悉。仰民政厅核销存查。所称新招警队二十名，仍请每名给赏洋两元一节，一并核议饬遵具报。此批。抄、呈同册发"等因。奉经本厅查核，来册尚无不合，应准核销。惟新招警队系独立后添招，各县事同一律，所请每名给赏洋二元，有乖通案，未便拨给。奉批前因，除由厅一并饬县知照外，理合备文呈报钧督鉴核。谨呈。

（《浙江公报》第一千五百六十二号，一〇页，批牍）

浙江都督吕批

警政厅长呈为转报外海厅呈遵批饬发警察队各员委状
并请任命总队长给发关防由

呈悉。外海水上警察厅警察队总队长，准由外海水上警察厅厅长兼领。兹填发任命状一纸，并刊发关防一颗，仰即转饬该厅长祗领启用，仍具呈报可也。此缴。七月十四日

附发任命状一张、关防一颗。

附原呈

警政厅厅长夏超呈为呈请事。

本月三日据外海水上警察厅厅长王萼呈称，"本年六月二十

五日，奉钧厅饬第一九二号内开，本月八日奉都督批该厅长呈报请核委警察队长分队长由，奉批：'准如呈委用，除总队长应呈候本都督加给任命外，其督队官、队长、分队长以下各员，仰警政厅即行分别核委饬知具报。此批。抄呈连同名单、履历暨编制表均发'等因。奉此，查单开督队官葛焕猷等十六员，既经该厅长遴选合格，并奉都督批厅委用，自应一并加委，以昭郑重。合将填给各该员委状十六件，饬发该厅长分别转给祗领，并将该队组织成立日期及各该员任事日期分别具报备查。至总队长一职，按照该厅呈送总队编制表附记栏内曾经声明暂不设置，原为节省经费起见，兹奉督批，总队长应呈候加给任命等因，自应遵照办理。惟此项警察队，原为防务吃紧暂时添设，以备缓急之用。既已设有督队官及各队长，则总队长一职，事实上有无设置之必要，可否由该厅长暂行兼领之处，并仰从速查核议复，以凭核转，毋延，切切。此饬。计饬发委状十六件等因。奉此，查各该警察队同驻镇海，与职厅相接近，总队长一职事实上无设置之必要，拟即由厅长暂行兼领，以节经费。至该队成立日期，除第一队业于本年一月间详报在案，毋庸再叙外，所有第二、第三两队均于四月二十四日成立，其督队官以下各员于成立日先后到差，另列一表，以备查核。至该总队对于职厅暨各队行文，应用关防，以昭郑重。拟请钧厅转呈都督核给，俾资信守。奉批前因，除将委状分别饬发外，所有总队长一职可否由厅长兼领，请加任命并给发关防之处，理合备文呈请钧厅核转"等情。据此，查此案前奉都督批厅核办，业经遵批将督队官以下各员分别加委转饬知照在案。兹据呈复前情，伏查此项警察队原为防务吃紧暂行添设，以备缓急之用，且机关驻扎与该厅同一地方，节制亦觉较易。所有外海水上警察厅警察队总队长一职，拟请即由该厅暂行兼领，以资撙节，并请刊发外海水上警察厅警察队总队长关防一颗，以资信守。是否有当，理合备文呈请都督察核施行。谨呈。

（《浙江公报》第一千五百六十二号，一○至一一页，批牍）

浙江都督吕批[①]

民政厅呈报第一中校校长因病辞职已委吴文开接充由

呈悉。准予备案，仰饬该校长将履历补呈存查。缴。

浙江都督吕批

民政厅呈奉批补报省立第一中校校长吴文开履历备案由

呈悉。缴。履历存。七月十五日

附原呈

呈为呈送事。案奉钧督批本厅呈报第一中校校长因病辞职已委吴文开接充由，奉批："呈悉。准予备案，仰饬该校长将履历补呈存查。缴"等因。奉此，理合将该校长履历一份备文呈请钧督察核备案。谨呈。

履　历

吴文开，年四十三岁，嘉兴县籍，前清附贡生，日本数理化学校毕业。历充嘉兴高等小学、浙江第二中学校校长。光复后曾任嘉兴军政分府教育科长、省视学等职。须至履历者。

（《浙江公报》第一千五百六十二号，一一页，批牍）

---

①　本文自浙江都督吕批《民政厅呈奉批补报省立第一中校校长吴文开履历备案由》（附原呈）析出。

浙江都督吕批

发民政厅据温岭县知事呈称米谷仍拟给照放行酌收照费补助地方行政请批示遵由

呈悉。此案前据民政厅呈复台州镇守使呈请改定查米办法，业经饬该厅转饬各该县召集正绅参酌地方情形，议由该厅妥定办法呈候核夺在案，究竟该县属等食米应放应禁，并如何给照放行之处，应俟该厅复到，再行核办，仰民政厅转饬知照。来呈署名之下，未经依式盖章，殊属疏忽，合并饬知。此批。七月十五日

附原呈

呈为温邑米谷仍拟给照放行，酌收照费补助地方行政请鉴核示遵事。本年六月二十七日奉台州镇守使第一零三号饬开，"台属自张前镇守使禁米出运后，迭据海门商会、鄞县知事暨宁台米商等以金融阻碍、商业停滞、甬属需米接济，请求酌准放行等情，先后函、详、禀请到署。本使以民食、商情自应兼顾，且新谷登场已近，应无缺乏之虞，即经拟定限制方法，于本月二十日据情电奉都督核准在案。除分别批饬知照外，合函抄发原电，饬仰该知事遵照办理。此饬。计粘抄原电两件"等因。伏查温邑田多膏腴，素号产米之区，自罂粟绝对禁种以来，业农愈多，产稻尤夥，地多濒海，港汊纷歧，调查不易周详，贩运无从稽考，不为禁遏，则丰年已虞缺乏，荒歉更觉难支。前巡按使届有鉴于此，是以参照前清旧章颁布条款，于临、黄、温三邑各设查米局一所，查禁私米，法固善矣，苟能切实奉行，未始非杜绝偷漏之道。惟查阅章程，经常局用并无的款，必须仰给充公私米方有开支，否则于县准备金项下酌量补助。殊不知准备金并无余款，徒有虚名，私米充公，迹近苛虐，局用若仅恃乎此，未免与政体有乖，流

弊之丛生，人言之烦啧，莫不因此而起。且局用有常经，获私无定额，亦断难据以持久。严前知事对于禁米一案知有为难，又鉴于地方公益用款，原有县税不敷支配，于是有详请开禁给照抽捐之举，初意不为不善。不意案未详准，先行开办，照则逢人给发，毫不限制，以致利弊互见，枝节横生，迭奉省署批饬停办有案。此盖先不规定办法之有以致之也。知事抵任，适逢台州张前镇守使禁米出口，而严前任给照未运之米尚在多数，即据绅商纷纷陈请，据经详奉台州镇守使批准放行在案。此外则恪遵禁令，粒米不准放运，违即认为私米，起获充公。两月以来，察看地方情形，城乡各殷富存米尚多，时价亦甚平值，转瞬新谷登场，价必因而锐减，若不变通办法，仍准放行，则谷米有朽蠹之虞，金融无流通之望，即钱粮杂税，影响所及，亦在意计之中。且查温邑地方各项行政，凡在县税项下开支者，无不左支右绌，竭蹶异常。现在应办之事甚多，水利年久失修，亟宜疏浚；实业向无规画，正待讲求；其他如学务、警务及一切公益之事，尤应切实整顿，力谋进行。

凡此诸端，非款不办，若米谷一项，仍故步自封，不稍权变，则固有之政策既难维持，未来之设施从何发展？知事权膺民社，责有攸归，地方事业之兴衰，人民情意之向背，亟应通盘筹划，兼顾并营，而迭商城乡士绅，咸称谷贱伤农，商业停滞，纷纷以开禁为请，洵属众谋佥同。但放运方法应分二种，一为邻县之咨商，二为绅富之陈请，统由知事察看时价低昂，酌定米数，填给护照。每米一石，酌收照费大洋三角，则各项地方行政之补助，查米局内之开支，以及县署临时发生之特别用项，皆得取给于此。一面咨会外海水警总署长督饬查米局查有县署所给护照准予放行，否则即属私米，仍照章充公。若遇年岁稍歉，米价渐昂，由县出示停运，是则禁弛随定，操纵由官。正在具呈，适奉前饬，合将温邑米谷仍拟放运酌收照费缘由据实具呈,仰祈钧督鉴核示遵。如蒙俯允,再由知事出示晓谕,一面召集城乡士绅开会集议,将所收取照费支配用途另文呈报,合并声明。除呈民政厅暨镇守使外,谨呈。

（《浙江公报》第一千五百六十二号,一二至一三页,批牍）

浙江都督吕批

发民政厅局据崇德县知事呈请在准备金项下拨补司法不敷经费饬厅会同高审厅议复由

县税准备金所以备地方非常支出之需,前巡按使暂准兰溪县拨补司法不敷经费,原因金华道署寄禁人犯增加,是以准其变通办理,该县情形不同,自不得援以为例。据呈前情,仰民政厅迅咨高等审判厅核明该县所呈积垫司法不敷银一千五百八十二元九角八分八厘,是否确实。一面会同将此项积垫之款,究应如何拨补之处,速即通盘筹画妥议,具复核夺,并先咨明财政厅知照。此批。抄呈发。七月十五日

（《浙江公报》第一千五百六十二号,一三页,批牍）

浙江都督吕批

民政厅呈为遵批呈报现委警务视察长员衔名由

呈悉。仰将现委各员履历补送备查。此批。清摺存。七月十五日

附清摺

谨将本厅现委警务视察长、员衔名开呈钧鉴。

计开:

视察长　彭　彝

视察员　章寿龄　季　衡　王树中　王炯吾　屠景曾

王宝璜　胡人钦

（《浙江公报》第一千五百六十二号，一三至一四页，批牍）

浙江都督吕批

发交涉公署据吴兴县知事呈报日商出入境日期由

呈悉。仰交涉公署备案，并转饬该知事知照。此批。呈抄发。七月十五日

（《浙江公报》第一千五百六十二号，一四页，批牍）

都督府复参议会函

声明各省军民长官新加任命本署并无正式官电由

敬复者。承示贵会对于六日大总统申令各省军民长官新加任命之意见，谨悉。惟本省并未奉有正式官电，是以尚不发生承受与否之问题。至浙省对于政府之态度，前次已经布告，想蒙鉴及。肃此，敬请公安

吕公望启

附　参议会函达本会 对于各省军民长官新加任命意见由

敬启者。七月六日大总统申令，"各省军民长官均已改称，并经新加任命"等因。本会对于此项任命申令，视为与吾浙态度不无关系，当即开会讨论，金谓现在吾浙现情，宜与独立各省取同一之态度，对于新加任命，应否遽行承受，亦应与独立各省共同一致云云。业经本会多数赞成，不知贵都督是否同意。盖承受新加任命，直接关于护国军政府存废问题，亦即关于本会存废问题，不得不将本会意见陈述左右，即希察照。顺请公安。此致浙江都督吕

浙江参议会公启

（《浙江公报》第一千五百六十二号，一六页，函牍）

浙江都督吕通告

为通告事。本省参众两院议员，前准内务部电开，"务于七月二十五日以前到京"等由，业经本都督饬知民政厅分别通告暨电知各在案。现在前项限期转瞬即届，务希从速启程，赴京报到。特此通告。

（《浙江公报》第一千五百六十二号，一七页，通告）

复旅沪湖州同乡会电①

上海丝业会馆转旅沪湖州同乡会董杨兆鏊等：删电悉。查此案前据上海丝业会董、吴兴商会总理等先后禀电到府，业饬该管水陆军警认真剿缉在案。据电前情，除再严饬勒缉外，特复知照。吕公望。删。

（中华民国五年七月十五日）

（《立康轮船遇盗案之往来电稿》，原载《申报》一九一六年七月十八日，十版，本埠新闻）

浙江都督府饬政字第二百九十九号

饬民政厅据宪兵司令官呈请特保书记官何藜恳以知事存记由

为饬知事。据浙军宪兵司令官王桂林呈称，"为特保书记官何藜一员，恳以知事存记录用，调取履历，请予察核示遵事。窃职处书记官何藜，原名绳稼，系浙江两级师范学堂及法政讲习科毕业，学识优长，才具干练，自民国元年五月任事以来，由书记长升充书记官，供职已历四载，办理一切文牍，深资得力。曾于民国三年七月及去年军用文职补官案内选详前兴武将军行署请核有案。此次浙省举义，该书

---

① 消息开头称"旅沪湖州同乡杨信之、沈联芳诸君分电南京冯督军、齐省长，杭州吕督军兼省长文"，落款"旅沪湖州同乡会会董杨兆鏊等叩。删。"删电，即浙江督军署浙江省长署饬政字第四号，本年七月二十五日准江苏冯督军、齐省长咨开，下文所引湖州旅沪同乡会会董杨兆鏊等电，详见 859 页。

记官黾勉从公,弥行勤奋,书生戎帐,与有微劳。窃以浙省政治刷新,正在用人之际,该书记官以从政之才滞迹军营,历有年所,经职留心考察,具见为守兼优。若令长此局促,末由展其所长,殊非简拔人才之道。职为国家进贤起见,未便缄默,用敢特别保荐,恳请都督本奖叙之恩,广登庸之典,准将该书记官何藄一员以县知事存记录用,藉昭激劝而资驱策,诚为德便。所有特保书记官何藄一员,恳以县知事存记录用缘由,是否有当,理合调取该书记官履历一份,备文呈请,仰祈都督察核批示祗遵"等情,计附履历一份。据此,除批准予存记录用外,合行饬仰该厅长查照备案。此饬。

都督吕公望

右饬民政厅长王文庆。准此。

中华民国五年七月十五日

（《浙江公报》第一千五百六十三号,一九一六年七月十九日,一页,饬）

浙江都督府饬政字第三百零一号

饬省会警察厅为杭地发见类似赌博之营业查禁由

为饬遵事。访闻近日杭地发现一种类似赌博之营业,名则售人丹,内附赠彩,约值数千元,实则施其诈欺取财之手段,各店学徒夥友及愚蠢小民受毒非浅,大街及城站营此业者约有四五家。如果属实,不独于商业前途关系匪细,且为人心风俗之忧,合亟饬仰该厅迅即查明,出示禁止,仍报警政厅查考,毋违。此饬。

都督吕公望

右饬省会警察厅厅长夏超。准此。

中华民国五年七月十六日

（《浙江公报》第一千五百六十三号,一至二页,饬）

浙江都督吕批①

据东阳李沈氏控张知事滥用威权枪毙氏夫李才春一案由

禀悉。本案业经前巡按使饬道派员查明,"该氏之夫李才春,委系周匪党羽,供认伙劫金辉煌家,实属死当其罪"等情,并据高等检察厅详请批候部示录报在案。嗣后,司法部如何批示及该厅如何办法,未据报明。据禀前情,仰高等检察厅查案呈复核夺。此批。

浙江都督吕批

高等检察厅呈复东阳李沈氏控张知事一案办理情形由

呈悉。仰即继续办理,仍俟结束后录报查核。缴。七月十三日

附原呈

呈为遵批查复东阳李沈氏控张知事枪毙伊夫李才春一案办理情形呈请鉴核事。

前奉钧督批据东阳李沈氏控张知事滥用威权枪毙氏夫李才春一案由,内开,"禀悉。本案业经前巡按使饬道派员查明,'该氏之夫李才春,委系周匪党羽,供认伙劫金辉煌家,实属死当其罪'等情,并据高等检察厅详请批候部示录报在案。嗣后,司法部如何批示及该厅如何办法,未据报明。据禀前情,仰高等检察厅查案呈复核夺。此批"等因。奉此,查此案于民国四年七月十七日,本厅奉司法部批据本厅详为据李沈氏续诉东阳县张知事枪毙伊夫李才春一案详请核示办法由,内开,"详悉。此案本部前准内务部咨称,'浙江巡按使查明李才春确有通匪情事,该知事拿案讯明枪毙,实属死当其罪。惟不候详准执行,手续究欠完

---

① 本文自浙江都督吕批《高等检察厅呈复东阳李沈氏控张知事一案办理情形由》（附原呈）析出。

备。经巡按使酌予记大过一次,处分尚无宽纵'等因。是该知事之受记大过处分,乃因办理手续不完备,并非因李才春之不当杀而杀。该氏续诉所称,'人民杀人,既照《刑律》第三百十一条问拟,官吏杀人,亦何独不然'等语,殊属误解。仰即批示该氏知照。此批"等因。奉此,当经本厅批示李沈氏知照在案。

嗣于民国四年十一月十九日复奉总检察厅第一六六六号饬开,"为饬知事。案奉司法部第五九三号饬开,据浙江东阳县民妇李沈氏禀称,'为东阳县知事张寅滥用威权枪毙氏夫李才春一案,据实告诉,请求昭雪'等情。查此案前据浙江高等检察厅查明该知事办理操切,经咨请内务部核办去后,旋准复称,'案经浙江巡按使查明,李才春确有通匪情事,该知事拿案讯明枪毙,实属死当其罪,惟不候详准执行,手续究欠完备,该巡按使酌予记大过一次,处分尚无宽纵'等因,当经批饬该厅知照在案。兹复据禀前情,该氏所称'金克仁等挟恨诬告'各节,如果属实,是此案尚有极端错误,不仅如内务部原咨所称详报手续不完备而已,原禀并声明已分禀该厅,合亟饬仰该厅转饬浙江高等检察厅查明金克仁等是否诬告,李才春是否死当其罪,详复备核,原禀钞发。此饬"等因。奉此,查该民妇李沈氏亦曾邮递诉状到厅,核与禀部情由,大致相同。兹奉前因,自应并案饬查,合钞各原禀,饬仰该厅即便遵照查明详复,以凭察转等因。奉此,即经本厅饬派候补知事张正权前往查明,切实详核去后。旋据复称,"遵即束装驰抵东阳县城,就地访查,仅得大概。随赴金辉煌所住之田里庄、李才春所住之清潭庄附近村庄密加探询,已得详请。复还诣县署调卷,互相印证。该原禀李沈氏所称,金克仁、金辉煌于民国四年元月二日籍堂兄金海家被抢,挟恨诬告,并无其事。查金克仁之以抢掳控诉李才春,则在民国三年八月二十日,金辉煌之以屯诈控诉李才春,则在民国三年九月三十日,事皆有因。缘清潭庄与田里庄村落相接,访闻金克仁之父岩清曾向李珠法价买柴山一处,该山系李正心、李来登、李珠法等弟兄四人所有,有李珠法价买柴山一股。三年八月十六日,金克仁、金克方弟兄赴山采砍薪木,李正心、李才春等藉口公山索诈不遂。延至是月二十日,李才春遂赳集多人至金克仁家,掳去牛只畜物,金克仁等乃以赳众抢掳具控李才春,随经邻村郭宅之郭成纪、湖溪之张敏生等从中理劝,金克仁措洋十二元,赎回耕牛,和平了结。嗣于九月三十日,该县土匪入城焚署劫狱,回过清潭庄,投用名片到李才春店中住足买饼,旋即分队扰道,至田里庄金辉煌家诈索洋四十余元。金辉煌、金克仁等复以既纠抢勒又邀屯诈续控李才春,而李才春复以郭成纪等名藉金克仁盗砍荫木,有中理息等情,具状辩诉,经任前知事批饬派队拘查。未及办结。张知事接任后,李正心复具状催讯,张知事以是案尚未查复,姑准示期集讯。越十余日,张知事清乡过天里庄,金克仁、金辉煌等复拦途具诉李正心、李才春。张知事查明李正心确为砍山撂辖,应候讯明,分别核办。李才春为匪作伥,即派警队长胡岳昆率队将李才春拿获,传集原告金克仁、金辉煌双方质讯。李才春供认掳牵金克仁牛只赎洋并引匪到金辉煌家诈洋,皆得分用,确凿不讳。张知事当即据供定谳,认定李才春有为盗通匪情事,乘县属土匪攻城焚署最恶之风势,援照《惩治盗匪施行法》第四条立予枪毙。询据郭成纪过洋赎牛,实属不虚。李沈氏供称'给与匪食'亦实。此则城乡访询查讯及调卷详察之实在情形也。奉饬前因,理合备文据实具复,仰祈钧长俯赐核夺施行等情"前来。经本厅复核无异,当即据情详请总检察厅核转在案,奉批开,"据详已悉,仰迅将县卷送厅察核,以凭转报。此批"等因。奉此,复经本厅饬东阳县知事调取原卷来厅。惟彼时适值浙省宣布独立,未便再将此案卷宗详送总检察厅核办,是以暂时搁止,拟待平和回复后,再行继续办理。兹奉前因,理合将司法部批示及前后办理情形备文呈复,仰钧督核夺。谨呈。

(《浙江公报》第一千五百六十三号,五至七页,批牍)

浙江都督吕批

财政厅呈复天台县呈请核奖征收主任罗庆平
催征得力一案已批饬照章办理由

据呈已悉。此批。七月十四日

(《浙江公报》第一千五百六十三号,七页,批牍)

浙江都督吕批

烟酒公卖局长呈送六月分支出计算书对照表黏件簿
并七月分副局长俸给如何开支由

查阅书表及粘件,大致尚符,惟支出计算书第二项第三目所载支出之数八元九角零五厘,核与粘件册第四十一号至第四十八号收据所开之数,稍有差误;茶叶、柴炭等类,亦不宜列入电灯油烛项下。仰即复算更正,呈送备案。至于烟酒公卖局副局长俸给,可暂月支三百元,并仰知照。此批。摘由发。六月分支出计算书一份、收支对照表一张、黏件簿一本并发。七月十四日

(《浙江公报》第一千五百六十三号,七页,批牍)

浙江都督吕批

发民政厅据宁海县呈为录案呈报平粜竣事造报亏耗数目由

呈、册阅。此项平粜亏耗,既据呈厅核销,应准备案,仰民政厅转饬知照可也。此缴。册、原呈存。七月十四日

附原呈

宁海县知事江恢阅谨将办理民国四年平粜官米收支银数开

具四柱清册呈请鉴核。

计开：

旧管项下

无。

新收项下

一、收按署拨洋五千元；

一、收平粜收入洋一万五千二百五十三元零八分二厘。

以上共收二万零二百五十三元八分二厘。内：

（甲）平粜收入项下共洋一万五千二百五十三元零八分二厘。内：

一、收东乡局第一批平粜米价，洋三千九百七十四元七角四分；

一、收南乡局第一批平粜米价，洋三千五百七十九元六角八分三厘；

一、收东乡局第二批平粜米价，洋六百六十七元；

一、收连浦塘第二批平粜米价，洋三百三十三元五角；

一、收古渡第二批平粜米价，洋三百三十三元五角；

一、收东乡局第三批平粜米价，洋六百六十七元；

一、收古渡第三批平粜米价，洋三百三十三元五角；

一、收连浦塘第三批平粜米价，洋三百三十三元五角；

一、收东乡局第四批平粜米价，洋一千三百三十四元；

一、收健跳平粜米价，洋三百七十四元一角一分七厘；

一、收占坑塘平粜米价，洋二百四十九元四角一分；

一、收西洞平粜米价，洋一百八十七元零五分八厘；

一、收璜溪口平粜米价，洋四百六十二元四角；

一、收团塅平粜米价，洋二百一十元八角；

一、收樟树平粜米价，洋二百五十九元七角八分；

一、收西垫平粜米价,洋一百零二元;

一、收吴新茂平粜米价,洋二百五十一元六角;

一、收薛叒平粜米价,洋六百四十六元;

一、收加勺科平粜米价,洋九百五十三元四角九分四厘。

开除项下

支米价暨运费等共洋一万七千一百元六角七分五厘。内:

一、支第一批米一千三百五十五石一斗四升,洋六千九百七十一元二分九厘;

一、支第二批米六百七十石,洋四千一百六十六元一角;

一、支第三批米三百三十八石八斗四升六合,洋二千三百十五元三分;

一、支第四批米三百零八石三斗,洋二千一百十八元八角一分;

一、支米袋一千四百五十六只,洋二百九十一元二角;

一、支水脚,洋三百三十四元七角三分;

一、支上下力,洋一百三十三元五角五分八厘;

一、支联口费,洋四元一角六分八厘;

一、支赴沪甬调查米价川资,洋十二元;

一、支海门至临海请护照往返川资暨膳宿费,洋五元九角;

一、支胡常瑛回宁接洽护照川资,洋十一元八角;

一、支至黄岩、太平购米川资,洋三十元;

一、支印花税,洋一元五角;

一、支电报费,洋三元四角三分;

一、支购升五十把、斗二十五把,洋十一元;

一、支漆工,洋一元七角二分八厘;

一、支漆料,洋一元八角四分七厘;

一、支海游信力,洋五角三分六厘;

一、支赴海门装米轮费，洋十元三角；

一、支赴海门装米膳宿费，洋二十五元九角九分；

一、支海门回石浦川资，洋四元；

一、支海门解米至石浦川资，洋三元三角八分；

一、支宁波转海门汇费，洋十二元七角二分四厘；

一、支杂费，洋四元三角六厘；

一、支售出平米亏耗，洋四百五十五元三角八分九厘；

一、支潮耗，洋一百七十元二角二分。

实在项下

收支两抵，共存洋三千一百五十二元四角七厘。

宁海县知事江恢阅谨将办理民国四年平粜官米收支米数开具四柱清册，呈请鉴核。

计开：

旧管项下

无。

新收项下　米二千五百七十二石二斗八升六合。内：

一、收第一批米一千二百五十五石一斗四升；

一、收第二批米六百七十石；

一、收第三批米三百三十八石八斗四升六合；

一、收第四批米三百零八石三斗。

开除项下　米二千五百七十二石二斗八升六合。内：

（甲）平粜项下 米二千五百零九石三升六合。

一、支东乡局第一批平粜米七百石；

一、支南乡局第一批平粜米六百四十七石九斗三升六合；

一、支东乡局第二批平粜米一百石；

一、支连浦塘第二批平粜米五十石；

一、支古渡第二批平粜米五十石；

一、支东乡局第三批平粜米一百石；

一、支古渡第三批平粜米五十石；

一、支连浦塘第三批平粜米五十石；

一、支东乡局第四批平粜米二百石；

一、支健跳平粜米六十三石六斗；

一、支占坑塘平粜米四十二石四斗；

一、支西洞平粜米三十一石八斗；

一、支璜溪口平粜米六十八石；

一、支团埂平粜米三十一石；

一、支樟树平粜米三十五石；

一、支西垫平粜米一十五石；

一、支吴新茂平粜米三十七石；

一、支薛吞平平粜米九十五石；

一、支加勺科平粜米一百四十二石三斗。

（乙）亏耗项下　米　六十三石二斗五升。

一、支平粜亏耗米六十三石二斗五升。

实在项下

无。

（《浙江公报》第一千五百六十三号，七至一二页，批牍）

浙江都督吕批

民政厅呈为准以李藩先行代理瑞安县知事缺由

呈及履历均悉。据称，瑞安县知事刘泽龙赴会期迫，新调魏大名未能即时到任，请以李藩先行任命代理，应即照准。仰将发去任命状转饬祗领，克日赴任为要。此缴。履历存。七月十五日

（《浙江公报》第一千五百六十三号，一二页，批牍）

浙江都督吕批

发财政厅据萧山南沙诉愿代表沈定一等
禀请饬县停办沙地缴价等情由

禀悉。前据萧山县知事以"清理沙地报缴疲滞，且闻沙乡有绅户联合各乡代表在龛山镇婴堂内集议，即以该堂组织为抵制清理沙地事务之所，筹备款项，预备要求缓办，希图幸免"等情，呈请核示到府。当因清理官产现已并入该厅办理，即经批饬查明原案，核议饬遵在案。据禀南沙地瘠民贫，潮冲地坍，事实上缴价为难，良堪悯恻。至主张法理不合一节，查阅粘呈官契，仅民国三年八月一纸，又抄粘道光十九年勒石，亦仅云"永免加租"，似尚不能指为即归民有也。此事关系国家财政与人民权利者甚大，办理不厌周详，仰财政厅迅即遴派干员前往会同该县详细研究，妥定办法，具报察夺。此缴。禀、黏均发，仍缴。七月十五日

（《浙江公报》第一千五百六十三号，一二页，批牍）

浙江都督吕批

安吉朱履鳌等禀称涎捐保护专制拨充请饬县免捐由

此案前据该县知事以"收回安吉竹捐自行，保护竹商"等情，具呈到府，业经批"仰该县将竹捐每年收数若干，并如何收缴、如何支配各节，详细声复，听候核办"在案。以已有之款改归自办，并非于定捐以外另有增加，该民等何得藉口"未经到场，率行请免"。至该保卫团总王克明，如果声名陋劣，应即举证禀控，不得以此藉口，图免向有之捐。仰候该县复到，核饬遵照，毋庸多渎。此批。七月十四日

（《浙江公报》第一千五百六十三号，一三页，批示）

浙江都督府饬政字第　　号

饬财政厅据温岭县松门商会电禀东南两乡烟业
因包办烟丝捐索扰一律闭歇请派查维持由

　　为饬知事。本年七月十二日据温岭县松门商会电称，"温邑东南两乡烟业，均属小本经纪，因包办烟丝捐索扰①，一律闭歇，乞速派查维持，以示体恤"等情。究竟是项烟丝捐何人包办，有无呈准案据，合亟饬仰该厅先查案呈复，一面速饬温岭县知事，将如何索扰情形克日详细查明，秉公核办具报，并转该商会知照。此饬。

都督吕公望

　　右饬财政厅长莫永贞。准此。

中华民国五年七月十五日

（《浙江公报》第一千五百六十四号，一九一六年七月二十日，首页，饬）

浙江都督府饬政字第　　号

饬任命章箴为本府谘议官由

　　为饬遵事。查有该员堪以任命为本府谘议，月支薪银八十元。合将任命状饬发，仰即祗领遵照。此饬。

　　计发任命状一张。

都督吕公望

　　右饬章箴。准此。

中华民国五年七月　　日

（《浙江公报》第一千五百六十四号，首页，饬）

---

　　①　索扰，底本脱"索"字，据文由径补。

浙江都督府饬政字第三百零五号

饬财政厅据龙泉县民张省三函呈经征员
并征下忙钱粮并增加自治附捐由

为饬知事。据龙泉县民人张省三函称，"军兴半载，财力困难，大地如斯，龙泉尤甚，经收不恤，任意鱼肉。本年上忙五月一日开征，完纳钱粮，罗掘傍午，万一逾限，处罚难辞，不敢不尽力筹措，于六月二十九日雇工投柜完粮。不料该经收员竟要下忙一并完纳，乡愚畏惧，口噤莫对，即将到城买货钱洋如数缴清，将串带回。情出无奈，嗟乎！民力能照忙完清，已属畏法百姓；竟又下忙并征，民力实有未逮。且加自治附捐，每两加捐洋一角，已未独立前后各报并未载有条文，一邑岂可独异？现在议院、议会尚未召集，县自治先行加捐，小民负累无穷，我都督维持地方，体恤民隐，远近声颂。谨将更字第一千七百三十五号已完下忙张南山户粮串一张，又民字第九百六十六号已完下忙张省三户粮串一张，恭呈电核。本应正式呈求核办，一省之大，急务千端，又不敢以区区两户受愚上渎斧钺，指名又恐报怨，串内印有姓名足查，举一可例其余。一加再加，下民隐痛何已？惟上官垂恩救正，乃有生机"等情，并附下忙粮串二张前来。查下忙钱粮于上忙一并完纳，原任乡民自愿，来函所称，"经收员竟要下忙并纳"等语，究系是何实情，合行饬仰该厅长转饬龙泉县知事切实查明，详晰具复。至自治附捐每两加捐一角，曾否呈准有案，并仰查案复夺。此饬。

都督吕公望

右饬财政厅长莫永贞。准此。

中华民国五年七月十七日

（《浙江公报》第一千五百六十四号，首页至一页，饬）

浙江都督府饬政字第三百零七号

各监征员将县局征解数目按月列表呈送并发表式由

为通饬事。照得本府前因本省职税收入短绌①，而军需、政费待用孔殷，非派员监征，不足以资整顿。即经拟订规则，遴派妥员分赴各县局认真监征督催报解在案。乃近来各监征员报告征解情形，往往仅有报解数目，并无征存银数，是否扫数解清，无凭察核。嗣后除按照规则第八条之规定，仍会同县、局随时分别造报外，合亟饬仰该监征员即便遵照发去表式，将各县、局征解及未解银数按月详细列表呈送本府查核，甲月之表务须于乙月五日以前造送，勿稍违延。至各县局征收事宜，有无弊窦及应行改良之处，并即详晰调查，呈报核夺，切切。此饬。

计发表式一件。

都督吕公望

右饬县监征员。准此。

中华民国五年七月十七日

监征员　　　　　年　　月份监查各县局征收报解表

县局　　别	款别	旧管	新收	开除	实在	备考
说明						

（《浙江公报》第一千五百六十四号，一至二页，饬）

---

① 职税，即职业教育专项税。民国初期政府视职业教育为实用教育和生利教育，以民国初期的税制改革为契机推行"职业教育专项税"。

浙江都督府饬政字第　号

饬财政厅筹汇国会议员川费一万五千元由

为饬遵事。顷据旅沪国会议员干事谷钟秀、韩玉辰、白逾桓、陈策、方潜、易次乾、王正廷、彭介石、王法勤、李绍白、萧文彬、朱观玄、陈鸿钧、曹玉德、杨择、杨崇山、高仲和、李执中、张瑞萱、刘盥训、杨铭源、王乃昌、杨肇基、李式璠、王鑫润、王杰、陈善、王弌、卢信、陈光焘、易宗夔函开，"敬启者。国会开会期已定，旅沪两院同人行即北上，惟同人等多数旅沪日久，北上川资不得不设法筹助。兹经干事会商决，拟每人借予五十元，到京后由公费扣还。合旅沪同人共计约需二万元之谱，用特恳由贵省暂假银币二万元，作为借予旅沪两院同人北上川资之用。到京后扣还之责，当由干事会同人负之。前屡承惠助，今复请通融，事近不情，尚希原察"等情。据此，查国会开会期迫，各省在沪议员资斧不继，亦系实在情形，自应酌量代为设法，以免延误。除函复允予筹垫银一万五千元外，合亟饬仰该厅遵照迅将前项银洋如数筹定，克期汇沪，俾资接济，并将汇付日期具报。此饬。

都督吕公望

右饬财政厅长莫永贞。准此。

中华民国五年七月十七日

（《浙江公报》第一千五百六十四号，二至三页，饬）

浙江都督府饬政字第　号

饬民政厅为饬发道署被裁各员履历成绩册摺
饬量为分别提前委用由

为饬知事。查本省各道尹缺业经一律裁撤，所有各道署被裁差职人员，并饬开履历成绩，加具考语，详由本府记名酌量提前委用，以示体恤。经由各道尹将道署人员先后呈送履历成绩,加具考语,请提前委用前来。据此,查各员中谅不乏学识优长、经验宏富之才,自当择优量为任用,以资激劝。合行将履历并原呈抄发,饬仰该厅查核,酌量分别提前委用,免致向隅。此饬。

计抄原呈函六件,附发履历四十五份、履历成绩册三件。

都督吕公望

右饬民政厅长王文庆。准此。

中华民国五年七月十七日

(《浙江公报》第一千五百六十四号,三页,饬)

浙江都督吕批

发民政厅据镇海灵岩乡自治会议长顾鹏振等
禀控警佐叶玉如违法殃民
请饬县知事澈查由

据禀是否属实,仰民政厅查明办理具报。此批。呈、表均抄发。

七月十五日

(《浙江公报》第一千五百六十四号,一〇页,批牍)

浙江都督吕批①

汤溪县知事呈恩饷业已发给并请奖励警佐警队长由

呈、册均悉。仰民政厅查核饬遵,并咨财政厅查照。至警佐朱善元、警队长杜自宏,应否量予奖励,并仰该厅察议复夺。此批。抄呈及清册两本并发。

---

① 本文自浙江都督吕批《民政厅呈奉批议复汤溪县呈称恩饷业已发给并请奖励警佐警队长一案未便照准由》(附原呈)析出。

浙江都督吕批

民政厅呈奉批议复汤溪县呈称恩饷业已发给
并请奖励警佐警队长一案未便照准由

呈悉。仰即转饬遵照。此批。七月十七日

附原呈

呈为呈复事。本年七月一日奉钧督批汤溪县知事呈恩饷业已发给并请奖励警佐警队长由，奉批："呈、册均悉。仰民政厅查核饬遵，并咨财政厅查照。至警佐朱善元、警队长杜自宏，应否量予奖励，并仰该厅察议复夺。此批。抄呈及清册两本并发"等因。奉经本厅查核来册尚无不合，应准在准备金及自治费项下动支。至警佐暨警队长，应有督率保护地方之责，此次本省独立，该县警佐、警队长又无特别勋勚可征，所请量予奖励之处，未便照准。至侦探、伙夫不在长警之列，亦无庸一并给饷。奉批前因，除咨财政厅查照并饬县遵照外，理合备文呈复钧督鉴核。谨呈。

（《浙江公报》第一千五百六十四号，一〇页，批牍）

浙江都督吕批

盐运使遵批查复袁浦场荡地上年因风受灾情形由

呈悉。仰即照钞批、禀移送运副查明原案，分别减缓，以恤灾黎。此批。七月十七日

附原呈

两浙盐运使署呈为遵批查复两浙所属袁浦场荡地上年因风受灾情形请予鉴核示遵事。案于本年七月十日奉钧府批发奉贤

县公民阮惟和等禀为浙省袁浦场荡地灾重请量予减征一案奉批："禀悉。既称曾经奉贤县知事咨行袁浦场转详有案，仰盐运使查案核办具复。此批。摘由、抄禀发"等因。奉此，遵查上年九月二十九日据袁浦场知事汪植宽详称，"据奉贤公民唐安镛等禀称，'场境沿海一带亘长数十里，居民千百户，专恃摊晒耕种为业。讵阳历七月二十七八两日夜，陡起飓风，海潮泛滥，田亩尽行淹没，房屋亦被冲坍，即摊晒场地、产卤墩塔，无一不遭损失。近于八月二十四夜，海潮又溢，重罹奇灾，露宿霜餐，嗷嗷待哺，请放急赈，以拯灾黎'等情到场。查本年七月二十七日夜，陡起飓风，海潮高涨，急雨随之，直至次日下午，风潮始定。场境、灰场、墩塔悉被冲坏，晒板、卤桶损失不少，即草屋亦多倒塌。至八月二十日夜，潮水又大，塘外被灾最重，花稻无收。虽经该公民等禀县拟筑圩塘以工代赈，惟灾重地广，一时巨款难以筹齐，应否酌给赈款，俯赐批示祗遵"等情到司。当以苏五属灶课，既经划归松江运副征收，应如何拨赈以恤灾黎，当即移商松江运副核复去后。旋准复称，"奉贤等处沿海一带被灾属实，拟请在征存灶课项下拨给赈款一千元，以资协助"等因，当经详请盐务署核准照拨在案。旋于十月十六日，又准松江运副牒称，"据袁浦场知事详称，据公民唐安镛等禀称，'场境塘外一带荡地距海较近，遭此巨灾，始则满拟或可补救，岂知潮退日炙，棉苗尽行焦萎，一无收成，即墩晒场亦冲坍毁坏。惟粮从租出，租由田生，田既荒芜，租自无着。民等目击心伤，补救无方，惟有请将袁浦场应征本年灶课、草息、钱粮一律豁免，以苏民困'等语，理合详请汇案核办等情。查松属灶课从前遇有灾歉，应如何分别蠲减，是否照坐落各县秋勘一律办理，各场甫归管辖，松署无案可稽，请即核明录案移复，以便仿办"等因到司。当查各场灶课因灾蠲减及递缓各案，应先由场知事勘明灾区，如实系颗粒无收者为荒区，尚有四五成及二三成可收者为歉收。荒区准其蠲免,歉收仅准递缓。请即按照各县秋勘办法酌量办理,移复松江运副查照在案。奉批前因,除录批抄禀移送运副分别减缓外,理合检叙原案,具文呈复,仰乞钧府鉴核示遵。谨呈。

（《浙江公报》第一千五百六十四号,一〇至一一页,批牍）

浙江都督吕批

发高审厅据警政厅呈内河厅第六队缉获盗犯
陈阿根包小春解县讯办由

呈及供摺均悉。仰高等审判厅转饬嘉兴县知事即提陈阿根、包小春二犯分案讯供拟办,仍勒缉各逸犯务获究报,并由厅咨复该厅查照。此批。呈、摺均钞发。七月十七日

附原呈

呈为转报事。案据内河水警厅长徐则恂呈称,"本年六月二十九日,据第六队长潘桂霖呈称,本月二十三日据职队水巡长卢仁寿、郑本熊、刘玉堂等报称,'巡长等购线包小春于本月二十二日在凰嘴桥左近缉获抢劫嘉属七家荡事主陈永顺家案内盗犯陈阿根一名,解请讯究'等情到队。经队长提案研究,据供认听从盗犯太平三妹吴小六伙劫不讳,当将获盗陈阿根一名解送嘉兴县讯办。又接准嘉兴县知事公函内开,'据本署警队长潘炳荣获解七家荡事主陈永顺家及牛头桥事主吴应春家劫案内盗犯徐小二观一名,又拿获窝犯刘德兴一名,并起出赃衣、当票等件。据该犯徐小二观供称,陈姓家抢案是吴小六、包小春二人为首,同伙有张裁缝、罗立品、杨三及不识姓名二人,共八人,劫得蚕丝衣物,在刘得兴家分赃。包小春现于十八夜被馀贤埭水警卢巡长拿获等语。查该犯包小春一名,既经贵队卢巡长缉获在案,相应

备文派警迎提,以便归案讯办'等由。适水巡长刘玉堂带同线探包小春由馀贤埭办案回队,队长当将线探包小春提案预审,据供前曾为盗现已悔过迁善等语,对于七家荡事主陈永顺家等案坚不承认。队长以现有他盗供指,即有犯案嫌疑,当将该嫌疑犯包小春解送嘉兴县收讯各在案。为此录供备文呈报核转。计黏供词一纸"等情。据此,除批饬严缉是案赃盗悉数弋获外,理合备文转报,仰恳都督察核备查。谨呈。

（《浙江公报》第一千五百六十四号,一一至一二页,批牍）

浙江都督吕批

馀上监征员叶文萃呈报上虞县征解钱粮捐税情形由

呈、摺均悉。上虞张知事征存各款尚有未解银二千六百五十余元,应即知照该知事克日扫解清楚,不得擅自积留。此后除由该监征员遵照另文饬发表式将各县、局征解及未解各数按月列表呈府备查外,仍仰即依照规则随时稽查报告核办,切切。此批。馀、上两县征解正杂税款清摺二扣存。七月十七日

（《浙江公报》第一千五百六十四号,一二页,批牍）

浙江都督吕批

发高检厅据嘉兴公民费立城禀被盗劫请饬缉办由

此案前据该县勘讯呈报,即经批饬侦缉获办在案。据禀前情,仰高等检察厅即饬嘉兴县赶紧会督营警设法查缉是案赃盗,务获究办,毋再延纵干咎。此批。呈抄发。黏附。七月十七日

附原呈

为巨盗联劫报缉未获请求檄饬营警县署分咨通缉追赃严办以保治安事。

窃公民守产耕读,兼业经营,聊堪温饱。祸于本年阳历六月四号夜三更时分,忽来巨盗二十余人,均手持快枪、火把,枪声隆隆,打开大门而进,直入卧室,搜罗各房内衣、洋、首饰等件,翻箱倒箧,约有两小时之久,以致失赃计约千金之巨。抢毕又分至同族家大肆抢劫,迨后放枪示威,携赃呼啸而去。听其口首皆系土客浑杂,显有土著、游匪通同引线。且该盗等临去之时,将盗船一只遗落,以是将公民同族家河埠停泊之账船棹去。至该盗所遗之船,查系附近约十里之遥之沈姓被窃原失之赃船,并遗有后膛枪弹壳。经公民于五号日就近赴王江泾镇分区派出警所开单报告,并于六号日开明失单报请勘缉,当蒙县署派员协同警员、侦探履勘缉拿。迄今已逾匝月,而赃盗依然影响毫无,捕务之废弛,已可概见。况公民家于民国三年阳历三月二十六号夜,亦遭巨盗抢劫,至六家之多,失赃约在三千余金之巨,曩经报县勘缉,而赃盗至今一无破获,以是盗胆逾炽,民难乐业。倘此次再不弋获,将见盗匪横行,民何以堪? 为此不得已上叩,伏乞督军长俯赐檄饬营警、县署分咨通缉①,严限破获,庶儆将来而保治安,深沾上具。

（《浙江公报》第一千五百六十四号,一二至一三页,批牍）

浙江都督吕批

发高检厅据仙居管狱员蒋沛泽呈知事
玩法任私请澈查究办由

据呈,该县知事孙熙鼎种种玩法营私各节,言之凿凿,既据自请撤差投质,虚实均应澈究。惟所控增加囚粮、浮造报销两节,均与该员有直接关系,何以该员先不禀评,甘为捏报,如果属实,亦有应得之

---

① 督军长,底本如此。

咎。仰高等检察厅先将该管狱员撤省,遴员接替,一面选委妥员驰诣该县,按照控情逐款确切查明,据实呈复核夺,毋稍徇延,切切。此批。呈抄发。七月十七日

附原呈

呈为长官玩法任私并藉势迫揞下属据实声叙各节,叩请澈底查办,情愿先行开撤差务投案待质,以清官治事。

窃沛泽自民国二年十月间,奉前司法筹备处派委仙居县管狱员以来,迄今历有四载之久,所幸监狱事件尚无大误。奈拙于守经,不善达权,上月为保释命案拘捕凶犯陈六连一节,不能枉己从人,不阿知事孙熙鼎捏报该犯患病之嘱,致令该知事私图不遂,且有电请高等检察厅之禀,以之恨沛泽深入骨髓。当时管狱员以受该知事当面喷斥之恶气,亦曾电请高检厅求辞差务在案。不谓待至今日,尚未奉有明文,而该知事之随时随事故意为难,令人有愤不欲生之势,而详报母病请求先行委代之呈文,该知事又绝对批斥不准,诚有进退维谷之苦。况以至不平则鸣,敢将知事孙熙鼎玩法任私之确有证据并藉势迫揞下属之毫无顾忌,一一缕陈于钧督之前焉。

诉讼状纸系国家司法上之一种大宗收入,各厅州县均由省厅发交衙署经理代售,官也非私也,该知事影射渔利,将轻微诉讼事件概以自己私制之纸售之,如保状、缴状、领状等类私售更多,即此一项私囊之入年以千数计,已有私状纸一纸附陈高检厅以作铁证在前。此其玩法任私者一也。

在押囚犯无论已判、未判均有囚粮,司法经费虽已奉有明文听凭县知事自行配置,乃该知事发出之粮有大粮、小粮之别,大粮每日六分,小粮每日四分,而造报表册特令管狱员均以六分计算,且册底具在,不难携带呈验。此其玩法任私者二也。

监狱工场及教养局两项,仙邑自创办以来,均由该知事谕令管狱员兼职,不支薪水,其所出入之账目均归管狱员一人登记。查仙邑监狱工场开办费共支洋四十七元零,教养局开办费共支洋一百零九元零,已经造具报销送县在案。后知事孙熙鼎有意图私浮报,令管狱员将监狱工场一项借经支人名义零粘单据浮加一百三十七八元左右,教养局一项又零加十元,现已转报高等厅,前后合计吞没一百三十七八元之谱①,均有案卷可查。此其玩法任私者三也。

诉讼印花费,本已定有价格,遇有诉讼事件收费若干,即填省发收据,令当事者执凭。乃该知事任内往往收纳费金,不给收据或由收发处填写私条一纸,是项私入颇巨,每月至少在百元以上。此其玩法任私者四也。

至于迫揯下属之处,自其本衙门各员言之,无端被斥者不一而足,或者去如黄鹤,或者大与诟骂,管狱员均能指之,然究事不干己,无庸多渎。第就管狱员现时所身受言之,如薪水一项,管狱员原定每月三十六元,自民国三年司法经费按县摊减后,管狱员薪水亦随之减十二元。今年二月间,该知事以管狱员职务烦劳代为详请按月恢复六元,已蒙高检厅批准照发在案。不料该知事因陈六连一案愤管狱员不遂其私,故意揯给六元,视上峰批文如儿戏,而苛待下属之处,固其小焉者也。即如陈六连一案,显系人命凶犯,民国四年一月率匪持械截夺尸主陈宝鉴边花轿嫁妆,经被害人与地保来县报告,当派承审员吴宗藩及警佐包江前往缉拿,又被开枪拒捕,及救援哨兵驰至,又格斗三小时之久,始行败去,随搜获该犯到案,该知事当即声言枪毙,并条示管狱员加意看管。此何等事,此何等犯,究不解其何故,不惟不枪毙,

---

①　上文,一百三十七八元,又十元,此处当为"一百四十七八元"。

而且减轻刑期一年零六个月；不惟减轻刑期，而且面谕管狱员捏报该犯在押病重，以为彼暂准保释之见。据当时管狱员以此事不妨从缓，该知事辄怒形于色，当面大骂，非经该署内各友在傍劝阻，几乎被其用武。试思人各具有体面，官固大不可以无礼加人，管狱员性虽驽下，职虽微末，苟失官常，任参任办，非彼子孙，何至作祖父严刑之督责，非藉势逼迫而何？意气用事，真觉难乎其下也。

以上各节均属实，在管狱员决不愿为此等莽夫之佐治。伏乞钧督俯鉴下忱，即饬高等检察厅先将管狱员开撤差务并着来案待质，而该知事孙熙鼎所有舞弊之处，亦请澈讯明确，实究虚坐，为司法留一线容光，不胜顶祝之至。谨呈。

（《浙江公报》第一千五百六十四号，一三至一五页，批牍）

浙江都督吕批

发高检厅据开化县呈报拿获邻省盗犯朱星星等
三名归何县讯办请示由

据呈已悉。盗匪朱星星等三名犯案地点，供属休宁，既据休宁县咨请迎提，照章应准解赴归案审办，以符定章，仰高等检察厅转饬遵照。此批。呈抄发。七月十七日

（《浙江公报》第一千五百六十四号，一五页，批牍）

浙江都督吕批

发高等检察厅据遂安县呈报侦缉逃犯王约来办理情形由

呈悉。仰高等检察厅饬仍遵照前批，勒缉该犯，务获究报。此批。七月十七日

（《浙江公报》第一千五百六十四号，一五页，批牍）

浙江都督吕批

发高审厅据玉环张道乾禀控秦知事擅释凶犯由

据禀各情，是否属实，仰高等审判厅饬县呈复核夺。此批。七月十七日

附原禀

禀为县知事秦联元蔑视命案，擅释凶犯，请求先行惩戒，一面仍饬该知事密限保人跟交淫凶妇张叶氏，并获正凶袁可丰按律严办，以肃官方而重人命事。

窃民弟张道根于民国二年五月七日被伊妻叶氏串由奸夫诱至灵门地方戳伤数处登时殒命一案，当经报由前知事填验在案，旋即拿获淫凶妇张叶氏，并传同寡嫂张林氏、幼侄女小凤（即林氏之女）到案集讯。该淫凶妇叶氏供认同谋不讳，寡嫂林氏亦供认知情，又有幼侄女小凤之供词可证。当经前知事以"案情既确，先将淫凶妇张叶氏、张林氏收管，候拿获正凶袁可丰、郑能柳到案一并讯办"又在案。不料至今已逾三载，不特正凶袁可丰等未经拿获，且现任知事秦联元竟于本年五月间擅准淫凶妇张林氏取保候讯，违反法例，蔑视人命，已达极点。现闻正凶袁可丰逃亡沪上，拟遣党徒迎张叶氏同居，若果如是，则此案正凶均逍遥法外矣。为此号叩钧督讯发雷霆，饬县密限保人立将淫凶妇跟交，并移文协获正凶袁可丰到案质讯，按律重办，以重人命；并请按照《刑诉审限规则》第十三条之规定，将该知事先行惩戒以肃官方，实为德便。谨禀。

（《浙江公报》第一千五百六十四号，一五至一六页，批牍）

浙江都督吕批

发高审厅据慈溪县呈报李钟秀家被劫一案
获盗陈阿淦等讯供情形由

呈悉。此案先后获犯五名，既据讯供不讳，仰高等审判厅饬即提犯复讯明确，按律拟办，并将楼大甫、陈阿淦二犯所供从前所犯窃抢各案，查明系何年月日之事、有无事主报案、得赃若干，分别咨查明晰，一并核入案内办理，以成信谳，仍饬勒缉逸犯务获究报。此批。七月十七日

（《浙江公报》第一千五百六十四号，一六页，批牍）

浙江都督吕批

发民政厅据萧山商民韩凤鸣控警佐周任侠
巡长胡德喜滥用职权请惩戒由

据禀，是否属实，仰民政厅查明核办具报。此批。抄禀发。七月十七日

（《浙江公报》第一千五百六十四号，一六页，批牍）

浙江都督吕批

财政厅呈荐龙泉等统捐局长人员由

呈暨清摺均悉。查核呈荐许铸等六员资格尚与本省《征收员任用章程》规定相符，应准以许铸充为龙泉统捐局长、蒋唐祐为乌镇统捐局长、章端衡为徐东关统捐局长、毕兆熊为长兴统捐局长、葛敬年为双林统捐局长、陆熙咸为宁洋广货捐局长，任命状陆纸随批并发，仰即分别转给祗领，迅速到差，认真办理，并饬各前任将原领委状缴销。此批。清摺存。七月十七日

（《浙江公报》第一千五百六十四号，一六至一七页，批牍）

吕都督函复国会议员干事谷钟秀等

允予筹垫议员川费一万五千元由

敬复者。顷奉台函,敬悉一切。承商筹垫在沪议员川费,敝省军需浩繁,库款支绌,一时筹措,颇亦为难。惟国会开会期迫,议员资斧不继,亦系实在情形,自应代为设法,以免延误。兹已饬知财政厅筹银一万五千元,克期汇沪,至乞察收。至浙籍国会议员赴京川费,前已饬由财政厅另行垫给,并以附闻。耑此奉复,诸希亮察。

敬请

台安

吕公望启

(《浙江公报》第一千五百六十四号,二〇页,函牍)

都督电复开化县

电报拿获冒充委员姜栋成等三名请示办法由

开化县林知事:佳电悉。姜栋成等冒充委员,既据获案,供认不讳,自应按律判决,以彰法纪。至该犯等在外招谣各案,仰即一并查明,并案讯办,毋稍枉纵,切切。都督吕。咸。印。(中华民国五年七月十五日)

附来电

都督钧鉴:窃知事访闻有冒充密查委员姜栋成、姜德成、邵振声等,到开多日,妄肆招谣,行踪诡秘,忽往忽来。知事不露行迹,易服减从,调查属实,因将三犯悉拿到案,讯供不讳。此等不法之徒,若不从严惩办,殊于官厅威信大有妨碍。应如何核办之处,理合电请钧督察核示遵。开化县知事林应昌叩。佳。(中华民国五年七月九日)

(《浙江公报》第一千五百六十四号,二〇页,电)

浙江都督府饬政字第　号

饬高检厅为查办第四中校毕业俞国祥伪造文书
印信函致北京清华学校请求插班由

　　为饬查事。前接北京清华学校校长周诒春函开，"日前接奉华函，聆悉一是。俞生国祥曾在敝校报名，所递成绩证书，已由敝校招考处认为合格，准其投考一年级在案。敝校招考处，系请中、美教职员八人专董其事，届时即由各该员公同阅卷，慎重选择，诸生及锋而试，如果程度合格，必不令有遗珠之憾。重以谆嘱，自当请招考处格外留意可也"等语。当查本府并无此项函件，必系他人假托，复函请其将原函寄来，以便查究。旋接该校副校长赵国材复称："昨奉七月一日赐复，以介绍俞生一节，贵处并无此函，或系他人假托，嘱将原函寄上，以便查究等因。查原函例应归卷，本难抽出外寄，第以事涉捏名，于尊处关系较重，不可不藉以质证。兹特遵将该函并所附名片一并寄呈，即希检入，并乞于查毕后仍行寄还，以资备案。再，敝校周校长现在上海办理招考事宜，并以附陈"，并附原函前来。查第四中校系在鄞县，俞国祥既在该校毕业，且函中叙明其父名字，察阅函笺，亦系在宁购写，自必有籍贯地址可查。事关伪造文书印信，亟应彻查，按律究办。今将原函饬发，仰该厅迅即查明，按律拟办，并将查办情形先行呈报，以凭察核。此饬。

　　计发原函一件，仍缴。

都督吕公望

右饬高等检察厅检察长王天木。准此。

中华民国五年七月十六日

（《浙江公报》第一千五百六十五号，一九一六年七月二十一日，首页，饬）

浙江都督府饬政字第　　号

饬民政厅为浙江一区众议员姚勇忱身故遗额以候补当选
金溶熙递补饬补给证书并电众议院暨内务部由

为饬遵事。顷接驻沪浙江国会议员通讯处函称："查本省第一区众议院议员姚勇忱,已遭身故,应以第一区候补当选第一名金溶熙君递补。现在开会期迫,请即补给证书,通知金议员速即来沪,早日赴京报到。一面并电众议院暨内务部备案,至纫公谊"等语。合行饬仰该厅长迅即查照办理。此饬。

都督吕公望

右饬民政厅长王文庆。准此。

中华民国五年七月十七日

（《浙江公报》第一千五百六十五号,首页至一页,饬）

浙江都督府饬军字第五百八十一号

饬台州镇守使等据外海水上警察厅厅长
呈请核发退伍年金由

为饬知事。案据外海水上警察厅厅长王蕚呈称："案据职厅各队长呈称,据各巡警面称,现届发给退伍年金之时,咸思请假回籍,请领年金。该队长因防务紧要,未便照准,恳请由厅造册汇领前来,厅长察核之下,事属可行,理合检同原呈各警年金证,备具文领呈请,仰祈都督核发施行"等情,并送减饷证、印领清册到府。除批准予照领转给外,合行饬仰该镇守使、团区司令官知照,毋再重发为要。此饬。

计附黏单一纸。

都督吕公望

右饬台州镇守使顾乃斌、九十八团团长兼绍兴团区司令官吴思豫、丽水团区司令官佘冠澄。准此。

中华民国五年七月十八日

外海水警请给各警退伍年金数目

九十八团陈　识　新昌　减饷洋九元

台州使署金长佩　临海　减饷洋九元

丽水团区魏吉斌　乐清　减饷洋九元

丽水团区杨正祥　缙云　减饷洋九元（补给四年下半期洋九元）

　　共洋四十五元

（《浙江公报》第一千五百六十五号，一页，饬）

浙江都督府饬政字第三百十二号

饬知烟酒公卖局交代已派委民政厅长为监盘员由

为饬知事。案查前据该厅长呈请派员监算烟酒公卖局交代到府，即经批候派委在案。现已派委民政厅长王文庆监盘会算，合行饬仰该厅长并转汤、萧两前局长一体知照，仍将结算缘由详细具报。此饬。

都督吕公望

右饬财政厅兼烟酒公卖局长莫永贞。准此。

中华民国五年七月十八日

（《浙江公报》第一千五百六十五号，二页，饬）

浙江都督府饬政字第　　号

饬各机关通饬就职日期由

为通饬事。本年七月十四日，由唐继尧君挈衔通电，宣告撤销军务院，业经电饬并布告周知在案。本督军兼省长即于本月二十日就职，仍暂用"浙江都督之印"，其余军政、民政各机关组织职权及人员均照本月六日大总统申令，于官制未定前暂仍其旧。除电呈大总统、国务院外，合行通饬，仰即转饬周知。此饬。

都督吕公望

右饬文武各机关。准此。

中华民国五年七月二十日

（《浙江公报》第一千五百六十五号，二页，饬）

浙江都督吕批

高审厅呈报鄞地检厅枪毙盗犯王金广由

呈悉。仍饬勒缉余犯，务获究报。缴。七月十六日

附原呈

呈为呈报事。案据鄞县地方检察厅函称，准本厅密函内开，"奉都督批回内开，'呈悉。此案鄞县盗犯王金广听纠在海洋行劫，掳禁事主王祖康不放，并为看守赃物，既据该犯供认不讳，并经被害人及同伙供述被抢情形，是供证明确，应即依法惩办。仰即转饬提犯王金广一名，验明正身，执行枪决具报。余如所拟办理，仍饬勒缉各逸盗，务获究办。缴。供、判、清册存'等因到厅。奉此，相应函知贵厅，希即遵照办理等因。准此，敝厅遵即遴派检察官沈秉德、楼守廉，于本月四日上午六时签提盗犯王金广一名，验明正身，押赴大教场执行枪毙。理合将执行盗匪王金广死刑日期、缘由，函复贵厅查照，并请转详施行"等由。准此，理合将盗犯王金广执行死刑日期备文转报，仰祈都督察核备案。谨呈。

（《浙江公报》第一千五百六十五号，一五页，批牍）

浙江都督吕批

发高检厅据永康县知事呈报陈修明
被陈双庆受伤气闭身死由

呈悉。已死陈修明,究被何人殴伤后气闭身死,仰高等检察厅饬即勒拘陈双庆等到案集证,严讯确情,依限按律拟办。此批。格结存。七月十六日

（《浙江公报》第一千五百六十五号,一五页,批牍）

浙江都督吕批

孝丰县监征员朱一鸣知事芮钧会呈孝邑
五六月分征解正杂捐税各数由

呈、摺均悉。仰迅将折列拟解各款,克日批解,毋得积留。六月后征存款项,亦须遵章扫数解楚,按月呈报,切切。此批。摺存。七月十六日

（《浙江公报》第一千五百六十五号,一五页,批牍）

浙江都督吕批

德清县监征员陈其蔚知事吴翯皋
会呈德邑六月分征解情形并附表由

呈、表均悉。仰该知事迅将六月分征存各数四千五百四十余元遵章扫解清楚,毋得积留,仍由该监征员随时稽查报告,切切。此批。表存。七月十七日

（《浙江公报》第一千五百六十五号,一五至一六页,批牍）

浙江都督吕批

发高审厅据长兴县呈送杨树滋家劫案内获盗张启发供判由

呈及供、判均悉。仰高等审判厅转饬知照。此批。供、判存。

七月十七日

浙江都督吕批

发高审厅据长兴县呈报张家志家
被劫案内盗犯赵文远供判由

呈及供、判均悉。仰高等审判厅饬即勒缉逸犯余赃，务获究报。嗣后附送供、判，如用油印，必须字迹明晰，不得以模糊不清之件送呈，以昭郑重，并由厅通饬遵照。此批。供、判存。七月十七日

浙江都督吕批

发高审厅据云和县知事呈报王发然自缢身死由

呈及格结均悉。王发然是否系倪廷崇等威逼自缢，抑或另有别情，仰高等审判厅饬即访查明确，传集人证讯明，分别释办，毋枉毋纵。至法警索取票费，大干法纪，无论与王发然之死有无关系，均应按律究办，不得回护，并饬该县知事知照暨由厅通饬禁止，切切。此批。格结存。七月十七日

浙江都督吕批①

临安县呈请添设巡逻警队由

此案昨据民政厅呈复，系由该厅批饬该县具复核办，来呈误为本府批示，径呈到府，仍仰民政厅核饬遵照具报。此批。抄呈发。

---

① 本文自浙江都督吕批《民政王厅长呈奉批临安县呈请添设巡逻警队由》（附原呈）析出。

浙江都督吕批

民政王厅长呈奉批临安县呈请添设巡逻警队由

呈悉。仰即转饬知照。此缴。七月十七日

附原呈

为呈报事。本年七月六日奉钧督批临安县呈请添设巡逻警队由，奉批："此案昨据民政厅呈复，系由该厅批饬该县具复核办，来呈误为本府批示，径呈到府，仍仰民政厅核饬遵照具报。此批。抄呈发"等因。奉此，查该县误将本厅批饬呈复钧府，殊属疏忽。惟既据称，"此次添设巡逻警队经费，系于原有警费之外，另行筹集，于应解警费并无窒碍"，自应准予照办。奉此前因，除饬该县遵照外，理合备文呈报，仰祈钧督察核。谨呈。

（《浙江公报》第一千五百六十五号，一六页，批牍）

浙江都督吕批

高审厅呈报鄞地检厅枪毙盗犯李德新等三名日期由

呈悉。缴。七月十七日

附原呈

为呈报事。案据鄞县地方检察厅函称，准本厅密函内开，"奉都督批，'回详及抄卷均悉。盗匪李德新、林阿三、金阿二三名，屡次纠众行劫，即经在宁波警察厅及检察厅供认不讳，罪证确凿。虽至起诉后，该犯等狡供，讳抢为偷，然二次行劫均带有刀械、火把，并砍伤事主，是其伙同强抢，无可狡饰。该厅暨查无违误，自应按法惩治，以昭炯戒。仰即转饬提犯李德新、林阿三、金阿二等三名验明正身，执行枪毙，并将行刑日期具报备案。此缴。钞卷存'等因到厅。奉此,合行函知贵厅查照办理等因。准此,敝厅遵即遴派检察官沈秉德、楼守谦于本月四日上午六时,签提盗犯李德新、林阿三、金阿二等三名验明正身,押赴大校场执行枪毙。理合将执行盗犯李德新等三名死刑日期、缘由函报贵厅查照,并请转详施行"等由。准此,理合将盗犯李德新、林阿三、金阿二执行死刑日期备文转报,仰祈都督察核备案。谨呈。

(《浙江公报》第一千五百六十五号,一六至一七页,批牍)

浙江都督吕批

外海水上警察厅厅长呈请核发退伍年金由

呈及册领年金证均悉。该退伍兵杨正祥等应领本年上期减饷准予照发,除饬知各镇守使署、团区司令部外,仰即取具各退伍兵领结,派员来领转给可也。此批。领存证另发。七月十八日

(《浙江公报》第一千五百六十五号,一七页,批牍)

浙江都督吕批

高审厅长呈法政毕业生郑范等请求登录律师发给证书仰祈核示由

呈悉。查律师请领证书与律师登录本系两事,证书照《律师章程》第七条,应由司法总长发给。本省独立后,《律师章程》并未改定,此时若由该厅发给律师证书,殊无根据。惟司法部上年饬停登录,本属非法之举,自应亟加改正。嗣后,凡持有律师证书者准其一体登录,行使职务,以护民权而符法治,仰即布告周知。缴。七月十八日

附原呈

呈为据情呈请登录律师以符法治,仰祈察核示遵事。

据法政毕业生郑范、徐邦杰、陈肩道、柳津、徐建宇、屈乃鹤、

柳作楫、柳云寿、袁远、徐一藩、盛光宇、竺景崧、陈祥辉、孙教成、李宗鉴、陈庆泰、张之权、王保诚、董良史、余名琮、施祖洛、江涌清、宋曾鲁、袁德盛、陆元春、钱玉麒、王彬麒、米赓棠呈称，"窃维司法独立为法治国之通例，盖国家之能否进化，人民之有无幸福，与司法制度之改良与否，极有关系。审判、检察各厅固为保护人民权利，而律师制度实亦同一主旨。辛亥光复，吾浙司法逐渐改良，惟自南北统一以后，而律师一项被司法部制限过严，以致关于人民诉讼利益多受影响。兹当钧长重司法柄，对于司法机关整顿扩充不遗余力，则律师制度之被司法部制限者，其同时推广自在意计之中。范等俱系法政毕业，有曾任推、检数年者，有曾任承审员数年者，有曾充律师或教员数年者，与律师资格均无不合。且际兹共和新造，法令更张，一般人民具备法律智识者尚属寥寥无几，有律师以为之辅佐于诉讼手续，既可以增人民之幸福，又可以图审判之公平。上自国家，下自人民，双方交有利益，行见司法前途从此大放光彩矣。此律师制度之所以不得不谋推广者一也。

大抵一事之发生，有事实必有理由，有原因必有结果。法律者，人民生命财产之保障也。现世人民既乏法律智识，对于诉讼进行之程序，其事理若何，其因果若何，公庭对簿，惝恍迷离。其所陈述容有不实不尽，因此之故，事理一经误认，审判即难望持平。得律师以参与其间，既有主张之理由，复具申请之目的，事理因研求而得，案情由推阐而明。律师愈增多，保障人民之私权愈巩固矣。此律师制度之所以不得不谋推广者二也。

顾或谓犹是律师也，而学识有浅深，经验有久暂，滥竽充数，贻误良多。殊不知多一律师则多一竞争，竞争烈则真才斯出，比较多而工拙乃形，优胜劣败，天演之公例然也。若加以制限，微特保护民权，未见十分稳固；即按诸法治通例，殊亦有所不合矣。

此律师制度之所以不得不谋推广者三也。

范等自惭驽劣,何敢妄语高深,特是反复思维,有数利而无一害,用特备文请求钧长察核。如蒙俯准,容再呈送履历、请给证书"等情。据此,查律师一项,自前经司法部截止登录后,此项职务之行使,各省俱有制度,概不能再予登录。惟时局更新,欲明共和原理,司法当具独立之精神,则律师制度之推广,于审判良好之结果尤相维系。厅长查核该郑范等呈称各节,与法治国通例颇相吻合,而律师资格亦属相符,可否准予登录、给发证书之处,未敢擅专。据呈前情,除批示外,理合备文呈请,仰祈钧督察核示遵。谨呈。

浙江都督吕批

预备第一旅旅长呈为第一团排长陈宗琳等
遗缺请以潘胜德朱贵分别委充由

呈悉。第一团第四连一排排长缺,准以潘胜德委充,月薪照中尉支给。又,该团第一连三排排长缺,准以朱贵委充,月薪照少尉支给。仰将发到该员等委任状分别转饬给领遵照。此批。七月十八日

计发委任状二张。

浙江都督吕批

发高审厅据警政厅呈报内河厅缉获
陆亥卿家劫案内盗犯杜顺馀等由

呈悉。查前据平湖县呈报县属旧埭坊陆宝鈃家被劫,即经批饬缉办在案。据呈前情,陆亥卿是否即陆宝鈃,既据先后缉获杜顺馀、石匠小弟即周小弟二名,仰高等审判厅即饬平湖县讯供拟办,一面勒缉余盗务获究报,暨将陆亥卿与陆宝鈃是一是二,随呈附复,仍由厅

咨复该厅知照。此批。呈及供摺均钞发。七月十八日

（《浙江公报》第一千五百六十五号，一九页，批牍）

浙江都督吕批

发高审厅据嵊县呈报盗犯张松见等二名枪毙日期由

呈及供、判均悉。仰高等审判厅仍饬勒缉余犯，务获究报。此批。供、判存。七月十八日

（《浙江公报》第一千五百六十五号，一九页，批牍）

附原呈

呈为呈报执行日期并附具全案录送供、判呈请备案事。本年六月三十日奉钧督电开，"敬电悉。陈昌恒被劫身死案内获犯张松见、陈生运二名，既据讯供直认抢杀得赃不讳，应准按法惩办。仰即提犯张松见、陈生运二名验明正身，执行枪毙，照章录具供、判呈报备案，仍勒缉余犯，务获究办"等因。奉此，遵于七月一日提犯张松见、陈生运二名验明正身，执行枪毙，理合将执行日期并录具供、判，备文呈报，仰祈钧督备案。谨呈。

（《浙江公报》第一千五百六十五号，一九页，批牍）

都督电复慈溪县

电请将盗犯陈阿淦等四名惩办由

慈溪夏知事：府密。前据呈报，张锦威、张玉莲仅供认看船及看守赃物，现呈并请枪毙，是否续供承认上盗，抑有他证，仰即详晰呈报核夺，毋延。都督吕。删。印。（中华民国五年七月十五日）

附来电

都督吕钧鉴：府密。县南乡李钟鼎家命盗一案获犯陈阿淦等五

名，讯供呈报在案。兹经复讯，惟楼大甫一名翻供，坚不承认，须俟获到陈春泉等详细对质；其陈阿泠、张锦威、洪阿祥、张玉莲等四名，均供证确凿，矢口不移。现值地方盗风不靖，应先按《〈惩治盗匪法〉施行法》予以枪毙，以寒匪胆而靖地方。除供、判另呈外，为此电详核示电遵。慈溪县知事夏仁溥叩。寒。（中华民国五年七月十四日）

（《浙江公报》第一千五百六十五号，二一页，电）

吕都督电呈大总统国务院

就督军省长之职由

北京大总统、国务院钧鉴：谨于本日遵电传鱼日策令，就督军兼省长之职。其余军政、民政各机关组织职权及人员，均依同日申令，于官制未定前暂仍其旧。特此电呈。浙江督军兼省长吕公望。印。哿。（中华民国五年七月二十日）

（《浙江公报》第一千五百六十五号，二一页，电）

吕都督电告参众两院等

就督军省长之职由

北京参议院、众议院，各部，各省督军、省长，各特别区域长官，各镇守使，肇庆岑云阶先生转各司令，上海《中华新报》《时事新报》转各报公鉴：寒日由唐继尧君领衔通电，宣告撤销军务院，谅蒙鉴及。公望谨于本日遵电传大总统鱼日策令，就督军兼省长之职。其余军政、民政各机关组织职权及人员，均依同日申令，于官制未定以前，暂仍其旧。特此奉闻。浙江督军兼省长吕公望。印。哿。（中华民国五年七月二十日）

（《浙江公报》第一千五百六十五号，二一页，电）

致国务院电

国务院钧鉴：督军机关称府抑或称署，未便擅定，谨请将规定名称迅赐电示，俾便遵照。浙江督军吕公望叩。养。印。（中华民国五年七月二十二日）

（原载《政府公报》第二百零二号，一九一六年七月二十七日，二十四页，公电，杭州吕公望来电七月二十三日到）

附　国务院复电　七月二十四日发

杭州吕督军电：养电悉。督军机关仍称署，希查照。院。敬。印。

（原载《政府公报》第二百零二号，二十四页，公电）

浙江都督府布告

示军民人等布告就职日期由

为布告事。本年七月十四日，由唐继尧君挈衔通电，宣告撤销军务院，业经电饬，并布告周知在案。本督军兼省长即于本月二十日就职，仍暂用"浙江都督之印"。其余军政、民政各机关组织职权及人员，均照本月六日大总统申令，于官制未定前暂仍其旧。除电呈大总统、国务院外，合行布告，仰即一体周知。

特此布告。

都督吕公望

右布告军民人等。准此。

中华民国五年七月二十日

（《浙江公报》第一千五百六十五号，二二页，牌示）

浙江都督牌示

浙江都督吕为续见报到各候补知事由

牌示事。照得本省候补知事，节经本都督将先后报到各员分别接见在案。兹复据各该员续行报到前来,合再排定日时分班接见。为此示仰后开务各按照规定时间齐集本府招待所,听候依次传见,毋得自误,切切。特示。

计开:

星期五即二十一日,下午二时

第一班接见人员

　　赵协莘　汪曾保　赵祖望　陈亚春　陆清翰　李　藩

第二班接见人员

　　杨拱笏　沈　钧　周铁英　吴豫清　习艮枢　方　琳

中华民国五年七月十八日

(《浙江公报》第一千五百六十五号,二二页,牌示)

督军兼省长咨复参议会

为闭会日期即登报布告由

为咨复事。本月二十日准贵会咨开,"本月十四日,唐抚军长领衔通电,宣告撤销军务院,屡见各报,浙江护国军军政府不久亦应撤销。本会为组成浙江护国军军政府之一部,应即预备结束,当于七月十九日大会议决,即日宣告闭会。旋于次日在都督府开军事会议,议决督军兼省长一职即于二十日就任,本会会务应即宣告终了。除会内结束各案及自开会以来应办决算事件,俟办结后另行咨送外,所有本会宣告终了日期,应请贵督军兼省长布告周知,实为公便"等由。准此,除登布《公报》外,相应咨复贵议长查照。

此咨

前浙江参议会议长张

督军兼省长吕公望

中华民国五年七月二十一日

(《浙江公报》第一千五百六十六号,一九一六年七月二十二日,三页,咨)

浙江都督府饬政字第三百零九号

饬民政厅据南浔南栅警察一分驻所函禀警佐张继墉侵吞
罚款及收卖失路幼孩并擅离职守等情饬查办由

为饬遵事。案据南浔南栅警察一分驻所函禀内称，"南浔南栅警察分所警佐张继墉侵吞罚款及收卖失路幼孩，并擅离职守"等情到府。所称如果属实，该警佐殊属荒谬已极，合亟抄函黏发，饬仰该厅迅委妥员逐款查明，核办具报。此饬。

都督吕公望

右饬民政厅长王文庆。准此。

中华民国五年七月十八日

（《浙江公报》第一千五百六十六号，四页，咨）

浙江都督府饬政字第三百一十号

饬民政厅据嘉兴商会函送商民陆廷锡等
禀姚警佐被控无据请免调动由

为饬知事。本年七月十三日据嘉兴商会函送商民陆廷锡等禀词，以该县姚警佐被控无据，请免调动等情到府。查本府并未有人禀控该警佐之案，兹据前情，合将函禀饬发该厅，即便查案核办，并饬该商会知照。此饬。

计发函禀各一件，办毕仍缴。

都督吕公望

右饬民政厅长王文庆。准此。

中华民国五年七月十八日

（《浙江公报》第一千五百六十六号，四页，饬）

浙江都督府饬军字第五百八十四号

饬陆军第六师师长护国军预备第一旅旅长
据第二十五师师长呈请废除排次暨排长名目
所有连内各中少尉一律改为连附由

为饬遵事。据陆军第二十五师师长张载阳呈称，"窃查军队教育令以连为教育之单位，所有全连训练，连长实负其责。故在平时，不宜于连内再行编定排次，平时为教练上便于指挥起见，出操则分为数排，操毕随即解除。故在平时于教练以外，排长职务已归消灭。查自来军队，排长名目沿用既久，习焉不察，窒碍滋多，甚至同属一连，甲排与乙排各自为政，全连团结因之薄弱，统御指挥殊欠敏活。似此统系不明，连长何由切实履行其职务？兹为整顿军事起见，亟应废除排次之制暨排长名目，所有附属连内各中少尉一律改为连附。平时称呼皆用官阶而以姓冠之（如某中尉某少尉之类），排长称呼只限于编定排次时得使用之。至于全连教育训练，应由连长随时指派各连附分别担任之，各连附中少尉应切实遵行，其成绩良否，统由连长负完全责任。至于连附中少尉应尽之职务，可参照本师所发《陆军第六师各团营内务细则》第七章第二节施行。师长为整饬军事、改良积习起见，除饬属遵照实行外，是否有当，仰祈察核"等情前来。除批"呈悉。准如呈办理。除分饬外，仰即遵照。此批"印发外，合行饬仰该师长、旅长立即转饬所属遵照办理。此饬。

都督吕公望

右饬陆军第六师师长童保喧、护国军预备第一旅旅长俞炜。准此。

中华民国五年七月十九日

（《浙江公报》第一千五百六十六号，五页，饬）

浙江都督府饬政字第　　号

饬民政厅查察各县警察官吏违法渎职由

为饬遵事。照得设立警察,原所以保卫地方,各属警佐暨分所长等职务所在,责无旁贷,应如何守法奉公、勉图报称。乃查近来各属人民控告警佐违法渎职之案层见迭出,其间故难免刁狡之徒,希翼饰辞耸听。而比年以来,各县警察机关,如擅用刑责、滥罚滥□暨逾越权限受理民刑诉讼等弊①,本都督实久有所闻,若不亟求振顿,警务何能起色? 应由该厅通饬各属严申告诫,仍随时认真查察,如有前项情弊或其他不正常行为,应即将该警佐等立时撤换,其涉及刑事范围者,并应移交司法衙门依法讯究,毋稍宽□②。各县知事对于所属警察官吏,本有监督之责,如未经觉察或故为容隐,亦应予以相当处分,以为玩视警政者戒。为此饬仰该厅遵照办理,并将办理情形具报,切切。此饬。

都督吕公望

右饬民政厅长王文庆。准此。

中华民国五年七月十九日

(《浙江公报》第一千五百六十六号,五至六页,饬)

浙江都督吕批

第六师师长呈送各团营驻扎地点清单以便分寄公报由

呈悉。此批。单存。七月十八日

附原呈

为呈报事。本月十三日案奉钧府饬军字第五五三号内开,"为饬遵事。照得本府《公报》为宣布法令之枢纽,每日刊登文

---

① 底本字残,据残留字迹,疑为"押"字。
② 底本字残,据残留字迹,疑为"贷"字。

件，关于军事部分者实居多数。凡属本省各军队机关，自应一律领购，以资查考。兹定自本月一日起，发各师部《公报》二份，旅、团、营各一份，其报费就各该部额定公费项下开支，每届三个月由本府军需课于各该部支领公费项下划还，以省手续。除分饬外，合行饬仰该师长转饬所属一体遵照，并将各该驻扎地址迅行开单呈报，以便饬由公报处照发。切切，毋延。此饬"等因。奉此，当经职师分别转饬遵照在案，理合遵将各部队驻扎地址缮单一并备文呈报，仰祈钧督鉴核备查施行。谨呈。

谨将遵饬领购《公报》各部队驻扎地点缮具清单呈请钧鉴。

计开：

职师司令部驻省城梅花碑

陆军步兵第十一旅司令部驻省城梅花碑

陆军步兵第十二旅司令部驻馒头山

陆军步兵第二十一团驻嘉兴城内

陆军步兵第二十二团驻吴兴城内

陆军步兵第二十三团驻笕桥

陆军步兵第二十四团驻南星桥

骑兵第六团驻笕桥

炮兵第六团驻西湖昭庆寺

辎重第六营驻嘉善

工兵第六营驻省城梅东高桥

（《浙江公报》第一千五百六十六号，一六页，批牍）

浙江都督吕批

警政厅呈为外海厅呈复日新号金顺兴船劫案
护船长周虬保护不力情形由

呈悉。查此案续据王仁来具禀到府，当经批饬该厅并案饬查核办在案。兹据呈复各情,是该第五号护商船长周虬已属未能尽职,应由该厅迅将王仁来续禀各节再行饬查明确核议复夺。此批。七月十八日

浙江都督吕批

民政厅高审厅会呈嘉兴县承审员吴鉴以候补推事存记由

呈悉。既据会核,该承审员吴鉴历办司法成绩,册报相符,应准以候补推事存记,仰即转饬知照。此批。七月十八日

浙江都督吕批

陆军第二十五师师长呈报各团营排长
名称一律改称连附等情由

呈悉。准如呈办理,除分饬外,仰即遵照。此批。七月十九日

浙江都督吕批

盐运使呈复台商承办永武壶镇盐务
并新商现禀各情形由

呈悉。现据胡莹等拟送认引简章到府,除来呈所指应预为计及之盐运场所已据指定外,其余两端能否照办,未据提及。已批饬即向该运使径行禀复核转,如果准予承办,究竟现送简章是否妥协,有无流弊,该运使主管盐政,必有灼见深知,应如何修改,俾昭周密,仰即一并核议呈复察夺。此批。胡莹等原禀及简章均抄发。七月十九日

浙江都督吕批

杭县王国梁续禀请饬厅发原戤价洋由

据禀已悉。该民如果不服警厅处分,尽可自向司法衙门依法起

诉，毋庸多渎。此批。七月十七日

浙江都督吕批

缙云民田培兴禀为诬良为盗请饬临安县
提项和英归案严办由

据禀，项和英诬良为盗及县署擅用刑讯等情是否属实，应即照章加具歇保及坐诬切结，以凭核办。此批。七月十七日

浙江都督吕批

萧山杨应进禀高审厅曲断请求饬令更正由

案经上告审判决确定，所请饬令再审之处，应毋庸议。此批。黏件发还。七月十七日

浙江都督吕批

新昌张吉祥禀与僧宗海坟山纠葛一案由

案既经县判决，该民果有不服，仅可依法上诉①，无庸来辕率渎。不准。此批。黏件发还。七月十七日

浙江都督吕批

嘉善商民陆宝銮等为添设茧行禀请立案由

禀悉。开设茧行，应禀由该管县知事核明定章转呈核夺，未便率

---

① 仅，疑为"尽"字误植。

795

请立案。此批。<small>七月十八日</small>

（《浙江公报》第一千五百六十六号，一八页，批示）

浙江都督吕批

天台民人曹礼纶禀兄曹礼华冤遭笞杖抑郁毙命请昭雪由

据禀，情节支离，县案又未录呈，显有隐匿，不准。此批。<small>七月十八日</small>

（《浙江公报》第一千五百六十六号，一九页，批示）

浙江都督吕批

吴兴承催吏张绍政禀控范和生欲思捏名
补充会办征收主任由

禀悉。据称"范佑申之子范和生，欲思捏名补充会办主任"等语，系属意度之词，既未确成事实，所请应毋庸议。再，前禀查系邮递，照章不批，并即知照。此批。<small>七月十八日</small>

（《浙江公报》第一千五百六十六号，一九页，批示）

浙江都督吕批

永嘉商民李昌运等被李应木等移尸图诈荡抢夺犯由

此案业据该县分别电呈到府，已饬高审厅委员驰往查办，据禀前情，着即知照。此批。<small>七月十九日</small>

（《浙江公报》第一千五百六十六号，一九页，批示）

浙江都督吕批

永武绅商胡莹等禀送认引简章请赐定案饬遵由

禀悉。此案已据盐运使呈复到府，黄崇威具禀请认一层，并未叙及，无凭察核。惟据请，"如允准新商承办，尚有数端，须预为计及。一、台商承办时，系验明资本十二万元，预缴保证金一万元，该商应否照减若干成,援案办理;一、运盐场所,是否仍向台州各场,抑改运他处之盐;一、现在台、温等处巡费附税,已并入正税,一次完纳,领单启运,该商是否照此办理。请饬禀复核定"等语。除运盐场所已由该商等于简章内指定外,其余两端,究竟能否照办,应即向盐运使署径行禀候核转,以凭察夺。此批。七月十九日

(《浙江公报》第一千五百六十六号,一九页,批示)

都督吕为咨复参议会

议决裁撤各县自治委员学务委员由

为咨复事。案准贵会咨开,"案据公民余敏修等呈称,'窃自民国二年八月,袁政府以非法解散国会,而封疆大吏迎合意旨者,首以停办各级自治为请。于是地方立法机关遂致摧锄殆尽,民生之困苦既壅于上闻,官吏之专恣乃横行无忌。犹复窃自治之美名,而实行官治之意旨,有所谓自治委员者。

夫自治而设委员,已大背自治之原理,为环球各国所未闻。况充斯职者能洁己奉公,力谋地方公共事业者①,几寥若晨星;其奸回金壬,甘为县官之爪牙,吸吮人民之膏血者,比比皆是。且自治委员之俸给,为各县附加税所养活,以人民辛苦汗血之金钱而供若辈少数之肥赡,不特民怨沸腾,抑且公款可惜。现在民宪重光,《约法》悬象,各级自治不久恢复,似此骈枝拇指之官吏,有害于闾阎,无益于国家,应速议行裁撤,以示政治之刷新。将一切案件责成县署第一科办理,留割肉医疮之附加税,以为恢复城镇乡自治之用途,一举两得,实难延缓。此请裁撤自治委员之理由一。

至于各县之学务委员与自治委员之设置,实同一魂胆。查学务委员之俸给,均以自治附加税之小学补助费为支出,因养活若辈之

---

① 地方之下脱"公"字,径补。

故,至各县区小学多行停办,其勉强支持者皆亏累不堪,厌厌待毙。他县姑不论,即如义乌一邑,教育公款有七千余元之巨,自设学务委员、县视学等冗职,此宗教育补助费,各乡之初等小学遂无一文津贴。夫初等小学为普及教育之基础,乃以为人设职之故,致无数学龄儿童不能受一般之教育,此而不裁,乌乎裁? 此学务委员之应行议裁撤之理由又一。

以上二者皆无补于地方,且有害于政体。近日国计凋残,民生困顿,留一分公款,即为国家谋一分事业,为人民留一分元气。为此联名陈请贵会迅付大会议决,转咨都督公布实行裁撤,无任企祷'等情。据此,案经本会审查讨论,公同决议,金以自治委员、学务委员之设置,原属袁氏私制,虚糜公款,毫无实益。自治与官治性质截然不同,若自治委员之设置,既非自治,又非官治,此种荒谬离奇之名称,决不容其一日存在。现在自治机关行将恢复,自治委员当然在消灭之列,自应即予撤销,回复自治会原状,由人民公举,以符名义。至学务委员,本属冗职。现在本省县官制于县署第三科职掌之内,既规定视察学校事务,而各县又有教育会、县视学之设,是学务委员更可无庸设置,应即一并撤销,以节糜费。相应将议决情形咨请贵都督饬知民政厅通饬各县遵照办理"等因。准此,查学务委员情同骈拇,自应即予裁撤,以省糜费。至自治委员,有经管地方公款公产之责,若遽行裁撤,则此项公款公产即须改归官厅接管,转瞬各级自治恢复,又须展转交代,似不若暂令照旧办理,一俟各级自治机关成立,即令正式移交,以省周折。是否可行,相应咨请贵会察核复议施行。

此咨

浙江参议会

都督吕公望

中华民国五年七月十九日

(《浙江公报》第一千五百六十七号,一九一六年七月二十三日,二至三页,咨)

浙江都督府饬政字第　　号

饬交涉公署据江苏省长咨美人罗福履
持照游历请饬属保护由

为饬遵事。案准江苏省长齐咨开①，"案据外交部特派江苏交涉员杨晟详称，顷准美国总领事函，以罗福履赴江苏、浙江、安徽游历，缮给护照，请盖印前来。除将护照印发外，理合详请察照，转饬各属，俟该美国人到境呈验护照时，照约保护等情。据此，除饬属保护并分行外，相应咨请贵省长查照，希即饬属照约一体保护"等因。准此，合即饬知，仰该署长即便查照，转饬各属一体照约保护，勿得延误，切切。此饬。

都督吕公望

右饬交涉公署长张嘉森。准此。

中华民国五年七月十九日

（《浙江公报》第一千五百六十七号，四页，饬）

浙江都督府饬政字第　　号

饬民政厅为上海商务报馆王薇伯等电请饬拿陈鹏飞一名由

为饬知事。本年七月十七日，据上海商务报馆王薇伯等电禀称，"宁波第一台流氓陈鹏飞，强占戏园，殴辱本馆日员，并毁日本国旗及伤华员，刻乘新北京船由沪逃宁。乞即电饬宁波警厅赴埠迎捕归案审办。上海商务报馆王薇伯、陈六全。筱"等情到府。据此，除电饬宁警厅查拘解讯具报外，合行饬仰该厅即便转饬遵照办理。此饬。

都督吕公望

右饬民政厅长王文庆。准此。

中华民国五年七月十九日

---

① 江苏省长齐，即齐耀琳（1862—1949），字震岩，吉林伊通人。民国三年七月任江苏巡按使。民国五年七月，江苏巡按使更名为江苏省长，续任。民国九年九月辞职。

附　来电

吕都督、王民政长鉴：宁波第一台流氓陈鹏飞，强占戏园，殴辱本馆日员，并毁日本国旗及伤华员，刻乘新北京船由沪逃宁。乞即电饬宁波警厅赴埠迎捕归案审办。上海商务报馆王薇伯、陈六全。筱。（七月十七日）

（《浙江公报》第一千五百六十七号，四至五页，饬）

浙江都督府饬政字第　　号

饬高审检厅据临海张知事电禀前省议员张驷群
被人告诉奸占等情当场拿获由

为饬知事。本年七月十七日，据临海县知事电禀称："前省议会议员张驷群，被余徐氏告诉奸占孀媳、肆赌吸烟等情，经知事当场拿获，并相奸者一并押候判决。事关议员犯法，特先电闻。临海县知事张兰。筱。"并据张式书电禀称："书父省议员张驷群，与张知事有嫌，昨被非法逮捕，钉镣收禁，生命堪虞。乞速饬令开释，提省讯究，并伸公论，以雪沉冤。"暨据余葛氏电禀称，"氏夫敬斋于前夏病故，仅遗数龄弱子，满望抚养成家。大伯吉斋、二伯作斋及两伯母，狼狈成性，隐图将氏家产烹分。平日足不到氏家一步，氏因暂托夫友料理，甚属常情。大、二伯恐难如愿，窥知事与夫友张作舟积有嫌隙，串嘱亲督小队数十名，于众目昭彰之地，架以奸情，如捆大盗，不问理由，遽行发押，冀达烹分。否则，氏犯何重罪，将房门重重封闭，财产搜索一空。乞速撤提严办，以儆贪劣而活孤孀，生死感戴"各等情到府。据此，查此案县禀与张式书等所禀，情节大相径庭，究竟实在情形如何，除电复该知事外，合行饬仰该厅，即便遴委妥员驰往查明实情，具复察夺。一面饬县秉公讯办，仍将委员职名具报。此饬。

都督吕公望

右饬高审检厅长。准此。

中华民国五年七月十九日

（《浙江公报》第一千五百六十七号，五页，饬）

浙江都督吕批

发民政厅据火神塘监工委员袁钟瑞详陈二策请饬县筹办由

呈悉。所陈移立号石、内塘种桑二策，为一劳永逸之计，用意甚善，仰民政厅分饬萧、绍两县会同塘闸局协议筹办。此批。抄详发。

七月十八日

（《浙江公报》第一千五百六十七号，一四页，批牍）

浙江都督吕批

发民政厅据淳安县呈阮前知①事任内动支

未奉批销各款开摺呈请查案示遵由

呈、摺均悉。摺列各款，前据阮前知事册报前来，除支四年度司法费不敷及囚棉费银一款批"仰高等审判厅核明饬遵具复"外，节经批饬该厅查核饬遵各在案。兹据该县呈请核销列抵交代，仰厅逐款查案核销，饬行该县遵照。惟查添设临时侦探薪饷旅费一款，据阮前知事呈报数目系每月支银一百五十元，兹该县折开三百五十元，未叙明起讫日期，无凭察核。又，保卫团丁牌长赏项一款，据阮前知事呈报数目系四十五元，兹该县摺开五十五元，计增出十元，因何错误，并仰该厅详晰查明核饬遵照，并咨行财政厅备案。此批。抄呈连同清

---

① 阮前知事，指阮陶镕（1882—1940），号石泉，浙江乐清人。《淳安县志》载，民国元年九月至民国二年一月任淳安县知事。但据《浙江公报》第五百八十四册（中华民国二年九月二十九日）第一四页载"原淳安县知事周铭钊呈报于本月十六日交卸。新任淳安县知事阮陶镕呈报于本月十六日到任"，又《浙江公报》第一五三一号（中华民国五年六月十七日）第四页载浙江民政厅饬第四百十九号《饬淳安知事阮陶镕奉都督批发该知事因病再请辞职由》中有"一再恳辞，情词肫切，特予照准"。可确定阮民国二年九月至民国五年六月在淳安县知事任上，亦符合"旋即去任"之意。

摺发。七月十九日

（《浙江公报》第一千五百六十七号，一四页，批牍）

浙江都督吕批

民政厅长呈据公民陈载阳等禀请设立模范整理织物工场由

呈悉。整理织物工场，于国计民生均有巨大关系，既经前省议会议决并经前行政公署订购机器，自应准予照案追加，以资开办。仰即咨财政厅知照，并将办理情形随时具报核夺。缴。七月十九日

附原呈

浙江民政厅呈为呈请事。案据公民陈载阳等禀称，"窃查民国二年，由省议会议决，在本城西大街铜元局地址办理模范整理工场一所，并经由行政公署与日本森田商店订有购买机器契约各在案。旋因欧战发生，停止进行。当时议办之始，良以日本输入我国之绸整理得法，光泽甚佳，并因有整理工程之故，其每尺原料不过一两一钱，而我国之绸因无整理之故，每尺原料须一两六钱之多，是以日丝虽贵而成本非特不加于我，且因金镑跌价，每尺须减少三四角之谱，以兹例彼，日绸反较中绸便宜，故欢迎者多，大有喧宾夺主之势，若不急图补救，非特我绸输出无望，扩充无期，即省内现有之一千数百余架之机，不久必将失败。盖彼以整理而原料可少，外观且优，我再不知改良，绸业将不可问。夫改良之道莫先于减轻成本，减轻成本莫不先于减轻原料，减轻原料莫先于从事整理。或谓欧战之后，机价必昂，不知以磅价之盈，合之机价之涨，推算结果，仍与前同，故以时而论，则目前之机价无异于昔者一也。查西大街铜元局之房屋、机器，经前财政厅长张修理以来，业经三载，如搁置不用，损废堪虞。前此修装，几掷虚牝，若目前即办工厂，则修费可以蠲少，故以地址及经济

而论,则房屋机器之可以利用者二也。浙江新机所出之绸,每年总数在二百万元以上,与国家税源既有极大之关系,与阖境机工亦有无穷之补助。整理之后,发达可期,稍一因循,失败可必。故国计及民生而言,整理工场之不能不亟为开办者三也。抑尤有进者,整理工场出货甚速,如各机厂各办一所,则出货必无如此之多,如代他厂经营,则在人未必放心,在己亦不胜其扰,故非专设一公共整理机关不足以资进步。载阳等均事工业,并由学识经验所及,略陈一得之愚,伏乞饬查前此成案迅予开办,以维国计而惠民生,不胜屏营感盼之至"等情。据此,查整理织物工场议案,前以欧战发生,订购机件解约,延未执行。兹据称,"现以磅价之盈,合之机价之涨",推算结果仍与欧战未发生前无甚差异,是项工厂既于国计民生均有关系,且系省议会议决在先,自应迅行兴办。惟本年度未列有是项预算,拟即照案追加。除咨行财政厅外,是否有当,理合抄案备文,呈请都督鉴核示遵。谨呈。

(《浙江公报》第一千五百六十七号,一四至一五页,批牍)

浙江都督吕批

发民政厅据通志局呈请饬催各县迅送修志要公由

呈悉。仰民政厅查照呈开各节,分饬各该县迅速补送备纂,毋任延缓,并转行该局知照。此批。呈抄发。七月十九日

附原呈

为呈请饬催事。窃惟修志之道,征实为良,通志关全省国故,尤贵博采无遗,远则取诸各府县方志,近则取诸采访。通志局陆续收到各县志书或征访册,共四十八县,其迟延至今未曾过局者为海宁、富阳、新城、昌化、长兴、德清、武康、慈溪、镇海、南

田、绍兴、萧山、诸暨、上虞、嵊县、新昌、黄岩、天台、义乌、衢县、建德、桐庐、瑞安、玉环、青田、松阳、景宁二十七县，相应备文呈请钧案主持文献迅予转饬上列各县将志书、征访册从速过局，以重要公。再，杭县虽经送到《仁和县志》《钱塘县志》各一部，以系明修，无关此次通志，须另觅清修者并征访册迅即采送。南田县曾有公文声明"附于象山"，但征访册非志书可比，似须自造。其余各县有仅送志书而未送征访册，有仅送征访册而未送志书，亦有征访册未曾完全，亦祈一并通饬。已送者，如有漏略，尽可拾遗补缺，专文径达；未送者，务宜克日补送，以资纂入。其海宁等县及杭县两项要件，一未收到，相需尤殷。濡笔以待，勿再迟滞，愒日玩时，谁执其咎？为策进行，故催逾限。须至呈者。谨呈。

（《浙江公报》第一千五百六十七号，一五至一六页，批牍）

浙江都督吕批

省会警察厅呈为教育会拟拨工程局公地作公共运动场声明窒碍请核示由

此案尚未据民政厅议复，据呈各情，仰候饬该厅并案议复核夺。此缴。七月十九日

（《浙江公报》第一千五百六十七号，一六页，批牍）

浙江都督吕批

高审厅呈盗犯盛生荣一名可否饬萧山县执行枪毙请批示祗遵由

呈悉。该犯盛生荣一名，既因另案解归萧山县讯办，如果已经终审，自可饬令该县就近执行枪毙，以省周折。仰即转饬遵照办理具报。缴。七月十九日

（《浙江公报》第一千五百六十七号，一六页，批牍）

浙江都督吕批

嘉兴县知事呈复办理合盛叶行倒闭情形由

呈悉。此案既由商会详查,仰即催令赶紧处理结报可也。缴。七月十九日

浙江都督吕批

发高检厅据温岭县林高蹈禀伊弟有朋
遭地匪徐再庚等枪毙由

此案经前巡按使批厅饬缉在案,迄今时逾半载,并未将凶犯报获,殊属玩忽,仰高等检察厅饬即勒缉逸犯徐再庚等务获到案,研讯明确,按律判决。至禀称,"现在温邑法警添有四十余名,皆不支薪水,遇事诈索"等情,是否属实,并即查明核复。此批。七月十九日

浙江都督吕批

发诸暨县知事据绍兴杨郭氏续控前诸暨
吴知事非法枉纵一案请饬勒保押交由

此案迭据该氏控,经前巡按使批县查办,迄今半载之久,未据结报,殊属迟延。据禀前情,仰新任诸暨县魏知事赶紧查案办结具复[1],毋任延讼,切切。此批。呈钞发黏附。七月十九日

---

[1] 魏知事,即魏炯,《诸暨县志》(一九九三年版)称魏民国六年二月至三月任诸暨县知事,疑有出入。《浙江公报》所载《浙江民政厅指令第二千零十五号》中有"于本年七月一日莅任视事,业已通报在案"之句,故一九一六年七月一日到任,符合文中"新任"之意。去职日期,据浙江省长公署指令第三千七百二十九号(一九一六年十一月二十日)仍指令"诸暨县知事魏炯",故去职应在一九一六年十一月二十日之后。

浙江都督吕批

高检厅呈报各县征收罚金由厅列榜盖印发县揭示由

呈悉。缴。七月十九日

附原呈

浙江高等检察厅呈为各县征收罚金拟由厅列榜盖印发县揭示以资整理收入，请赐察核备案事。案据诸暨县知事周铁英呈称，"案奉前巡按使公署饬知'各县对于司法罚金一项，务须按月造报，一面由该管道尹依据造报数目列榜盖印发回揭示'等因，奉经造报至五年四月分止在案。所有五月分应造司法罚金收入各数，理合填具表格，检同罚金联单缴验，一并备文呈送，仰祈厅长察核备查，实为公便。再，道尹公署已奉裁撤，是项罚金收数应否由钧厅列榜盖印发县揭示，合并声请示遵"等情。据此，查现在道署奉裁，此项榜示自应由厅印发，方足以昭实在而资揭晓，除批示"该县遵照并通饬各县一体自本年五月分起，限将上月收数于下月五日以前造具收数表，检同报单呈由本厅核夺，以凭列榜印发，藉资整理"外，所有各县征收罚金拟由厅列榜盖印发县揭示各缘由，理合具文呈请都督鉴核备案，批示祗遵。谨呈。

(《浙江公报》第一千五百六十七号，一七页，批牍)

浙江都督府饬政字第　　号

饬嘉湖镇守使台州镇守使转饬所属营队购阅公报由

为饬遵事。照得本府《公报》为宣布法令之枢纽，每日刊登文件，关于军警部分者实居多数，业经饬行各师长暨警政厅长转饬所属一律购阅，并订定《刊登条例》十条发登六月九日《公报》各在案。其中选登本府暨各厅、署通饬缉拿盗匪、逃犯一项,实与该署所属之各营队关系尤为重要。乃近查本府公报处开列领购名册,该各营队等并未购阅是项《公报》,非特对于命令之颁布、章制之变更情形多所阂隔,即各该营队属于职务上缉捕一项,亦恐不免有疏漏之虞。兹自本年七月一日起,凡该署所属之营队,自管带以上,均应订购《公报》一份,以资查考,其报费各就额定公费项下开支,每届三个月,由本府军需课于发给公费项下划缴,以省手续。除分饬外,合行饬仰该镇守使,迅将辖属应购处数及驻扎地点开单呈报①,以便饬处照发,并仰转饬所属一体遵照毋违,切切。此饬。

都督吕公望

右饬嘉湖镇守使王桂林、台州镇守使顾乃斌。准此。

中华民国五年七月十九日

(《浙江公报》第一千五百六十八号,一九一六年七月二十四日,二页,饬)

浙江都督府饬政字第　　号

饬财政厅为杭州交通银行监察官呈请
辞职并送清册请察核由

为饬知事。本年七月十四日据杭州交通银行监察官张梦奎呈请,"窃梦奎自奉监察杭州交通银行以来,矢勤矢慎,幸免陨越。惟查钧府所以委派监察,与监察所应尽之职责,不外数端:一恐交通银行经理与梁系一鼻孔出气,浙江以独立省分而滥发纸币,吸收现金,隐以接济中央,致惹起地方金融之恐慌;二恐该行已发行之纸币,与准备兑现之现金,相悬过巨,致有时不敷兑现,而演成觞浅之恶剧;三恐该行经理或有不法行为,将由发行纸币而收入之现金卷款潜行,声言倒闭,虽国家自有法律制裁,而影响于市面金融,为祸已匪浅鲜。钧

---

①　处数,疑为"份数"之误。

府委派监察之命意,不外是数端。监察所兢兢监守而防察者,亦不外是数端。惟查杭州交行有经理包办性质,除纸币由总行印发外,并不发给分文基本现金,该行所存现金,悉为纸币发行之贷价。若将所存现款接济中央,不啻以自家之矛陷自家之盾,非天下之至愚,决不出此,是第一问题毋庸顾虑也。又,查交行截至浙江独立之前一日止,发行纸币数与各户存款数,较库存现款数、沪行欠款数暨垣中各庄号欠押各款数,互相对抵,实属有盈无绌。惟沪行因浙江与中央脱离关系之故,欠款藉口不付,兑现现款致有短绌之虞。幸沪行欠杭、宁行欠沪数足相抵,与宁波交行经理杨汉汀再三磋议,以均属独立政府之下,允遂划付六万元,源源接济足数兑现,是第二问题亦不生恐慌也。第三问题自有法律制裁,并该行经理颇知自爱,不致发生是种卑劣之行为,并大宗现款已陆续兑出,尤足证明其不萌是种非法之妄想。再,查交行领用总行纸币,凡三十八万五千元之则,除兑现收回二十四万并寄存各行十万外,现在流行市面者,凡不过四万五千元之谱,已商同该行经理,大宗支款不付纸币,以省周折,再延月余,即可饬令暂停营业,于市面金融亦不发生何种之影响。另请钧府派员查明,未收回纸币,责成该行经理设所兑现,其已收回纸币,一律缴存钧府保管,以资清厘而便结束,以俟统一后再议进止。是否可行,仍请钧裁。上陈诸端,已均无监察之必要,则监察为虚设,公帑为虚糜,并垣中各银行已设有监理,则叠床架屋而监察为赘疣,理合将辞职并裁撤监察官缘由呈请钧督核准批示祗遵。所有该银行月报清册,除由监察查核无误,并六月份清册另文呈转外,合将四月十一日起至五月底止清册二份,转呈察核"等情,并送清册到府。据此,查银行监理处业经组织成立,监察一官已无存在之必要,自应准予辞职。惟察核呈内所叙及册列现银暨钞票数目,与前次该厅等委员查报之数间有不符,除批示外,究竟因何不符,合亟饬仰该厅会同银行监理官悉心查核,具复察夺。一面仍照前拟善后办法认真办理,毋延,切切。此饬。

计发清册二本。

都督吕公望

右饬财政厅长莫永贞。准此。

中华民国五年七月十九日

（《浙江公报》第一千五百六十八号，二至四页，饬）

浙江都督吕批

发高检厅据江山县呈报夏家窑地方发现无名男尸由

呈悉。该无名男子因何被人致死弃尸水中，仰高等检察厅饬即严密访缉是案正凶，务获究办，毋稍搁延，切切。此批。格结存。七月十九日

（《浙江公报》第一千五百六十八号，六页，批牍）

浙江都督吕批

民政厅长呈处理龙泉县知事张绍轩被控
一案拟具办法请察核批示由

呈悉。龙泉县知事张绍轩，既据查明种种溺职，应即先行撤任调省察看，由该厅另行遴员请委，以重职守。经征员吴景堂、督征员唐石浦、法警吴文淦等，着一并斥革，交该县新任知事查办结报。承审员沈宝璩，着咨交高等审判厅核议惩处。仰即知照。此缴。七月十九日

（《浙江公报》第一千五百六十八号，六页，批牍）

浙江都督吕批

发高审厅据嵊县知事呈格毙盗犯张毛头即癞子并夺获枪弹由

据呈及令营电禀，盗匪持械图劫，不法已极。既经该营格毙盗首张毛头癞子即兰堂一名，夺获枪弹多件，并获王小毛一名，仰高等审判厅饬即提讯明确，按律拟办。仍饬将格毙盗犯填格详报，以昭核

实。一面上紧会营勒拿余匪务获究报,不得以已经格获一二名,稍涉疏纵。至此次出力营勇,量予奖励,并咨警政厅核议呈夺。缴。七月十九日

(《浙江公报》第一千五百六十八号,六页,批牍)

浙江都督吕批

发高审厅据遂安陈知事呈报办理吴振生一案由

来呈简略,仰高等审判厅饬将是案原判录报该厅复核察办具复。呈及吴振生原禀钞发。七月十九日

(《浙江公报》第一千五百六十八号,六页,批牍)

浙江都督吕批

发高审厅据东阳县呈报吕老侃等被张老炜等戳死由

呈及格结均悉。本案究竟因何起衅,吕老侃、吕渭缠两人是否系张其海、张茂坑戳伤致死,仰高等审判厅饬即提犯传证,研讯明确,按律拟判,毋枉毋纵。至吕金锡供称,"村内结一砍柴社会,约有几百人,逢三、六、九齐集赴山砍柴"等语,该会内容如何,是否专事砍柴,并即查明复夺。此批。格二本、结一纸存。七月十九日

(《浙江公报》第一千五百六十八号,六页,批牍)

浙江都督吕批

发民政厅据余姚县呈请将警察黄瑞旺给恤由

呈悉。警察黄瑞旺,捕匪殒命,情殊可悯,应准按例给恤,仰民政厅核明饬遵具复,并咨财政厅知照。缴。呈抄发。七月十九日

(《浙江公报》第一千五百六十八号,七页,批牍)

浙江都督吕批

发高检厅据象山县呈报看守所等
工竣绘图具结呈报由

呈及清摺、图、结均悉。仰高等检察厅核销具复,并咨高等审判厅查照。此批。摺、图、结均存。七月十九日

（《浙江公报》第一千五百六十八号,七页,批牍）

浙江都督吕批

发民政厅据天津国立北洋大学学生许元瀚等呈为
测量海塘以资实习请饬属保护由

呈悉。该生等于暑假期间内测量海塘,以资实习,事属可行,仰民政厅转饬该管警署知照。该生等测量完竣后,并另具计画书一分呈备采择可也。此批。抄呈发。七月十九日

（《浙江公报》第一千五百六十八号,七页,批牍）

浙江都督吕批

诸暨杨雪斋禀前知事吴德耀渎职
殃民请分别饬办由

该民经前巡按使批明,系著名讼棍,犯案累累,饬县勒保交案讯办,应即投案候讯,毋庸来府混渎。此批。七月十八日

（《浙江公报》第一千五百六十八号,一一页,批示）

浙江督军兼省长通告

省议会召集日期由

浙江督军兼省长为通告事。案查《省议会暂行法》第二十二条,常年会每年一次,由省行政长官召集。兹定于民国五年九月一日为

本年常年会召集之期,合行通告各议员查照。特此通告。

浙江督军兼省长吕公望

中华民国五年七月二十日

（《浙江公报》第一千五百六十七号,目录页）

浙江督军兼省长饬政字第　　号

通饬各机关护国军组织法废止日期由

为通饬事。照得军务院业于本月十四日由唐继尧君挈衔通电宣告撤销,所有《浙江护国军军政府组织法》,即经军政联合会议议决,于本月二十日废止。合行通饬,仰即转饬周知。此饬。

督军兼省长吕公望

右饬各机关。准此。

中华民国五年七月二十日

（《浙江公报》第一千五百六十七号,五至六页,饬）

浙江督军兼省长饬政字第　　号

饬知省议会召集日期由

为饬知事。案查《省议会暂行法》第二十二条,常年会每年一次,由省行政长官召集。兹定于民国五年九月一日为本年常年会召集之期,合行饬知,仰即通知各议员查照。此饬。

督军兼省长吕公望

右饬民政厅及七十五县。准此。

中华民国五年七月二十日

（《浙江公报》第一千五百六十七号,六页,饬）

浙江督军兼省长吕批

警政厅呈为警备队二区呈报一二两营捕获匪犯
张松见刘阿毛陈生运等三名转报由

呈悉。此批。七月二十日

附原呈

呈为转报事。案据警备队二区统带洪士俊呈称，"本年七月三日据第三营管带王国治呈称，六月十七日准嵊县知事咨开，案据坡头庄陈昌成状报，伊弟陈昌恒偕同陈朝相带洋一百元往柴岩村买茶，行至九里畈地方被刘阿和等夺洋戳死等情一案，希即饬属严缉是案逸盗刘阿和、张松见、钱阿岳并陈昌锦、陈生运等务获解究等由。伏查九里畈地方系崇仁附近防境，此经函达驻崇一营三哨哨官时心凯，迅将是案凶犯刘阿和等悉获解究。旋据该哨官派探分头侦缉，于二十一日在富润地方拿获是案凶犯张松见一名，解请转送等情前来。即经管带会同知事提讯该犯，据张松见供认，伙同刘阿毛、陈生运等同场劫夺不讳，即将该犯转解嵊县知事收禁，一面仍函达时哨官、谷哨长严缉弋犯，务获解究。复据谷哨长探确率队于二十二日至金扒岭地方拿获凶犯刘阿毛、陈生运两名，据经解送嵊县知事收讯。合将函达时哨官、谷哨长破获劫夺茶洋戳死陈昌恒案内凶犯张松见等三名解讯各缘由，呈请核转前来等情。据此，查此案昨据第一营三哨哨官函报缉获张松见，并就近解由该管带代转情形，核与该管带呈报均属大致相同，除批饬仍将余匪按名缉获解报外，理合具文呈报，仰祈鉴核施行"等情。据此，除批仍饬严缉外，理合具文转报，仰恳都督察核备查。谨呈。

浙江督军兼省长吕批

发高审厅据吴兴县知事张嘉树呈承审员陆咸

久著勤能才堪任使胪陈成绩恩予照章优奖由

据呈该县承审员陆咸,任职在三年以上,成绩佳良,资格符合,自应予以奖励,以昭激劝。仰高等审判厅照章核办具报,并饬该县知照。此批。呈、摺均抄发。七月二十日

（《浙江公报》第一千五百六十七号,一八页,批牍）

浙江督军兼省长吕批

发高检厅据宁海县知事呈复知事兼理司法办理情形由

呈悉。仰高等检察厅饬仍遵照指饬益加审慎办理,毋任阳奉阴违,是为至要。此批。呈抄发。七月二十日

（《浙江公报》第一千五百六十七号,一八页,批牍）

浙江督军兼省长吕批

发民政厅据余姚县知事呈警佐张守坤蔡光宇

队长杨金奎防御出力请予记功由

呈悉。仰民政厅查案核议复夺。此批。呈抄发。七月二十日

（《浙江公报》第一千五百六十七号,一八页,批牍）

浙江督军兼省长吕批

民政厅呈报遂昌县知事一再保荐警佐酌予记过一次请察核备案由

如呈备案。此批。七月二十日

（《浙江公报》第一千五百六十七号,一八页,批牍）

浙江督军兼省长吕批

民政厅呈复遵查提拨浙西水利经费原案并解垫各情形由

呈悉。缴。摺表存。七月二十日

（《浙江公报》第一千五百六十七号，一八页，批牍）

浙江督军兼省长吕批

民政厅呈缴中华书局请饬用教科书原禀由

呈悉。缴。七月二十日

（《浙江公报》第一千五百六十七号，一八页，批牍）

浙江督军兼省长布告

护国军组织法废止日期由

为布告事。照得军务院业于本月十四日由唐继尧君挈衔通电宣告撤销，所有《浙江护国军军政府组织法》，即经军政联合会议议决，于本月二十日废止，合行布告，仰即一体周知。

特此布告。

督军兼省长吕公望

右布告军民人等知悉。

中华民国五年七月二十日

（《浙江公报》第一千五百六十七号，一九页，布告）

浙江督军兼省长吕批

警政厅呈据三区五营管带吕桂荣疏于
督察拟请记过以示惩戒由

呈悉。准如所拟，将第三区第五营管带吕桂荣记大过一次，仰即注册备案，并转饬知照。此批。七月二十日

（《浙江公报》第一千五百六十八号，七页，批牍）

浙江督军兼省长吕批

富阳县呈复该县署向已订购公报由

呈悉。查前发表式内列各机关团体，凡县立高等小学、教育会暨警察分驻所及其他机关均包列在内，其间未购备者，此次俱应一律补购。来呈所称已购《公报》五份，仅指该县署及警所、商会、自治办公处等处，对于前表所列各项尚未遵购，仰仍遵照前饬迅行分别添购，列表具报为要。此缴。七月二十日

（《浙江公报》第一千五百六十八号，七页，批牍）

浙江督军兼省长吕批

财政厅呈报委提各县编审户粮案内户摺经费盈余由

编审户粮为日后清丈之准备，办法本极正当，徒以各县瞻顾因循致未能完全办竣，应并通饬催办，以清粮赋而昭划一。余并悉。此批。七月二十日

（《浙江公报》第一千五百六十八号，七页，批牍）

浙江督军兼省长吕批

为永嘉县呈尸亲藉尸诈扰请示办法由

此案前据该县分别电呈到府，当以"此案未据该县将相验情形呈报，究竟原验李黎臣尸身有无染患疯癫形状，是否确系自溺，无凭悬揣。如果李应木等实有移尸捣抢情事，事在该知事相验之后，既经会营派警查拘，何致始终抗拒，自贻伊戚。是否原验未确，不足以折服尸亲之心，抑该知事办理不善，另有别故。即经饬行高检厅委员驰往该县，确切查办，先行禀复察夺，一面饬县照案分别传提，讯明拟办"等因在案。据呈前情，仰即知照。缴。七月二十日

（《浙江公报》第一千五百六十八号，七至八页，批牍）

浙江督军兼省长吕批

财政厅长呈复嘉兴县拟派警催粮业经由厅批准由

据呈已悉。缴。七月二十日

(《浙江公报》第一千五百六十八号,八页,批牍)

浙江督军兼省长吕批

民政厅长呈复丽水县郑秉范系患疯癫并非匪徒由

呈悉。缴。七月二十日

(《浙江公报》第一千五百六十八号,八页,批牍)

浙江督军兼省长吕批

高审检厅呈报兰溪分庭组织成立日期由

呈悉。缴。七月二十日

(《浙江公报》第一千五百六十八号,八页,批牍)

浙江督军兼省长吕批

第二十五师呈九十七团代理团附营长请销去代理字样由

呈悉。步兵第九十七团代理团附傅孟、第三营代理营长俞斯馨等二员,既据称教育勤劳,均准销去"代理"字样,以示鼓励,仰将发到该员等任命状转饬给领。此批。七月二十一日

计发任命状二张。

(《浙江公报》第一千五百六十八号,八页,批牍)

浙江督军兼省长吕批

发高审厅据义乌县知事呈报黄德三溺水身死由

呈悉。此案黄德三尸身,既据该知事验系生前自溺,尸母黄卢氏

辄敢听唆损毁尸体,藉命图讹,此风断不容长。仰高等审判厅饬即勒拿黄牛奶等务获,传集案证,讯明确情,按律严办,毋稍宽纵,切切。此批。格结存。七月二十一日

（《浙江公报》第一千五百六十八号,八页,批牍）

浙江督军兼省长吕批

余姚宋阿德禀母病垂危恳请暂释由

前据尔子宋善法具禀,业经明晰批斥,所请暂释,仍不准行。此批。七月二十日

（《浙江公报》第一千五百六十八号,一一页,批示）

浙江督军兼省长吕批

瑞安民人蔡庭贤为侄蔡德仁无辜拖累由

查阅黏钞该县批判,谢作宏是死是逃,蔡德仁有无嫌疑,尚待复讯核办,应即禀县请求从速办理,毋得来府越渎。此批。黏附。七月二十日

（《浙江公报》第一千五百六十八号,一一页,批示）

浙江督军兼省长吕批

云和县公民余文等禀控赵知事与司法书记张钰舞弊营私由①

据禀是否属实,既未亲身投递,又未遵章加具殷实店保,且查阅抄黏六月二十一日高等审判厅批中即有并禀本府之语,何以阅二十余日,始行来府具呈,显系有心图混。不准。此批。黏结发还。七月二十一日

（《浙江公报》第一千五百六十八号,一一页,批示）

——————————

① 赵知事,指赵铭传,民国四年十二月至民国五年十月在云和县知事任。参见浙江都督吕批《民政厅呈为云和县知事赵铭传记大过一次警佐杨锡琦以三等降调应即照准由》(载《浙江公报》第一千五百七十三号,一六页),《云和县志》(一九九六年版)作赵祖传,未知何据。

浙江都督府通告

都督及军务厅各处课职员会客时间,前经分别规定。兹以天气炎热,亟宜更改,除来客因紧要公务必须随时会晤者不能预定时期外,嗣后,本府以每星期一、三、五等日上午十时至十二时,为都督普通会客时间,每日上午十一时至十二时为军务厅各职员普通会客时间。特此通告。

(《浙江公报》第一千五百六十八号,一二页,通告)

浙江都督府饬政字第三百二十六号

饬委殷汝熊特任署理高等检察厅长由

为饬委事。照得高等检察厅检察长王天木因病辞职,遗缺查有该员堪以特任署理,合行饬委,仰将发去特任命一纸查收,克日到厅任事具报,毋延。此饬。

都督吕公望

右饬殷汝熊。准此。

中华民国五年七月十九日

(《浙江公报》第一千五百六十九号,一九一六年七月二十五日,三页,饬)

浙江都督吕批

高等检察长王天木因病辞职由

该员学养纯粹,志趣远大,本都督夙所钦重,据请辞职,本难照准。惟据一再申请,情词恳挚,且须赴沪就医,势不能兼顾职务,自应准如所请,以遂高怀,仰即知照。此批。七月十九日

附原呈

呈为续请辞职恳乞俯鉴下情亟予核准俾资调摄事。窃天木前

以病体孱弱,乞予解职,时已逾旬,未奉明谕。猥蒙传语,慰荐有加,顾已反躬,弥增惭悚。尝自思维,因缘运会,自任斯职,于今三年,发奸之效不著,素餐之讥以彰,亟思自劾,以避贤路,而赋性迂滞,因循未果。属浙江独立,百度维新,方谓凡百有司悉合罢斥,何图区区一介,返蒙简擢?天木禀性短弱,才弗周用,过蒙不遗,感荷无任,岂敢固拒,以方大命?徒以病势益重,不克自支。虽图报有心,而仕事无力,宁可以一人之私,致废所司之重?且共和国家之权并峙①,司法独立,尤为急务。天木之薄劣,虽在平时,已虑丛脞,况复一切更始,端资长才。而仍承乏其间,不予引退,人虽无言,能无内愧于心乎?盖闻古人处世,由于见知,陈力就列,不能者止。天木不才,敢附斯义。所有续请辞职,俾早卸仔肩,藉资调摄缘由,理合陈请俯鉴下情亟予批准,不胜待命之至。谨呈。

（《浙江公报》第一千五百六十九号,九页,批牍）

浙江省长公署饬政字第二号

饬知财政厅委袁钟瑞周锡经两员为地方实业银行查账员由

为饬知事。照得浙江地方实业银行账目亟应清查明晰,以便整理。所有该行欠人之数有无虚冒、人欠之数有无虚抵、现存资金确有若干,俱无从考核。事关全省金融,自非派员底细清查,不足以资整理。业经本署派委袁钟瑞、周锡经两员为该行查账员,会同银行监理处会计员卢思峻澈查该行帐目,以昭核实。合行饬仰该厅查照。此饬。

省长吕公望

右饬财政厅长莫永贞。准此。

中华民国五年七月二十四日

（《浙江公报》第一千五百七十一号,一九一六年七月二十七日,三页,饬）

---

① 之权,疑为"三权"之误。

浙江省长公署饬政字第三号

饬交涉公署为美国女士邬秀珠来浙游历饬保护由

为饬遵事。准江苏省长公署咨开，"案据外交部特派江苏交涉员杨晟详称，顷准美国总领事函，以女士邬秀珠赴江苏、江西、浙江、安徽、山东游历，缮给护照，请盖印前来。除将护照印发外，理合详请察照转饬各属，俟该美女士到境呈验护照时，照约保护等情。据此，除饬属保护并分行外，相应咨请贵省长查照，希即饬属照约一体保护"等由。准此，合行饬仰该署长遵即饬属一体保护。此饬。

省长吕公望

右饬交涉公署长。准此。

中华民国五年七月二十四日

（《浙江公报》第一千五百七十一号，三页，饬）

浙江省长公署饬政字第四号

饬民政厅遵照部电查案筹划垫给
地方警察传习所学员半薪由

为饬遵事。案准内务部霰电内开，"地方警察传习所，贵省选送学员，每月应得半薪，前经咨解在案。旋以时局变迁，解款阙如，该学员等旅居京师，困难已极。兹查各省原状次第恢复，迭据该学员等禀请催解学费，以救眉急。查核情形，委系属实。特此电请查照原案，将本年未解半薪迅速设法垫汇，以示体恤而苏学困。并希先行电复"等由。准此，查浙省选送警察传习所各学员，属于该厅管辖者，前已于学员王人鉴等禀请接济案内批饬该厅查明是否在该所照常肄业，并饬从速筹划照给，并据遂安县详解学员杨永熙一员，自四年十月起至本年四月份止，应给二成原薪公银七十元，批发该厅核存各在案。现在各该学员应得半薪已、未汇给及汇给至何月为止，未据呈报，无凭察

821

办。兹准前由,除电复外,合亟饬仰该厅迅即查案筹划垫给,一面饬催各县照解归垫,以免废学而资造就,仍将办理情形具报查考。此饬。

省长吕公望

右饬民政厅长王文庆。准此。

中华民国五年七月二十四日

(《浙江公报》第一千五百七十一号,三至四页,饬)

浙江省长公署饬政字第　　号

饬警政厅饬查地方警察传习所津贴
如尚未寄给应即妥速汇寄由

为饬遵事。案准内务部霰电内开,"地方警察传习所,贵省选送学员,每月应得半薪,前经咨解在案。旋以时局变迁,解款阙如,该学员等旅居京师,困难已极。兹查各省原状次第恢复,迭据该学员等禀请催解学费,以救眉急。查核情形,委系属实。特此电请查照原案,将本年未解半薪迅速设法垫汇,以示体恤而苏学困。并希先行电复"等由。准此,查浙省选送警察传习所各学员,属于该厅管辖者,前已于内河水上警察厅呈请变通寄给办法案内批据该厅复称,"各学员内,刘雄韬、刘旭东、徐俊英、朱璋、谷塘等五员,职隶水警,应由内河、外海两厅寄给,省会警察厅所送包瑞芝一员,现经回省,其半薪可无庸核议"等语,批饬转行知照。嗣又据外海水上警察厅呈解学员谷塘一员,应给津贴,自本年五月份起,至十月份止,计银三十九元,经该厅呈请发交寄给,并准批发各在案。现在内河、外海两厅应行寄给各学员津贴,以及该厅所属谷塘一员之津贴,究竟已、未寄给及寄给至何月为止,未据呈报,无凭查考。兹准前由,除电复外,合行饬仰该厅迅即分别查明,如尚未寄给,应即妥速汇寄,以资接济而免废学,仍具报备查。此饬。

省长吕公望

右饬警政厅长夏超。准此。

中华民国五年七月二十四日

（《浙江公报》第一千五百七十一号，四至五页，饬）

浙江省长公署饬政字第　　号

饬民政厅为天台许离憾等电禀该县
不拘警佐朱英质讯请饬办由

为饬遵事。案据天台绅商学界许离憾等电禀内称，"奉督批，'警佐朱英与潘继水由县一并拘案，乃朱英擅逮继水，送县酷押，县不拘朱质讯，乞速电办'等语。据此，查此案前据台州镇守使查复，当经批饬该厅办理"在案。兹据前情，合行饬仰该厅迅即查照本署前批办理，并饬县秉公讯究，毋稍徇延，仍将办理情形具报查考。此饬。

省长吕公望

右饬民政厅长王文庆。准此。

中华民国五年七月二十四日

（《浙江公报》第一千五百七十一号，五页，饬）

浙江省长吕批

发民政厅据新昌县知事因国会召集
准予辞职已委金城接署由①

呈悉。准予辞职，已另委接替矣。仰民政厅迅饬新任知事金城前往接替，毋稍延误，并饬该知事知照。此批。摘由发。七月二十二日

（《浙江公报》第一千五百七十一号，八页，批牍）

---

①　原任新昌县知事，即唐玠，四川三台县人，民国四年八月二十一日至民国五年八月一日在任。

浙江省长吕批

警政厅呈核议内河厅呈请添加经费扩张警额由

呈悉。所拟"将内河厅每年先加经常费银三万二百零五元，外海厅每年先加经常费银二万二千元。本年折支一半，自七月份起，按月分领"等语，并据咨财政厅复准筹拨在案，应准照办。仰即分别转饬知照，并咨财政厅查照。至此次议加两厅经常费，应如何支配用途，并仰分饬妥定办法，各列详表加具说明，呈由该厅核转存查。此批。

七月二十四日

附缴原表一纸存。

（《浙江公报》第一千五百七十一号，八页，批牍）

浙江省长吕批

警政厅呈请警备队第二区统带拟给领恤金办法
暨李懋卿变通给恤请示由

呈悉。查此项终身恤金，照《给予条例施行细则》应分四季给予，良以死亡或褫夺公权等情事，均足为停止给予之原因，性质上当然不能预领。察阅呈叙该统带议复各节，有"若必按季给领，则该受领人终身守候，永无归里之日"等语。查《给予条例施行细则》第九条，有移居禀报之规定，是本属无须守候，该受领人即使回湖南原籍，尽可按季禀由原籍该管官厅转咨请领，在事实上亦无所困难。所请将李懋卿终身恤金先行发给五年，碍难照准。惟据称该受领人困苦情形，自属可悯，应由该厅查明，该受领人前领恤金系至本年何季为止，即将应领下季恤金传谕具领，迅予核给，俾资归计。其以后应领恤金并准通融并季请领，由该受领人禀请所在该管官厅咨浙核准汇给，以示体恤，仍谕令将移居地方禀报查考。此批。七月二十四日

（《浙江公报》第一千五百七十一号，八页，批牍）

浙江省长公署饬政字第　　号

饬任命汪锬等十一员为本署政务参议会会员由

为饬遵事。照得本署设立政务参议会，会议全省重要行政事务。查有该员堪以任命为政务参议会会员，合行饬委，希将发去任命状查收，到会任事。再，该员兼任他项职务，仍支原薪；不兼他项职务，月给夫马一百元，并即知照。此饬。

省长吕公望

右饬许壬、金光凝、杨文洵、王廷扬、王赞尧、童学琦、胡祖同、周延礽、汪锬、龚宝铨、樊光。准此。

中华民国五年七月二十五日

（《浙江公报》第一千五百七十二号，一九一六年七月二十八日，三页，饬）

浙江省长公署饬政字第七号

饬高审检厅据姚桐豫电禀张驷群被张知事非法逮捕
又临海谢翰芝及公民柳诗等分电同前由

为饬知事。案据临海县张知事电禀，"前省议员张驷群奸占余葛氏当场拿获一案，并据张式书、余葛氏电诉被诬"等情，即经饬行该厅委员查办在案。兹据临海县绅民姚桐豫、谢翰芝、柳诗等，并张式书分电前来，除原电均声明并禀该厅毋庸录叙外，合行饬仰该厅即便遵照前饬办理，仍将委员职名报查。此饬。

省长吕公望

右饬高等审判厅厅长、高等检察厅检察长。准此。

中华民国五年七月二十五日

（《浙江公报》第一千五百七十二号，三页，饬）

浙江省长公署饬政字第八号

饬民政厅为上虞黄强等以县警队长王殿甲迭著成绩电禀可否免予撤差由

为饬遵事。案据上虞县绅界黄强、徐思日、管职勋、胡佚民、张邦翰、龚懋政、葛震镛、张荣第、金缄、孙继绪等电禀内称，"军警冲突案，事起轻微，犯事队兵徐志清早经斥革，商情翕服。队长王殿甲，保卫地方，迭著成绩，可否免予撤差，以保治安而孚众望"等语。据此，查此案前据该厅于查复上虞县警队与警察冲突一案呈内声称县警队长王殿甲纵容队兵殴打岗警，实属咎无可辞，拟请立予撤差，当经批饬准如所拟办理在案。据电前情，合行饬仰该厅转饬上虞县传谕知照。此饬。

省长吕公望

右饬民政厅长王文庆。准此。

中华民国五年七月二十五日

（《浙江公报》第一千五百七十二号，四页，饬）

浙江都督吕批

永嘉县前后任会同监盘呈送交代存垫总册由

呈、册均悉。刘前知事在禁烟罚款项下提拨之款[①]，当时造册报销，既未核准，此次交代，应如何办理，仰财政厅会同民政厅查案核议呈复饬遵。其余各款，并即由厅核饬知照，一面将刘前知事短交地方税银元，饬行余姚县催令从速清缴具报，毋延。此批。册存。七月十五日

---

① 刘前知事，指刘强夫，浙江余姚人，民国三年二月试署永嘉县知事，八月二十八日因病调省，九月二十一日离任。

附　前任永嘉县知事、监盘瑞安县知事、现任永嘉县知事
会造接收郭前知事经手国家税征收解支各款交代总册

前任永嘉县知事郭曾程、监盘瑞安县知事林钟琪、现任永嘉
县知事郑彤雯，今将知事彤雯接收、知事曾程交代，自民国三年
九月二十一日到任起，至四年十一月一日交卸前一日止，任内经
手国家税征收解支各款，除分款造册外，理合造具总册呈送
察核。

今开：

存库项下

一、原存冯任移交二年地丁抵补金及元年津租各款正税①，
银元三千九百十五元八分一厘；

一、又　　二年水乡粮捐，银元一百六十八元六角六分七厘；

一、又　　胡国铭牙帖捐，银元十二元；

一、又　　叶际云牙帖捐，银元十二元；

一、原存冯任移交通记牙帖捐，银元五十元；

一、又　　元年德丰等四典架本捐，银元三百六十元。

前六件，共银元四千五百十七元七角四分八厘。

一、原存姚任移交二年抵补金②、津租各款正税，银元六千
六百六十元五角三分五厘；

一、又　　二年水乡粮捐，银元九十元六角六分一厘；

一、又　　二年官基税，银元三十六元三角五分九厘；

一、又　　二年碓税，银元三十二元八角四厘；

一、又　　尚宁丰牙税，银元十元；

一、又　　李震泰牙税，银元五元；

①　冯任，指冯敩典，字念勤，民国元年十二月至民国二年五月任永嘉县知事。六
月姚宪曾代理。
②　姚任，指姚宪曾，民国二年六月至民国三年二月任永嘉县知事。后由刘强夫继任。

一、又　　朱信昌牙税,银元七元五角;

一、又　　林永兴牙税,银元五元。

前八件,共银元六千八百四十七元八角五分九厘。

一、原存刘任移交三年水乡正税,银元一千一百六十八元九角九分八厘;

一、又　　胡同盛牙帖捐,银元六元;

一、又　　胡周卿牙帖捐,银元六元;

一、又　　新广丰牙帖捐,银元六元;

一、又　　王挺立牙帖捐,银元六元;

一、又　　珍盛记牙帖捐,银元二元四角;

一、又　　日同兴牙税,银元五元;

一、原存刘任移交新广丰牙帖,银元二角五分;

一、又　　印花税,银元三十四元五角三分。

前九件,共银一千二百三十五元一角七分八厘。

一、原存刘任应交三年水乡正税,银元三百九十元三角八分九厘;

一、又　　三年米折抵补金正税,银元七千一百八十六元四角三分;

一、又　　二年屯饷正税粮捐,银元八百三十五元七角二分五厘;

一、又　　元年津租,银元一千四百五十八元一角五分一厘;

一、又　　二年津租,银元五千九百八十元七角九分八厘;

一、又　　三年水乡粮捐,银元一百八十七元一角二分六厘;

一、又　　误收契税项下注册费,银元三元四角;

一、又　　三年三月分溢支验契经费,银元五十二元一角三分六厘。

前八件,共银元一万六千九十四元一角五分五厘。

一、存三年缓征地丁正税,银元一百八十二元七角七分八厘;

一、存四年成熟地丁正税,银元一万二千八百五十二元一角五分;

一、存元年成熟水乡正税,银元十六元三角二分;

一、存二年成熟水乡正税,银元二十八元二角五分二厘;

一、存三年成熟水乡正税,银元八百八十四元七角八分三厘;

一、存三年缓征水乡正税,银元九元三角;

一、存四年成熟水乡正税,银元一千五百八十九元七角七分八厘;

一、存三年成熟米折正税,银元五厘;

一、存三年缓征米折正税,银元六十二元八角六分八厘;

一、存三年抵补金正税,银元一百二十三元七角九分三厘;

一、存四年成熟米折正税,银元一万七百四十八元二角八分六厘;

一、存成熟抵补金正税,银元八千九百十六元七角二分五厘;

一、存成熟屯捐正税,银元二千八百九十四元一角六分八厘;

一、存二年成熟津租,银元一千四百十六元五角五分四厘;

一、存三年成熟津租,银元七千二百六十八元一角二分三厘;

一、存二年成熟地丁粮捐,银元四十八元一角九分二厘;

一、存三年缓征地丁粮捐,银元三十六元五角五分六厘;

一、存四年成熟地丁粮捐,银元六千二百四十九元七角四分一厘;

一、存元年成熟水乡粮捐,银元一元九角五分八厘;

一、存二年成熟水乡粮捐,银元三元三角九分;

一、存三年成熟水乡粮捐,银元一百六元一角七分四厘;

一、存三年缓征水乡粮捐,银元一元一角一分六厘;

一、存四年成熟水乡粮捐,银元一百九十元七角七分三厘;

一、存三年官署官基税,银元十四元七角六分二厘;

一、存三年官署桥棚税,银元八元七角二分;

一、存三年官署碓税,银元三十九元五角三分;

一、存三年官署学租,银元十七元八角九分;

一、存三年官署十二月分预缴验契费,银元一千四十六元一角九分八厘;

一、存溢支四年五六月份验契费项下二厘五公费,银元六元一角三分五厘;

一、存印花税票价,银元八十四元一角四分八厘;

一、存元年地丁罚金,银元七十六元九角八分四厘;

一、存二年地丁罚金,银元一百三十三元二角七分七厘;

一、存元年水乡罚金,银元二元三角五分;

一、存二年水乡罚金,银元四元六分八厘;

一、存元年米折罚金,银元十三元二角四分;

一、存二年米折罚金,银元二十二元九角二分一厘;

一、存二年抵补金罚金,银元一百十元七角九分二厘。

前三十七件,共银元五万五千二百十一元九角五分二厘。

统共存银元八万三千九百六元八角九分二厘。

抵垫项下

一、垫刘任划解二年地丁正税,银元三千七百四十九元四角;

一、又　米价正税,银元一千八十六元三角一分四厘;

一、又　抵补金正税,银元三千九百十三元七角六分六厘;

一、又　地丁粮捐,银元四千七百八元六角;

一、垫支三年十二月分验契费项下五厘公费,银元五百三元七角三分五厘;

一、又　四年九、十二月县行政司法经费,银元二千五百元;

一、抵移交冯任原交各款,银元四千五百十七元七角四分八厘;

一、抵　　姚任原交各款,银元六千八百四十七元八角五分九厘

一、抵　　刘任原交三年水乡正税粮捐,银元一千一百六十八元九角九分八厘;

一、抵移交刘任原交牙帖捐税,银元三十一元六角五分;

一、又　　印花税,银元三十四元五角三分;

一、抵追缴刘任交代短款内扣国税,银元二千六百三十六元七分五厘;

前件查刘任原短国税,银元三千六十三元八角八分七厘,业经追缴清款。惟内有应交三年五、六月分状纸费、诉讼费及七、八月分状纸费,共银元四百二十七元八角一分二厘,现已别归地方税项下列存,所有缴款除划出银元四百二十七元八角一分二厘列抵地方税项下外,实抵国税银元前数。

一、抵移交三年十二月分预缴验契费,银元四百九十元一角五分三厘;

一、抵移交现银三万六千六百三十三元九角八厘。

以上共抵垫银元六万八千八百二十二元七角三分六厘。

存垫相抵,计应补交银元一万五千八十四元一角五分六厘。

前　任永嘉县知事郭曾程

中华民国五年六月　　日　　监盘员瑞安县知事林钟琪

现　任永嘉县知事郑彤雯

前任永嘉县知事、监盘瑞安县知事、现任永嘉县知事
会造接收郭前知事经手地方税收支各款交代总册

前任永嘉县知事郭曾程、监盘瑞安县知事林钟琪、现任永嘉县知事郑彤雯,今将知事彤雯接收、知事曾程交代,自民国三年

九月二十一日到任起至四年十一月一日交卸前一日止,任内经手地方收支各款,除分款造册外,理合造具总册呈送察核。

今开:

存库项下

　　一、原存姚任移交地方税,银元四千八百五十七元六角九分九厘;

　　一、又　　关督发给王宝琛屋价,银元三百元。

　　　　前二件,共银元五千一百五十七元六角九分九厘。

　　一、原存刘任移交公益费,银元九十七元九角一分三厘;

　　一、原存刘任移交前登记预缴,银元十三元五角二分七厘;

　　一、又　　会昌镇自治员补缴上河乡登记费,银元二十五元六角九分;

　　一、又　　牛痘局房租,银元五元;

　　一、又　　前温州府启续到任规费余存,银元十六元二分;

　　一、又　　退伍兵江诚鸾、马庆林、徐安银、陈应联四名未领二年上下两期年金,银元一百五元。

　　　　前七件,共银元二百六十三元一角五分。

　　一、原存刘任应交三年抵补金特捐,银元二千一百八十元七角九分四厘;

　　一、又　　二年屯饷县税,银元四百四十一元七分六厘;

　　一、原存刘任应交三年屯饷县税,银元一千八百七十六元五角二分一厘;

　　一、又　　准备金,银元一千五十一元七角三分七厘;

　　一、又　　三年抵补金串捐,银元一百八十三元三角七分五厘;

　　一、又　　师范旧款,银元一百七十二元三角八分九厘;

　　一、又　　图书新社经费,银元四十元;

一、又　　　公益费，银元三千一百十四元二角四分六厘；

一、又　　　警察存饷，银元四百九十一元；

一、又　　三年五六月状纸费，银元一百四十元五角七分九厘；

一、又　　　　　　诉讼费，银元二百三十一元九角；

一、又　　　　七、八月状纸费，银元五十五元三角三分三厘；

一、又　　　　恤嫠会经费，银元二百二十八元六角二分二厘；

一、原存刘任应交昭忠祠租，银元七元；

一、又　　双忠祠租，银元三元。

　　前十五件，共银元一万二百十七元五角七分二厘。

一、存四年屯饷县税，银元一千二百六元八角八厘；

一、存城区学款，银元三百三十一元七角七分；

一、存图书新社经费，银元三十元；

一、存教育会经费，银元八十二元九角四分八厘；

一、存公益费，银元四千八百二十七元四角四厘；

一、存平民习艺所经费，银元六百二元五角三分五厘；

一、存盈余仓谷款，银元一百八十七元八角二厘；

一、存　　谷四十万七千二百一斤；

一、存温卫仓谷款，银元七百八十五元九角三分一厘；

一、存警队经费，银元六百六十八元七角二分七厘；

一、存工赈款，银元九十七元六角五分三厘；

一、存公债票额，银元一百二十元；

一、存蒲州埭工经费，银元五百十二元二角三分三厘；

一、存浚河经费，银元四百八十八元九角五分；

一、存恤嫠会经费，银元七十二元二角三分七厘；

一、存掩埋经费，银元一百七十四元五角六分八厘；

一、存武庙典息，银元十三元七角四厘；

一、存县学田租，银元二十四元五角；

一、存神农祠三年田租,银元二十四元;

一、存昭忠祠三年田租,银元十三元五角;

一、存忠孝节义祠园租,银元一元;

一、存屠宰税保证金,银元四百八十元;

一、存牛皮捐保证金,银元二十元;

一、存南门船捐保证金,银元二十六元;

一、存渔捐保证金,银元十二元;

一、存《内务公报》费,银元六元五分;

一、存《农商公报》费,银元一元六角八分;

一、存《教育公报》费,银元五角一分七厘;

一、存《教育周报》费,银元五元一角。

前二十九件,共银元一万八百十七元五角五分四厘;

谷四十万七千二百一斤。

统共存银元二万六千四百五十五元九角七分五厘,谷四十万七千二百一斤。

抵垫项下

一、垫刘任支三年五月四日以前省税未加征费,银元八十一元三厘;

一、垫支 给城区学款,银元八百九十六元七角五分七厘;

一、垫刘姓支给教育会经费①,银元十六元六角六分;

一、又   抵补金串捐项下各小学费,银元二百三十三元二角五分;

一、又   宣讲经费,银元八元五角八分六厘;

一、又   警察经费,银元一千一百二元六角一分六厘;

一、又   解道蒲州埝工经费,银元六千五十五元五角八分;

---

① 刘姓,疑为"刘任"之误。

一、又　　　支给婴堂经费,银元一千六百四十九元六角九分二厘;

一、又　　　牛痘局经费,银元九元五角九分二厘;

一、又　　　掩埋经费,银元二十一元六角一分八厘;

一、又　　　解道警队经费,银元二千元。

前十一件,共银元一万二千七十五元三角五分四厘。

一、垫准备金,银元二千三百五十七元二角八分二厘;

一、垫四成教育费及串捐,银元一千七百二十八元二角三分八厘;

一、垫六邑公共学款,银元三百八十七元五角四分四厘;

一、垫宣讲经费,银元四元二角四分八厘;

一、垫警察经费,银元一千三百七十七元九角四分七厘;

一、垫支四年十月分警所俸饷,银元一千九百二十八元;

一、垫寄押人犯口粮,银元三十八元一角六分;

一、垫自治经费,银元八百四十四元九角三分一厘;

一、垫婴堂经费,银元七百五十九元二角七分七厘;

一、垫牛痘局经费,银元一元八角八分八厘;

一、垫府文庙四年秋季祭,银元六十元。

前十件,共银元九千四百八十七元五角一分五厘。

一、抵移交五元公债票二十四张,额银一百二十元;

一、抵追缴刘任交代短款内扣三年分状纸、诉讼费银元四百二十七元八角一分二厘;

一、抵详奉饬追刘任短交地方税银元一千一百八十九元七角五分四厘;

一、抵盈余仓谷四十万七千二百一斤。

前四件,共银元一千七百三十七元五角六分六厘;

谷四十万七千二百一斤。

统共抵垫银元二万三千三百元四角三分五厘；

谷四十万七千二百一斤。

存垫相抵，计应补交银元三千一百五十元五角四分。

前 任永嘉县知事郭曾程

中华民国五年六月 日 监盘员瑞安县知事林钟琪

现 任永嘉县知事郑彤雯

（《浙江公报》第一千五百七十二号，六至一六页，批牍）

浙江省长吕批

高检厅呈鄞县拿获盗犯并拟于准备金项下拨给
勇探赏洋一案办理情形具报由

呈悉。缴。七月二十二日

（《浙江公报》第一千五百七十二号，一六页，批牍）

浙江省长吕批

发高检厅据上虞县知事呈报赵家坝发现无名男尸由

呈悉。该无名男尸是否确系自溺，抑有别故，仰高等检察厅饬即
访查明确核案办理。此批。格结存。七月二十二日

（《浙江公报》第一千五百七十二号，一六页，批牍）

浙江督军兼省长吕批

第二十五师师长呈送旅团营驻扎地点表以便寄公报由

呈悉。缴。此批。表存。七月二十五日

附原呈

呈为职师、旅、团、营驻扎地址列表报请查核事。本月十三
日，奉钧府军字第五百五十三号饬，"本府《公报》兹定于本月一

日起,发各师部二份、旅部一份、团部一份、营部一份,其报费每届三个月由本府军需课于各该部支领公费项下划还,合即饬仰该师长饬属一体遵照,并开明各该部驻地呈报"等因。奉此,除分饬遵照外,所有职师各旅、团、营驻扎地址,理合列表备文呈请都督鉴核转饬公报处照发施行。谨呈。

（《浙江公报》第一千五百七十二号,一七页,批牍）

浙江省长吕批

据上虞县呈报监犯赵阿风在监病故由

呈悉。监犯赵阿风既据验明因病身死,应毋庸议,仰高等检察厅转饬知照,并饬嗣后务须遵照部饬填具死亡证书同送,以备考核。此批。格结存。七月二十五日

（《浙江公报》第一千五百七十二号,一七页,批牍）

浙江省长吕批

民政厅呈据上海商务报馆王薇伯等
电请饬捕陈鹏飞一案请示由

此案前据王薇伯等电禀到府,当经电饬宁警厅查拘解讯并饬警政厅暨该厅即便转饬遵办在案。据呈前情查原电情形,"陈鹏飞犯事究在何处,未据确切叙明,亦未据鄞县知事具报有案,现据宁警厅以陈鹏飞已投案,拟交保候质,详另呈"等情电复前来,应俟该警厅呈复到日,再行核办,仰即知照。缴。七月二十五日

（《浙江公报》第一千五百七十二号,一七页,批牍）

浙江省长吕批

发高检厅据上虞县呈报盗犯吴永来在监病故由

呈悉。监犯吴永来,既据验明因病身死,应毋庸议,仰高等检察

厅转饬知照,余照另呈赵阿凤监故一案批示饬遵。再,该县监狱中继续病毙两人,是否因天气炎热秽气熏蒸所致,并饬该管狱员于监狱卫生加意研究,切切。此批。格结存。七月二十五日

(《浙江公报》第一千五百七十二号,一七页,批牍)

浙江省长吕批

发高审厅据江山县呈报缉获掳赎人犯柴世恩一名讯供由

呈及供摺均悉。案关掳人勒赎,既据拿获柴世恩一名,仰高等审判厅饬即勒缉祝达海等按名务获,提同柴世恩研讯实在,何人起意为首,务得实情,按律拟办具报。此批。摺存。七月二十五日

附原呈

呈为录供呈报事。本年七月四日据凤峡分所警佐毛时昉呈称,"上月三十日据念七都大独坑民人邹日连报称,伊侄'邹廷茂于本月二十九日,肩挑油饼,路经白水洋地方,突被匪徒柴世恩等十余人捡去关禁勒索,叩请派警押回拘究'等情。当即饬警前往该处,将被擒之邹廷茂押回,并缉获该被告柴世恩一名,长柄刀一把,解请讯究"前来,据经知事提犯讯供管押在案。除再严拿余犯务获解究并续讯明确、依律核判外,理合缮具供摺,先行备文呈报,仰祈钧督察核。谨呈。

(《浙江公报》第一千五百七十二号,一八页,批牍)

浙江省长吕批

诸暨杨雪斋续禀准予在外候审立提郦锦昌等对质由

郦锦昌等果有图准不图审情事,该县知事自有正当办法,着即遵照前批,回县投案候讯,毋庸一再混渎。此批。七月二十五日

(《浙江公报》第一千五百七十二号,一九页,批示)

浙江省长吕批

绍兴酿商王志成等禀请将少数带欠酒捐从宽蠲免由

禀悉。此案迭据绍兴酿商禀奉前巡按使批饬核议,节经吴前厅长会同汤前局长再三斟酌,格外从宽,按编查数以六成照旧率征收,以四成照新章加征,以示体恤,并声明经此次核减后,不得再行藉词请减。详奉核准,通饬各区烟酒公卖分局照办,业据财政厅将前情钞摺呈复,并由本署批示"准如前详办理"在案,仰即知照。此批。七月二十五日

(《浙江公报》第一千五百七十二号,一九页,批示)

浙江督军兼省长咨复福建督军

为日商林铁塀等来浙游历已饬属照约保护由

浙江督军署、浙江省长署为咨行事。本月二十一日准贵督军咨开,"据特派交涉员王寿昌详称,准日本领事照开,日商林铁塀、今井岩均往福建、浙江、广东三省游历通商,将执照二纸请加印送还给执等因。除将执照加印送还,照请日本领事转告该日商等前往各处游历,不得任意测绘,其土匪未靖县分,应饬暂缓前往外,理合具文详请察鉴等情,除分别咨饬外,相应咨请查照转饬所属一体照约保护"等因。准此,除饬属遵办外,相应咨复贵督军,即希查照。

此咨

福建督军

浙江督军兼省长吕公望

中华民国五年七月二十六日

附李厚基原咨

福建巡按使公署为咨行事。据特派交涉员王寿昌详称,

"'准日本领事照开,日商林铁塀、今井岩均往福建、浙江、广东三省游历通商,将执照二纸请加印送还给执'等因。除将执照加印送还,照请日本领事转告该日商等前往各处游历,不得任意测绘,其土匪未靖县分,应饬暂缓前往外,理合具文详请察鉴"等情,除分别咨饬外,相应咨请贵都督查照转饬所属一体照约保护,至纫公谊。此咨

浙江都督

建武将军、督理福建军务兼署福建巡按使李厚基
中华民国五年七月十五日

（《浙江公报》第一千五百七十三号,一九一六年七月二十九日,二页,咨）

浙江督军署饬第一号

饬军事各机关据警政厅呈据警备队四区统带呈称三营四哨
哨长祁韶未经准假擅自离防仰勿予录用由

为饬遵事。据警政厅厅长夏超呈称,"本月十二日据警备队第四区统带戴任呈称,本年六月二十二日据第三营管带王文彬呈称,窃于五月二十六日据第四哨哨长祁韶面禀（文云见本月二十一日警政厅饬第三四七号）,仰祈鉴核示遵施行。计附履历二纸等情。据此,查该哨长祁韶当防务吃紧之时,请假未准,擅自离防,殊属玩职已极。除批'准予撤差,委员接充,并分饬所属不得录用'外,理合备文呈请钧督察核,俯赐通饬各军队一律勿予录用,以昭炯戒"等情。据此,除批准并分行外,合行饬仰该　　转饬所属一体遵照。此饬。

督军吕公望

右饬第六师师长童保暄、第二十五师师长张载阳、嘉湖镇守使王桂林、台州镇守使顾乃斌、预备第一旅旅长俞炜、兼理宪兵司令官傅

其永。准此。

中华民国五年七月二十五日

《浙江公报》第一千五百七十三号，三页，饬）

浙江督军署浙江省长署饬会字第三号

饬军民各机关准福建督军咨请保护

日商林铁塀等来浙游历由

为饬知事。本月二十一日准福建督军李咨开，"据特派交涉员王寿昌详称，准日本领事照开，'日商林铁塀、今井岩均往福建、浙江、广东三省游历通商，将执照二纸，请加印送还给执'等因。除将执照加印送还，照请日本领事转告该日商等前往各处游历，不得任意测绘，其土匪未靖县分，应饬暂缓前往外，理合具文详请察鉴等情，除分别咨饬外，相应咨请查照转饬所属一体照约保护"等因。准此，除咨复并通饬外，合亟饬仰该　即便转饬所属一体遵照办理，毋稍疏忽，并将该日商等入境日期随时具报。此饬。

督军兼署省长吕公望

右饬各军队机关，民、警两厅长，交涉公署署长，宁波、温州各交涉员。准此。

中华民国五年七月二十六日

《浙江公报》第一千五百七十三号，四页，饬）

浙江省长公署饬政字第　号

饬民政厅为催造警察官吏履历等表由

为饬催事。前以警察官吏职务重要，曾经饬行该厅，除省会警察厅外，迅将各厅、局、所警正、警佐暨各属现任警佐履历等项，并合于警佐资格各员之履历，以及前次考试警官名单、警务研究所毕业名册，分别造送备查在案。现查为日已久，未据造送，合亟饬催。饬到该厅即便查照前令指饬各项迅行分别造送,以凭查考。此饬。

省长吕公望

右饬民政厅长。准此。

中华民国五年七月二十五日

(《浙江公报》第一千五百七十三号,四页,饬)

浙江省长公署饬政字第九号

饬财政厅查明大纶茧行舞弊及擅用私秤由

为饬查事。案据安吉、孝丰、长兴监征员朱一鸣禀称,查得梅溪茧捐局长与大纶茧行串通作弊,当经扣留干茧十包及私秤一杆,并附黏作弊证件等情,请示办法到府。据此,合行饬仰该厅查照该监征员摺略禀陈各节,迅即饬委详晰查明,据实呈复。折略暨大纶行偷漏溢数认补凭条,抽出十包复秤比较分量溢数号码,商会董寄存十包收片各一件,随发仍缴。此饬。

计发监征员摺略一扣、大纶行溢数认补凭条一纸、抽存干茧十包复秤比较分量溢数号码一纸、递铺商务分会收片一纸。

省长吕公望

右饬财政厅长莫永贞。准此。

中华民国五年七月二十六日

(《浙江公报》第一千五百七十三号,五页,饬)

浙江省长公署饬政字第十一号

饬民政厅分饬各属保护新庆瑞小轮由

为饬知事。案准交通部函开,"据江海关监督详称,准税司函,华商通源轮局旧有之庆瑞小轮,现售与叶毛记名下为业,更名新庆瑞,仍由通源局租用,变更航线,备具呈式,并缴旧照,请详注册给照等因,理合详部察核等情前来。查该轮改驶航线,起嘉兴讫菱湖,经过王江泾、平望、震泽、南浔、湖州等处,除由本部涂销旧照,另注新册,并填就执照一纸发交该监督转给承领外,相应函请贵省长查照,分饬各该属随时保护"等因。准此,合饬该厅查照,仰即分饬各属随时保护可也。此饬。

省长吕公望

右饬民政厅长。准此。

中华民国五年七月二十六日

(《浙江公报》第一千五百七十三号,五页,饬)

浙江省长公署饬政字第十二号

饬民政厅转饬沿途县警保护升昌小轮由

为饬知事。案准交通部函开,"前据江海关监督详称,准税司函,华商临海六埠轮船局升昌小轮,备具呈式,请注册给照等因,理合详部察核等情,经部批行该监督饬。据该商禀称,商业名称实系临海六埠拖轮有限公司,并将该轮总吨数、船长尺寸、马力速率及轮船价值、管船员姓名等项声复前来。查该轮航线,起临海讫海门,经过港口栅浦、葭芷、章安、东路等处,除由本部注册并填就执照一纸,发交该监督转给承领外,相应函请贵省长查照,饬属随时保护"等因。准此,合饬该厅查照,仰即分饬沿途县警切实保护,是为至要。此饬。

省长吕公望

右饬民政厅长王文庆。准此。

中华民国五年七月二十六日

(《浙江公报》第一千五百七十三号,六页,饬)

浙江省长公署饬政字第十三号

饬前嘉湖镇守使保荐嘉属军政执法处执法员
汪宪章等四员饬分别量予委用由

为饬知事。据前嘉湖镇守使兼嘉属戒严司令官张载阳呈称,"呈为嘉属军政执法处职员劳绩卓著，拟请分别擢用，以昭激劝，缮具履历仰祈鉴核事。案据嘉兴县知事兼嘉属军政执法处长袁庆萱呈称，'窃维政治更新，端赖真才以促进；贤劳懋著，允宜破格以酬庸。查嘉兴为水陆交通巨埠，五方杂处，匪盗夙多。此次宣布独立后，沪上北军蚁集，烽烟触目，刁斗闻声，内地伏莽，亦时图一逞，人心浮动，草木皆兵。际此存亡危急之秋，一发千钧，关系极重，设有不虞，全局即被牵动，为害何堪设想？知事奉饬组织军政执法处，严惩匪盗，藉资镇定。该职员等均能不辞劳瘁，随同维持。幸上赖钧部德威，下藉群僚辅佐，勉支危局，得获安全。综计所属勤劳，未便湮没，自应择尤保荐，以昭激劝而励贤能。兹查有本处执法员黄荫桓，前清附生，曾入本省私立法政学校法律别科乙等毕业。历任浦江县民政科员、代理武义县执法员等职。此次授受军政执法之任，一切疑难巨案，无不精心研鞫，务得实情，宵旰勤劳，始终不怠。该员法律精通，听断勤敏，司法界实不可多得之才也。又，本署承审员兼任军政执法员汪宪章，系在理科专修学校优等毕业，并由前清叙职州同，考入本省审判研究所中等毕业。历任宁波地方审判厅录事，嘉善县执法课员、执法科长，暨审检所帮审员，永康县审检所帮审员，嘉兴县承审员等职。民国元、二年，知事在嘉善县任内先后奉令组织执法科、审检所，其时光复未久，鼎新革故，端赖长才，该员悉心筹办，处理周详，审判精勤，咸为当地人民所悦服。嗣接任嘉兴县承审员以后，又能审结历任所不能结之巨案多起，更属难能可贵。此次军政执法处成立，尤赖匡襄，维持一切。该员学识优长，富有政治之经验；深明法律，洵为听断之长才。又，本署承审员吴鉴，系前清附生，考入浙江官立法政学堂别科优等毕业。历充仙居县县议会议员、浙江第九地方法院主簿、嘉善建德两县帮审员等职。民国二年夏间，'二次革命'风潮忽起，善邑逼近申江，人心惶恐，风鹤频惊，该员适任是县帮审，情地熟悉，得参防务，凡所赞画，悉中机宜。嗣知事受任嘉兴，详调该员来禾，未及数月，竟能审结疑难旧案至二百余起之多，报蒙前高等审判厅长杨详记大功一次①，给状注册在案。前岁警察奉文改组，知事兼任所长，关于违警案件，该员复能帮同审理，措置咸宜。此次嘉湖戒严，奉饬兼任军政执法。当此风云正恶，巨案迭出，该员不惮辛劳，悉心研鞫，平情处断，成绩极优。且又才华卓荦，强干有为，对于政治一途，尤多经验。又，本署司法处书记长兼任军政执法处书记员黄锡椒，前清例贡，报捐州同，历办江浙等十三府县名法事宜，继入浙江法政学校肄业两学年。曾任嘉善县民政科员、代理司狱暨审检所书记长，嘉兴县司法处书记长兼统计主任，并两次兼代嘉兴县管狱员等职。此次嘉湖戒严，组织军政执法处，该员随同知事悉心筹画，劳瘁不辞。至平日处理机要，悉中肯綮，综核各项文牍，手定章制，均能规画周详，有条不紊，辛勤备至，成绩昭然。该员才长心细，练达老成，关于处理狱务，尤有心得。以上各员勤劳卓著，成绩均优，且与法律、政治均各富有经验，皆为任重致远之才。况汪宪章等各员，此次均属兼职，仅支津贴，尤当从优奖励，以昭激劝。可否仰恳钧部俯准将黄荫桓一员以推、检记名，尽先任用；汪宪章一员，前曾奉饬代理嘉善县知事在案，此次应请以知事遇缺尽先任用；吴鉴一员，请以知事记名，遇缺补用；黄锡椒一员，请以管狱员记名，遇缺尽先委任；藉励贤能而示优异。所有属员资劳卓著，请赐优予擢用缘由，理合取具履历，备文呈请，仰祈核准转呈'等情，呈送各员履历前来。据此，查各该员自受任军政执法以来，对于各案审理周详，未尝稍疏，实属劳绩卓著。兹值解严之期，嘉属军政执法处亦即撤销，所请执法员黄荫桓以推、检记名尽先任用，汪宪章以知事遇缺尽先任用，吴鉴以知事记名遇缺补用，书记员黄锡椒以管狱员记名遇缺尽先委任；似应准予分别擢用，藉励贤能，以昭激劝。

---

① 前高等审判厅长杨，指杨荫杭（1878—1945），字补塘，笔名老圃，江苏无锡人。民国三年二月任浙江高等审判厅长，四月到任（见《申报》民国三年四月十三日第二版），民国四年二月调任京师高等检察厅检察长。

是否有当,理合缮具各该员履历,备文转请,仰祈都督鉴核示遵"等情,计呈履历四扣。据此除批"呈及履历均悉。查该执法员黄荫桓等俱系司法人员,此次办理军法事宜,既称成绩均优,应准如拟分别擢用,候饬民政厅暨高等审、检厅查核,量予分别委用,以示鼓励。除分饬外,仰即转饬知照。此缴,履历存"印发外,合行饬仰该厅遵照办理。此饬。

计发履历二份、一份、一份。

省长吕公望

右饬民政厅厅长、高审厅厅长、高检厅检察长。准此。

中华民国五年七月二十六日

(《浙江公报》第一千五百七十三号,八页,饬)

浙江省长公署饬政字第十四号

饬高审厅据前嘉湖戒严司令官保荐
军法处长陈焕仰厅优予擢升由

为饬知事。据前嘉湖镇守使兼嘉属戒严司令官张载阳呈称,"为谨陈军法处长陈焕学识经验堪膺民社,恳请优予任用事。窃嘉、湖二属,现已遵饬解严,所有戒严司令部各军官佐,除裁撤外,应留人员业归镇守使署,本照旧制改编,呈请钧核在案。其中军法处长陈焕一员,现拟暂留镇署充任原职,以资熟手。惟查该员由优附生入本省法政学校别科毕业,历任浙江温州,江苏山阳、淮安地方审检厅典簿、推事等职,并在浦江、兰溪、海宁等县充民政科科员、执法员、帮审员及承审员等差。民国三年十一月,奉督座在嘉湖镇守使任内委充使署军法官,并蒙以办事勤能,详请加薪奖励,奉授为陆军三等军法正。自戒严后,改任司令部军法处长。就职以来,对于嘉、湖二属军法及关系地方治安案件,精勤擘画、条理井然,手拟章程、办法均皆切实可行,审核案牍,尤复精详允当。一切要务,深资得力。查该员才具,早在钧督洞鉴之中。核其所学及历办各务,均系地方行政司法之事,成绩俱优，有案可稽。若蒙调膺民社，庶几用当其才，俾得尽其所长，似未便以军佐一职囿其终身。况其资格与参议会议决《知事任用条例》，亦属相符，军官佐改任文职，本有前例。合亟仰恳钧座准以知事或地方审检厅长遇缺尽先任用，实于用人行政之中，兼寓激励人才之意。是否可行，理合取具该员履历，备文呈请，仰祈鉴核批示祗遵。附呈履历一扣"等情。据此，除批"呈及履历均悉。查该军法处长向在司法界办事，且经补授三等军法正实官有案，此次办理军法事宜，既称审核精详，深资得力，候仰高等审判厅查核，遇有相当员缺，优予升擢，以示鼓励。除饬高等厅外，仰即转饬知照。此缴。履历存"印发外，合行饬仰该厅长遵照办理。此饬。

计发履历一扣。

省长吕公望

右饬高等审判厅长。准此。

中华民国五年七月二十六日

（《浙江公报》第一千五百七十三号，八至九页，饬）

浙江省长公署饬政字第十六号

饬财政厅准财政部电催赶造六年度岁入岁出预算由

为饬知事。本年七月二十日准财政部皓电内开，"国会开会在即，六年度预算亟应赶编，业经电达在案。现在为期益促，万难再缓，应请速将各该省区岁入一部分先行造册送部，以便著手编制。其岁出各款，仍赶编续送，勿延为要"等因。合行饬仰该厅即便遵照，分别办理，勿稍迟延，切切。此饬。

省长吕公望

右饬财政厅长。准此。

中华民国五年七月二十六日

（《浙江公报》第一千五百七十三号，九页，饬）

浙江省长公署饬政字第十七号

饬警政厅饬发内河外海水警各区队关防钤记由

为饬发事。前据该厅呈请饬刊内河水警各区队关防十九颗、钤记六十三颗,外海水警各区队关防十八颗、钤记六十八颗,开具清摺图式前来,当经批准饬刊在案。兹查前项关防、钤记,业已如数刊竣,合亟饬发。饬到该厅即便验收具复。一面分别转发并饬将启用日期报由该厅转报备查,其前颁关防、钤记应即截角缴销,并仰转饬遵照。此饬。

计发关防三十七颗、钤记一百三十一颗。

省长吕公望

右饬警政厅厅长。准此。

中华民国五年七月二十七日

(《浙江公报》第一千五百七十三号,九至一〇页,饬)

浙江省长吕批

发民政厅据海宁县知事呈请开放
城东茧行以兴蚕业乞核示由

呈悉。前据该知事以"茧商徐楷等拟在县治下塘之科桥镇倡设大兴茧行"等情呈请核示到府,即经批厅查核饬遵在案。振兴实业为近今切要之图,如果该县城东一带出茧较多,而并无一处设立茧行,则据称人民种种受亏情形,自系实在。惟当时因何取缔,本府无案可稽,无凭察核。能否准如所请,规定相距地点略予开放之处,仰民政厅一并查案核议具复饬遵。此批。呈抄发。七月二十三日

(《浙江公报》第一千五百七十三号,一四页,批牍)

浙江省长吕批

发民政厅据永康中校长黄云书呈请
提拨县税公益费祈核准由

呈悉。该校常年经费,既由前知事呈准在县税公益费项下开支,何以该现任知事以不敷提拨为言,究竟此项公益费除自治小队等费外,尚有若干,所请提拨一千五百元,是否可行,仰民政厅查明具复核夺。学校要政,地方有司理宜竭力维持。据呈该县吕知事于该校请款公文月余不加批答,如果属实,殊属不合,仰即转饬知照,并先行知该校长知照。此批。七月二十四日

（《浙江公报》第一千五百七十三号,一四页,批牍）

浙江省长吕批

警政厅厅长呈为哨长祁韶擅离职守撤差通饬勿予录用由

呈悉。警备队第四区第三营哨长祁韶擅离职守,应准撤差,并通饬各军队勿予录用,仰即知照。此批。七月二十五日

（《浙江公报》第一千五百七十三号,一四页,批牍）

浙江省长吕批

由发高审厅据永康商民朱樟木等禀家遭巨匪
郭承富等烧抢请饬营县严办由

此案迭据该民等具禀并据县详,节经前巡按使批饬调查明确讯结具报在案。据禀陈步云一名已经保释,未据该县呈报有案,是否实与本案无关,仰高等审判厅转饬永康县知事查案呈复并提陈继足一名讯明,分别办释,暨会督警营勒缉各逸匪务获究办。此批。呈钞发。七月二十五日

（《浙江公报》第一千五百七十三号,一四页,批牍）

浙江省长吕批

高审厅呈同级检厅划分权限须经法定手续请示由

呈悉。已电呈大总统、国务院、司法部请将《高等审判厅办事权限条例》废止,仰俟奉到电复饬遵,并咨高等检察厅查照。缴。七月二十五日

(《浙江公报》第一千五百七十三号,一四至一五页,批牍)

浙江省长吕批

发高检厅据嵊县知事呈报任张铨家
被劫拒毙伊弟法铨身死由

呈悉。盗匪大股肆劫拒伤事主身死,警备队近在数里之内,当时不能追捕,事后又未缉获赃盗,实属疏纵,仰高等检察厅迅移警政厅严饬警备队管带会同该县勒限购线侦缉,是案凶盗务获究报,毋稍延纵,切切。并行该县知照。此批。格结、表单存。七月二十五日

附原呈

呈为验勘任张铨家被盗劫并轰毙伊弟一案情形填送格表请核事。案据崇仁区下安田庄农民任张铨状称,"民家于昨夜,当更深人静时候,突有匪盗数十人撞门进内,将家中所有财物抢掳一光。民弟法铨闻声惊醒,起而喊救,该匪等遂即向伊开枪,登时毙命。业经本区营警勘明。为此开单叩请勘验查拿"等情前来。当经知事带同检验吏驰往,验明已死任法铨委系因受枪伤身死,当场填格尸令棺殓,一面勘明被盗情形,填列勘表附卷,除咨饬营警严行跴缉务获赃盗讯究外,理合先将勘验大概情形呈报,仰祈钧督察核。谨呈。

(《浙江公报》第一千五百七十三号,一五页,批牍)

浙江省长吕批

发警政厅据两浙盐运使呈为警备队协助
场务剿匪有功开摺请予核奖由

呈、摺均悉。仰警政厅查案核议复夺，并先咨行盐运使知照。此批。呈、摺均抄发。七月二十五日

（《浙江公报》第一千五百七十三号，一五页，批牍）

浙江省长吕批

发民政厅据富阳县知事陈融呈为商民沈辅之拟于
洋涨净土寺地方开设富利茧行请核示遵行由

呈悉。查开设茧行应按照《浙省续订整顿牙帖章程》第十六条之规定，于三月末日以前，禀由该管县知事详请核准。现在定限业已经过，该商民沈辅之所请于县境西南区洋涨净土寺地方开设富利茧行一所，并拟于桥西、灵桥各设分行一处，是否系先请备案，以待来年，所筹资本一万元，有无验明，均未叙及，无凭察核。仰民政厅饬即再行详细呈由该厅核明定章，转呈察夺。此批。抄禀并检保结同发。七月二十五日

（《浙江公报》第一千五百七十三号，一五至一六页，批牍）

浙江省长吕批

民政厅呈为云和县知事赵铭传记大过一次
警佐杨锡琦以三等降调应即照准由

呈悉。所称云和县知事与警佐互讦情形，并该县民饶翼等禀控该知事各节①，既据饬查明确，该知事确有讯办各案有未尽合法之处，本应停职查办，姑念事在通饬禁止以前，从宽如拟，将该知事赵铭传

---

① 饶翼，底本作绕翼，径改。饶翼，云和县人，宣统三年（1911）十月任代理云和民事长，民事长一职旋即由张之杰接任。

记大过一次,并严饬以后不得再有暴戾行为,致干法纪。该二等警佐杨锡琦,亦如拟即以三等降调,并即先行调省另候委用。余均如所拟办理。除注册外,仰即转饬知照。此缴。七月二十五日

（《浙江公报》第一千五百七十三号,一六页,批牍）

浙江省长吕批

警政厅呈复奉饬取缔旅馆茶馆办理情形并送呈各规则由

呈及各项《规则》均悉。仰即转饬省会警察厅查照《修正旅店营业取缔规则》第十一条第一、二两款及《取缔茶馆规则》第五条各规定,重申诰诫,分别撰拟简明严切告示,缮成大字,连同各该项规定分别发令各旅馆、茶馆一律张贴,俾旅客、茶客一体知所警惕。并饬该厅认真督饬所属,按照《规则》示谕,严密稽查,务使弊绝风清。该厅亦应随时考察,毋任日久玩生,是为切要。仍饬将遵办情形报由该厅核转备查。此批。《规则》两份存。七月二十五日

（《浙江公报》第一千五百七十三号,一六页,批牍）

浙江省长吕批

发民政厅据嘉兴县知事呈为保荐科员方达成
恳以警佐存记开具履历仰祈察核由

呈及履历均悉。仰民政厅核办饬遵。此批。呈及履历一纸均抄发。七月二十五日

（《浙江公报》第一千五百七十三号,一六页,批牍）

浙江省长吕批

为本省第一区候补当选第一名金溶熙递补众议员
给与证书并分电部院查照由

呈及证书定式暨名单均悉。所有本省第一区递补众议院议员金

溶熙证书,业经改正署名盖印,先行给发,除分电部、院查照外,仰即知照。此缴。证书式并名单存。七月二十六日

(《浙江公报》第一千五百七十三号,一六页,批牍)

浙江都督吕批①

瑞安县知事林钟琪详报四年十月至十二月
司法费收支清册谨请核销由

据详各情,仰高等审判厅查核饬遵。此批。清册存。

浙江省长吕批

高审厅呈复查核瑞安县四年十月至
十二月司法费收支清册由

呈悉。缴。七月二十六日

附原呈

呈为呈复事。案奉钧督批瑞安县知事林钟琪详报四年十月至十二月司法费收支清册谨请核销由,奉批:"据详各情,仰高等审判厅查核饬遵。此批。清册存"等因到厅,当查奉批发下该县详由,与前据该县详报到厅,系四年七月至十二月司法费收支清册并附送四月至六月清册,由内月份不同,窃恐呈请内容因有参差,故特呈请抄发原详,以免错讹在案。兹奉批开,"呈悉。查瑞安县前详有'造具册表详送财政厅、审判厅核销'字样,是以前批未经抄发原详,据呈前情,仰即检查办理。缴"等因。奉此,遵查档案,前据该县详报四年十月至十二月司法费收支清册并附送四月至六月清册谨祈核销前来,即经职厅批以"详悉。查各县司

---

① 本文自浙江省长吕批《高审厅呈复查核瑞安县四年十月至十二月司法费收支清册由》(附原呈)析出。

法费实有不敷,本可随时详请核拨,惟照章不得自收自用。该县上年度司法费用额定经费之外,以上年度司法收入全数拨补,尚积亏一千二百八十一元四角四分一厘。虽向章司法不敷,可在司法收入项下拨补,现在本年度前项收入既已全数拨尽,试问又有何项收入可以拨支?本厅与财政厅前经饬知该知事,四年十二月止,如有司法不敷旧垫款项,责令从速就地筹款弥补在案。所有该县上年十二月止不敷款银,仰仍遵照前饬办理。至元年度罚金一项,应即日扫解,不得擅支,以清年度。再,该县前送上年四、五、六月收支清册,当以办法不合,于十月二十九日批饬重编,兹据五月六日并复到厅。事关计政,何等重要,竟迟至半年之久,始行办复,殊属异常怠忽。仰嗣后关于此项表册务须按月造报,毋再延玩,致干未便"等情印发各在案。奉批前因,除饬知该知事仍照前批办理外,理合备文呈请钧督鉴核施行。谨呈。

(《浙江公报》第一千五百七十三号,一六至一七页,批牍)

吕省长电内务部众议院

为递补议员金溶熙请查照由

北京众议院、内务部钧鉴:查敝省第一区众议院议员姚勇忱身故,依法以同区候补当选第一名金溶熙递补。除给与证书外,希查照。浙江省长吕公望。印。寝。(中华民国五年七月二十六日)

(《浙江公报》第一千五百七十三号,一八页,电)

吕省长电复国务院内务部

省议会决定九月一日为召集期由

北京国务院、内务部钧鉴:国务院漾电敬悉。浙省前因屡据省议会议员依法请求召集,并叠开政务会议讨论,佥谓《省议会暂行法》乃临时参议院议决之法律,本非命令所能废止,即就民国三年二月二十八日前大总统命令而论,亦未言及废止该法,则《省议会暂行法》当然继续有效,不必经过回复之手续。依该法,省行政长官有召集之权责,业经决定九月一日为召集期公布在案。各省必有议会,已为今日众论所同,惟其权限应否扩充,须待国会解决耳。浙省议会召集期在国会开会后一月,届时如省议会权限问题尚未解决,自可暂据现行有效之《省议会暂行法》办理,毫无窒碍。理合报告鉴核。浙江省长吕公望。迥。印。(中华民国五年七月二十四日)

附　国务院来电省议会应否召集俟国会议定再办由

省长鉴:华密。省议会应否即行召集,须俟国会议定,再行办理。院。漾。印。(中华民国五年七月二十三日)

(《浙江公报》第一千五百七十三号,一八页,电)

吕省长电复财政部

六年度预算已饬厅迅即编造由

北京财政部鉴:皓电敬悉。六年度岁入岁出预算已饬财政厅迅即遵电分别编造矣。谨先电复。吕公望。敬。印。(中华民国五年七月二十四日)

(《浙江公报》第一千五百七十三号,一八页,电)

吕督军电广西陆督军

敦劝迅速赴粤以解倒悬由

广西陆督军鉴:兴师护法,既告成功,便尔西旋,静俟建设。光明磊落,邈焉寡俦。粤事近弥水火,若旷日持久,深恐一隅之争,影响及于全局,收拾更见为难。我公首义功高,诸军悦服。此次调粤,在中央全属为地择人之见,在我公初无乘时攘位之心。征旆朝东,危机夕解,化险为夷,此行是赖。国是飘摇,远嫌引退,乃硁硁守节者所尚。我公身系安危,岂宜出此?倒悬之民,西望若岁。敢布腹心,敬希垂察。浙

江督军兼署省长吕公望。敬。印。（中华民国五年七月二十四日）

（《浙江公报》第一千五百七十三号，一八至一九页，电，又发表于天津《益世报》中华民国五年八月二日，三版）

附　广西来电 陆荣廷复敬电并告迟不赴粤原因由

吕督军鉴：敬电奉悉，承饰愧感。廷之迟不赴粤，实因旧病复发，且以粤事纷纷，非病躯所能胜任，用是力辞。乃中央以粤事近更危急，将召外人干涉，迭饬赴任，兼承诸公敦促，何敢稍事稽延？现已饬所部各队先行东下，廷日内即率大队力疾继行。惟粤省责任艰巨，自顾轻材，时虞陨越，尚冀随时赐教，以匡不逮。荣廷叩。阳。印。（中华民国五年八月七日）

（原载《浙江公报》第一千五百八十九号，二一页，电）

吕省长电司法部请废止《高审厅办事条例》由

北京大总统、国务院、司法部钧鉴：《高审厅办事权限条例》关于司法行政事项，高检厅不能独立办理，与《法院编制法》显相抵触。至监狱既归高检厅监督，而无用撤惩奖狱员之权，事实上尤多窒碍。其他手续繁重，责任不明，皆由此而起。兹据两厅妥议，呈请将该《条例》废止前来。查不合法理之《易答条例》等件，已奉明令废止，《高审厅办事权限条例》事同一律，应请特颁命令废止，以清权限而专责成。浙江省长吕公望。有。印。（中华民国五年七月二十五日）

（《浙江公报》第一千五百七十三号，一九页，电）

吕省长电司法部报告任范贤方为高等审判厅
厅长殷汝熊为高等检察厅厅长由

北京段总理、司法总长鉴：浙高审长庄璟珂、高检长王天木先后辞职，均经照准，并任范贤方为高审长、殷汝熊为高检长在案。除饬取履历

另文咨达外,合先电闻,以备查核。浙江省长吕公望。有。印。(中华民国五年七月二十五日)

吕省长电复江苏齐省长

电询浙省当票印花税有无十元起贴之事乞电复由

齐省长鉴:哿电悉。浙省当票印花,曾于独立时间由商会禀经饬厅议复,未满十元者暂准免贴在案,现仍照案办理。除抄案函送外,先此电闻。公望。迥。(中华民国五年七月二十四日)

附　来电

吕省长鉴:据典业公会禀,贵省有准当票印花照原定税法十元起贴之案。如有其事,乞电复并抄案见示。耀琳。哿。印。(中华民国五年七月二十日)

吕省长电复青田知事

电禀九都因抗屠税殴警夺犯应否会营拿办由

青田县知事览:号电悉。乡民聚抗屠税,既有殴警夺犯情事,应先设法妥散胁从,择尤拿办,仍将详情据实呈报。省长吕。迥。(中华民国五年七月二十四日)

附来电

都督、财政厅长鉴:九都俗悍,屡抗捐。素主和平①。昨聚抗屠税,殴警夺犯,应否会营拿办,藉杜影响,乞电遵。青田知事鹏②。

---

① 底本如此。

② 青田知事鹏,即张鹏,湖南人,民国五年一月至民国七年十一月任青田县知事。

号。（中华民国五年七月二十日）

（《浙江公报》第一千五百七十三号，二〇页，电）

浙江省长吕为牌示补见候补知事赵协莘等由

　　牌示事。照得本署省长前在都督任内牌示，于本月二十一日接见候补知事赵协莘等十二员，嗣因他公，届期未及传见。除李藩已饬赴代理瑞安县知事、杨拱笏据招待员报告业赴台州镇守使执法官任外，其余应行补见各员，均定于本星期四即二十七日下午二时，连同此次新报到之候补知事洪钟等六员，一并分班接见。为此示仰各该员等务各按照规定日时齐集本署招待室，静候依次传见，毋得自误。切切。特示。

　　计开：

　　第一班接见人员

　　赵协莘　陈亚春　赵祖望　周铁英　陆清翰　习艮枢　汪曾保
沈　钧

　　第二班接见人员

　　方　琳　夏惟默　洪　钟　吴豫清　张肇璜　萧传霖　钱葆田
陈嘉淮

中华民国五年七月二十五日

（《浙江公报》第一千五百七十三号，二〇页，牌示）

浙江督军兼省长咨复江苏军民署

准咨以沪湖航路商轮遭劫已饬各属协同剿缉由

　　浙江督军署、浙江省长署为咨复事。本年七月二十五日准贵督军贵省长咨，以沪湖航路商轮迭遭盗劫，损失甚巨，请转饬该管水警会筹协同防剿方法等因。准此，查此案迭经分饬嘉湖镇守使暨浙江内河水警厅长咨会江苏军警协同剿缉在案，兹准前因，除饬该管水警厅遵照会筹、认真办理，并饬嘉湖镇守使饬属协缉外，相应咨请贵督

军、贵省长查照。此咨

江苏督军冯①、江苏省长齐

浙江督军兼署省长吕公望

中华民国五年七月二十七日

按，原咨见本日"饬"门。

（《浙江公报》第一千五百七十四号，一九一六年七月三十日，一页，咨）

浙江督军署浙江省长署饬会字第四号

饬嘉湖镇守使警政厅准江苏军民长官咨以沪湖航路
商轮遭劫请饬各属协同剿缉由

为饬知事。本年七月二十五日准江苏冯督军、齐省长咨开，"案据湖州旅沪同乡会会董杨兆鏊等电称，'沪湖航路小轮装运丝绸茧，现款长年不下千余万，纳税甚重，连遭盗匪抢劫不下十余次。本月六号，立康轮班驶至江浙交界之马力港，遇盗百余名，手持快枪，身穿军服，开火拦劫，如临大敌，身命财产危险特甚。长此不靖，成何世界？伏祈会同两省军警，捣穴痛剿，非澈底清源，不足以安行旅。如果商运裹足，实于地方人民生计攸关。所有立康轮船被劫银物，并乞勒限严缉破案。倘逾限未获，惟有饬令担责者赔偿。盖商民既负纳税义务，岂堪迭遭浩劫？兆鏊等回首梓桑，忧心如焚，迫切电陈，仰恳迅赐施行，江浙幸甚'等情。据此，查设立水警，原为防缉盗匪、保护行旅起见，今江浙交界之处商轮迭次被劫，损失甚巨，若不急筹协同防剿方法，何以除强暴而安行旅？除批'删电悉。此案昨据水警第二厅厅长赵会鹏庚电，即经电令饬属会县分别勘缉在案。兹据电陈，仰候咨商浙江吕督军，并饬行该水警厅筹议防缉，以安商旅。至'逾限未获，饬令担责者赔偿'一节，查地方文武有缉捕盗匪之责任，无赔偿赃物

---

① 江苏督军冯，即冯国璋（1859—1919），字华甫，直隶河间人。民国二年十二月至民国五年六月任江苏督军。

之义务,所请应毋庸议。此批'等因,并饬行该管水警第二厅遵照会筹外,相应咨商贵督军,希即转饬该管水警厅会筹协同防剿方法,切实进行,以清盗源而卫商民"等因。准此,查此案业饬该镇守使暨内河水警厅长咨会江苏军警协同剿缉各在案。兹据前因,除咨复并饬该管水警遵办具报外,合亟饬仰该镇守使即便知照,仍遵前饬认真办理,毋稍玩忽,切切。/经分别饬由该厅长暨嘉湖镇守使会商江苏军警协同剿缉各在案。兹准前因,除咨复并饬嘉湖镇守使仍遵前饬办理外,合亟饬仰该厅长,即便转饬该管水警厅遵照会筹,认真办理具报勿延。此饬。

督军兼署省长吕公望

右饬嘉湖镇守使、警政厅厅长。准此。

中华民国五年七月二十七日

(《浙江公报》第一千五百七十四号,二页,饬)

浙江督军署饬第七号

饬第六师师长等为陆军第二预备学校开校
在即是项学生应即饬令回校由

为饬遵事。案查陆军第二预备学校肄业生,现在浙省各师旅服务者尚不乏人,兹因该校开校在即,是项学生每名给与川资洋十五元,应即饬令解除职务,自行回校,以竟全功。仍将回校各生姓名、职务具报。该生等既经给与川资回校肄业,所有现差薪水或津贴给至七月底为止。除分行外,合行饬仰该 转饬所属遵照办理。此饬。

督军吕公望

右饬陆军第六师师长童保暄、陆军第二十五师师长张载阳、预备第一旅旅长俞炜、嘉湖镇守使王桂林、宪兵司令官傅其永。准此。

中华民国五年七月二十六日

(《浙江公报》第一千五百七十四号,三页,饬)

浙江督军署饬第十一号

饬军事各机关为诰诫军人应体念
时局之艰危不得广征游宴由

为饬遵事。照得军人应戒浮华,力崇俭约,既以专心职务,亦免有玷官箴。乃近闻各军队职员朋辈往来,动辄征逐于酒食,不惜以有尽之财力,作无谓之酬应,消磨有用之精神。长此弗戒,非惟旷时废事,亦且有损声名。本督军杜渐防微,特申诰诫:凡我军人,应体念时局之艰危,屏绝奢靡之习俗。嗣后除典礼公宴及正式交际外,概不得广征游宴。除分饬外,合亟饬仰该　　转饬所属一体遵照毋违。此饬。

都督吕公望

右饬陆军第六师师长童保喧、陆军第二十五师师长张载阳、宪兵司令官傅其永、测量局局长董绍祺、军械总局局长张国威、预备第一旅旅长俞炜、被服厂厂长薛炯、陆军监狱署典狱官马志援。准此。

中华民国五年七月二十七日

(《浙江公报》第一千五百七十四号,三至四页,饬)

浙江省长公署饬政字第十九号

饬委政务参议会书记官及书记由

为饬委事。照得浙江政务参议会应设书记官一人、书记二人。查有该员堪以委任,合行饬委,仰将发去委任状一纸查收,克日就职任事毋延。再,该员月支薪银六十元、三十二元,并即知照。此饬。

省长吕公望

右饬书记官黄玉藻,书记朱文渊、郑文礼。准此。

中华民国五年七月二十六日

(《浙江公报》第一千五百七十四号,四页,饬)

浙江省长公署饬政字第　　号①

饬委任朱国霖为本署会计兼庶务由

为饬委事。查有该员堪以委充本署秘书处会计兼庶务员，月支薪水银四十元，合行饬仰该员遵即克日到差。此饬。

省长吕公望

右饬朱国霖。准此。

中华民国五年七月二十六日

（《浙江公报》第一千五百七十四号，四页，饬）

浙江省长公署饬政字第二十一号

饬交涉公署为日人山口尚赴浙游历通饬保护由

为饬知事。准江苏省公署咨开，"据外交部特派江苏交涉员杨晟详称，'顷准日本国总领事函，以山口尚赴江苏、江西、浙江、安徽、山东、直隶、湖南、湖北游历，缮给护照，请盖印前来。除将护照印发外，理合详请察照转饬各属，俟该日本人到境呈验护照时，照约保护'等情。据此，除饬属保护并分行外，相应咨请贵省长查照，希即饬属照约一体保护"等由。准此，合行饬仰该署遵即饬属一体照约保护。此饬。

省长吕公望

右饬交涉公署署长。准此。

中华民国五年七月二十六日

（《浙江公报》第一千五百七十四号，四至五页，饬）

浙江省长公署饬政字第二十二号

饬交涉公署为日人近藤耕造赴浙江等省游历通饬保护由

为饬知事。准江苏省公署咨开，"据外交部特派江苏交涉员杨晟

① 据前后饬文号，疑为"饬政字第二十号"。

详称,'顷准日本国总领事函,以近藤耕造赴江苏、江西、浙江、安徽、山东、直隶、湖南、湖北游历,缮给护照,请盖印前来。除将护照印发外,理合详请察照转饬各属,俟该日本人到境呈验护照时,照约保护'等情。据此,除饬属保护并分行外,相应咨请贵省长查照,希即饬属照约一体保护"等由。准此,合行饬仰该署遵即转饬所属一体照约保护。此饬。

省长吕公望

右饬交涉公署署长。准此。

中华民国五年七月二十六日

(《浙江公报》第一千五百七十四号,五页,饬)

浙江省长公署饬政字第二十三号

饬交涉公署为美国贝乐夫人赴浙游历饬保护由

为饬知事。准江苏省公署咨开,"据外交部特派江苏交涉员杨晟详称,'顷准美国总领事函,以贝乐夫人随带小孩四名赴江苏、浙江游历,缮给护照,请盖印前来。除将护照印发外,理合详请察照转饬各属,俟该美国人到境呈验护照时,照约保护'等情。据此,除饬属保护外,相应咨请贵省长查照,希即饬属照约一体保护"等由。准此,合行饬仰该署遵即转饬所属一体照约保护。此饬。

省长吕公望

右饬交涉公署署长。准此。

中华民国五年七月二十七日

(《浙江公报》第一千五百七十四号,五页,饬)

浙江省长公署饬政字第二十四号

饬委张鹤帮办本署会计兼庶务由

为饬遵事。本署秘书处会计兼庶务员,业经饬委朱国霖充任。

惟庶务会计,事甚繁重,查有该员堪以帮办本署秘书处会计兼庶务事宜,月支薪银三十六元。合行饬委,仰即克日到差。此饬。

省长吕公望

右饬张鹤。准此。

中华民国五年七月二十七日

(《浙江公报》第一千五百七十四号,六页,饬)

浙江督军吕批

第六师师长呈为二十二团连长华钜镕等四员分别更调由

呈悉。步兵第二十二团第二连连长华钜镕等四员准予分别更调,月薪照拟支给,仰将发到该员等委任状转饬给领。此批。七月二十六日

计发委任状四张。

附原呈

为呈报事。窃查有第二十二团第二连连长华钜镕,堪以调充该团第一营副官,原充第一营副官周兰卿堪以调充该团第十一连连长,原充第十一连连长刘凤丹堪以调充该团第三营副官,均照原薪支给。原充第三营中尉副官朱化龙堪以调升该团第二连连长,照上尉八成支薪。除饬委并分饬外,理合备文呈报,仰祈鉴核加委施行。谨呈。

(《浙江公报》第一千五百七十四号,一四页,批牍)

浙江督军吕批

第六师师长呈为饬委贺亚雄等调充军医由

呈悉。该师辎重营一等军医遗缺,准以前二十四团二营军医现充担架队一等军医贺亚雄调充;所遗第二十四团二营军医缺,准以现

充担架队一等军医戴青调充。又，二等司药黄钟，准予发回原营差遣。合将贺亚雄、戴青等二员委状随发，仰即转给祗领并将到差日期具报。此批。七月二十六日

计发委任状二纸。

（《浙江公报》第一千五百七十四号，一四页，批牍）

浙江省长吕批

水利委员会技正林大同呈袁家浦开港情形由

呈、图均悉。此案前据杭县上四乡公民葛向我等具禀到府，当经饬据民政厅呈复转饬杭县知事查明具复，一俟该县复到，再行核明呈报在案。据呈各节是否可行，仰候饬厅并案查明核议具复察夺。此批。七月二十六日

（《浙江公报》第一千五百七十四号，一四页，批牍）

浙江省长吕批

民政厅呈复泰顺县警佐杨申权业经撤任并遴委蔡光宇升充由

呈悉。此批。七月二十六日

（《浙江公报》第一千五百七十四号，一五页，批牍）

浙江省长吕批

警政厅呈报内河水警救护老公茂轮拖遇险案内出力人员分别核奖由

呈悉。应准如呈备案。此缴。七月二十六日

（《浙江公报》第一千五百七十四号，一五页，批牍）

浙江省长吕批

交涉署长张嘉森呈请辞职由

呈悉。查该署长才学兼优,任职以来,敦睦邦交,深资得力。现正呈报中央,以重官守。所请辞署长及高等顾问各职,应毋庸议。此缴。七月二十六日

（《浙江公报》第一千五百七十四号,一五页,批牍）

浙江省长吕批

警政厅厅长为呈报警备队第二区第三营三哨官格毙匪首并夺获匪械分别奖励由

呈悉。哨官时心凯等此次率队剿匪,用能将匪首格毙,匪械搜获,尚称出力,自应将该哨官长照章记功升等,以资鼓励。至什兵之奖励,经该厅批饬,验明匪械能否发火,为核奖之标准,办法尚属妥洽。仰仍将办理情形具报,所获枪械应缴由省城军械总局存储,并仰转饬遵照。此批。七月二十七日

附原呈

呈为转报事。本年七月十七日,据警备队第二区统带洪士俊呈称,"窃照本年七月十日,据第三营王管带国治呈称,本月二日下午二时,据驻嵊邑崇仁之第一营三哨哨官时心凯报称,本月一日晚九时,据白泥墩正绅遣人来防报告,匪首张毛头癫子、钱小癫子、黄大元生等十余人,各持枪械,盘踞距崇仁十里之外宅村傍水碓屋内,现该匪已他往掳掠,即可潜回,并据眼线报告前由。哨官即会商谷哨长派兵两名偕同眼线遥为瞭望。至一时许,据探复报,确见该匪等潜回原处,哨官即会同谷哨长率队二十八名,不动声色,星夜前往密拿。二日上午二时,驰抵该村。

该匪等一见军队竟敢开枪抗拒,哨官等率队上前迎击,相持约有一小时之久,匪仍强悍如故,经哨官于枪林弹雨之中身先士卒,上前扑拿。匪势不支,遂即弃枪,由水碓内泅水而逃。哨官长等率队进屋搜捕,当场获得小口径马枪一支、套筒小口径三支、老毛瑟二支、洋九响枪二支、小口径子弹一百粒、毛瑟子弹十二粒、九响子弹三十二粒、子袋五只,并见水碓内格毙匪徒一名。询诸就地居民,据云系张姓名毛头癞子,又名兰堂,外宅人。自五月间纠集匪徒二十余人,赴东乡扰乱,四出劫掠,被其害者不可胜计。此次格毙,人心大快。闻余匪悉多负伤,向扑蟾山而去等语。当即率队奋力追缉,入山搜查殆遍,已无匪踪。合将缉捕情形连同枪弹就近报请转呈等情前来。据此,管带比于三日五鼓,又饬职营一哨哨官李瑞廷率队驰往扑蟾山一带严密缉拿,以防该匪等死灰复燃。嗣于山厂屋内搜获毛枪子弹七颗,盘问该屋主黄小毛,言语支吾,且形色仓皇,恐非善类,当将该犯押解回营,转解嵊县讯办。伏查时哨官、谷哨长等此次购线缉拿,派兵密访,不遗余力,格毙匪首张兰堂即毛头癞子一名,获得快枪八杆之多,当击匪之际,复能身先士卒,奋不顾身,殊属可嘉。该哨官长暨随同出力什兵可否量予分别奖励之处,伏候钧裁。除仍饬严缉逸匪并咨县验明饬警收检枪弹留营,列表另文汇缴外,呈请核转前来。并据第一营三哨哨官时心凯呈报前情,及此次消耗子弹实数一并呈请核转前来"各等情。据此,统带复查,张兰堂即毛头癞子,本系嵊邑著名匪首,犯案累累,叠经勒限严缉。此次该哨官长卒能用命,依限破获,其对于捕务实属异常出力,拟请将该哨官时心凯记大功一次,哨长谷乐之晋升照二等支薪,用示激劝。其在事出力之什兵,请照现行《赏罚章程》第四条给赏,用示鼓励。是否有当,除将该哨官消耗子弹列表呈请核销并批令仍将逸匪悉获解报外,理合具文呈报,仰祈钧长鉴核转施行等情,计呈消耗子弹表一纸。并据嵊县知事报同前由。据此,查该盗匪等聚集盘踞扰害地方,实属憨不畏法。此次经哨官时心凯等率队剿捕格毙著匪张毛头癞子即兰堂一名,搜获枪弹多件,尚属奋勇可嘉,业经批示,"准如该统带所请,将哨官时心凯记大功一次,哨长谷乐之晋升照二等支薪,以示鼓励"。惟所获匪遗枪件能否发火,未据明白声叙,无凭核奖,并经批令查明前发收获盗匪枪械表,填报候核。其用去子弹,亦已准予核销。所获黄小毛一名,既据解送嵊县收讯,已饬该县知事激讯究办。除填发记功状并饬严缉在逃各犯外,理合具文转报,仰祈都督察核备案。谨呈。

（《浙江公报》第一千五百七十四号,一五至一六页,批牍）

浙江省长吕批

嘉善县呈复查明善署认购公报份数其各机关应否
增购饬查现未复到容催齐另行汇转由

据呈,该县署已领购《公报》四份,其余商会各机关均直接向发行处订购份数若干,无由稽查等情。查核公报处开列订购名册,该县商会等处并未订购此项《公报》,来呈借词搪塞,殊属玩延。仍仰迅即遵照前颁表式详细查填汇列补购,毋延。此批。七月二十七日

（《浙江公报》第一千五百七十四号,一七页,批牍）

浙江省长吕批

发民政厅据新登县知事呈请饬令新任赶速赴任由

呈悉。仰民政厅迅饬新任徐士瀛赶速赴任,并转饬该知事知照。此批。抄呈发。七月二十七日

（《浙江公报》第一千五百七十四号,一七页,批牍）

吕省长电复於潜县知事

俟新任到后再来省由

於潜郭知事[①]：漾电悉。该知事已停职，由省委员代理，应俟新任到后再来省。省长吕。印。

（《浙江公报》第一千五百七十四号，二二页，电）

浙江省长署函复交通部准咨以华商嘉禾益宁
两小轮变更航路注册换照已饬属保护由

径启者。兹准贵部函开，"据江海关监督详称，准税司函，华商王升记之嘉禾小轮、庆记之益宁小轮，均变更航路，禀请注册换照，理合将送到呈式旧照详送察核等情。查嘉禾轮船改驶航线，起上海迄杭州，经过松江、平湖、嘉兴、硖石、南浔、湖州等处；益宁轮船改驶航线，起上海迄嘉兴，经过平湖、海盐等处。除由本部涂销旧照，另注新册，填就执照二纸，发交该监督转给承领暨分行外，相应函请查照分饬各该属随时保护可也。此致"等因。准此，除饬民政厅转饬该小轮航线通过各县随时保护外，相应函复贵部查照。

　　此致
交通总长

浙江省长吕公望
中华民国五年七月二十六日

（《浙江公报》第一千五百七十五号，一九一六年七月三十一日，六页，公函）

---

　　①　郭知事，即郭曾煜。浙江省长吕批《民政厅呈荐平智础代理於潜县知事由》中有"前发郭曾煜任命状仍饬缴由该厅转缴核销"句。（《浙江公报》第一千五百八十三号，一九一六年八月八日，二〇页）

浙江督军署浙江省长署饬会字第五号

饬军民各机关嗣后凡因军事请示或呈报者应专呈本督军
其属民政者应专呈本署省长由

为饬遵事。照得本督军兼署省长虽在一署办公，而军事、民政管辖宜分，兹已将署内收发文件处饬分两处，嗣后本省文武各机关，凡因军事请示或呈报者，应专呈本督军，其属民政者，应专呈本署省长，至与军事、民政共有关系之事，则用分呈，以免误递而便办理。除通饬外，合行饬仰该　　并转饬所属一体遵照。此饬。

督军兼署省长吕公望

右饬军民各机关。准此。

中华民国五年七月二十七日

（《浙江公报》第一千五百七十五号，七页，饬）

浙江省长公署饬政字第二十五号

饬民政厅准农商部咨请查复开设冶坊一业由

为饬知事。案准农商总长咨开，"案查前据江浙冶业公所董事张督等禀称，冶坊一业，专铸饭锅，以供社会日用之需，营此业者不过寥寥数家。推源其故，用户之习惯，各地不同，故无推广之可言。各冶坊有鉴于此，曾于前清宣统元年间，联合江浙同业创设江浙冶业公所，当在苏省会农工商局立案，公同议决划分行销区域，各守界限，不相侵越。数年以来，尚能恪守范围，相安无事，用户亦多称便。今为维持永远之计，特联合浙江同业，开明牌号，将王源吉等八家禀请准予注册给照，并恳援照江浙茧厂成案，凡已设冶坊行销各地点不准再行开设，俾免新创自为风气等情到部。当于本年四月钞录牌号表，咨请饬查核复在案，迄今尚未准复到部，相应咨请贵省长从速饬查见复，以凭核办"等因。准此，查本署本年四月并未接准部咨，该厅接管巡按使卷内有无是项文件，冶业非新发明技术可比,划区销售,迹近专利,所请援照茧厂成案之处,是否可行,合亟饬仰该厅查案拟议呈复核办,勿稍延误,切切。此饬。

省长吕公望

右饬民政厅长。准此。

中华民国五年七月　日

(《浙江公报》第一千五百七十五号,七至八页,饬)

浙江省长公署饬政字第二十六号

饬民政厅长转饬绍萧两县知事限复筹议修筑火神塘情形由

为饬知事。查火神塘工为西江塘之外障,唇齿相依,关系至为切要。前据临浦商务分会总理吕祖楣等详请赶修,业派本公署法律顾问袁钟瑞到地履勘,并由本省长拨支薪公银二千元,交由该顾问监工兴修。续据绍、萧两县知事请将风灾工赈款项尽数拨作修筑该塘经费,并据该顾问条陈移立号石、内塘种桑二策,均经饬仰该厅分饬绍、萧两县知事会同塘闸局协议筹办各在案。迄今日久,未据呈报办法,事关兴修水利,未便稍予延缓,合行饬仰该厅迅饬各该县,限文到十日内,将协议筹办措资情形均行详细具复核夺,毋稍玩延,切切。此饬。

省长吕公望

右饬民政厅长。准此。

中华民国五年七月二十七日

(《浙江公报》第一千五百七十五号,八页,饬)

浙江省长公署饬政字第二十七号

饬民政厅准交通部咨称嘉禾益宁两小轮
变更航路注册换照请饬属保护由

为饬知事。案准交通部函开:"据江海关监督详称,准税司函,华商王升记之嘉禾小轮、庆记之益宁小轮,均变更航路,禀请注册换照,理合将送到呈式旧照详送察核等情。查嘉禾轮船改驶航线,起上海讫杭州,经过松江、平湖、嘉兴、硖石、南浔、湖州等处;益宁轮船改驶航线,起上海讫嘉兴,经过平湖、海盐等处。除由本部涂销旧照,另注新册,填就执照二纸,发交该监督转给承领暨分行外,相应函请查照分饬各该属随时保护"等因前来。除函复外,合行饬知该厅仰即分饬该小轮航线通过各县随时保护,至为切要。此饬。

省长吕公望

右饬民政厅长。准此。

中华民国五年七月二十七日

(《浙江公报》第一千五百七十五号,八至九页,饬)

浙江省长公署饬政字第二十八号

饬民政厅迅将罗纯煆价购壶春楼等
地亩一案咨查明确核议呈复由

为饬催事。查罗纯煆价买壶春楼地基及其余地亩一案,前据该厅呈送图说等件,胪陈办理情形前来,即经本省长于都督任内明晰批示,并饬转行清理官产处将罗纯煆国籍设法查明,复由该厅核议转呈在案,迄今日久,未据呈复。现在清理官产事宜已并归财政厅办理,合亟饬仰该厅迅遵前批克日咨查明确,妥议办法,呈候察夺,勿延。切切。此饬。

省长吕公望

右饬民政厅长。准此。

中华民国五年七月二十七日

(《浙江公报》第一千五百七十五号,九页,饬)

浙江省长公署饬政字第三十二号

饬民政厅为电复院部本省省议会召集日期由

为饬知事。本月二十四日接北京国务院漾电开,"华密。省议会应否即行召集,须俟国会议定,再行办理"等语。除电复外,合行抄发电稿,饬仰该厅知照。此饬。

计发电稿一纸。(已见本月二十九日本报"电"门)

省长吕公望

右饬民政厅长。准此。

中华民国五年七月二十七日

(《浙江公报》第一千五百七十五号,九页,饬)

浙江省长公署饬政字第三十三号

饬委庄之盘徐忍如为政治谘议由

为饬知事。查有该员堪以任命为本署政治谘议,月支薪水银八十元。合将任命状饬发,仰即祗领遵照。此饬。

计发任命状各一道。

省长吕公望

右饬庄之盘、徐忍如。准此。

中华民国五年七月二十七日

(《浙江公报》第一千五百七十五号,九至一〇页,饬)

浙江省长公署饬政字第同上号

饬委王文典为名誉顾问由

为饬知事。查有该员堪以任命为本署名誉顾问,合将任命状饬发,仰即祗领遵照。此饬。

计发任命状一道。

省长吕公望

右饬王文典。准此。

中华民国五年七月二十七日

(《浙江公报》第一千五百七十五号,一〇页,饬)

浙江省长公署饬政字第三十四号

饬民政厅查报本省现办保卫团情形由

为饬遵事。案于本月二十二日准内务总长咨开，"昔管子云：作内政，寄军令，而国以治。东西列强施行征兵制度，亦即我寓兵于农之遗意。方今国运维新，百端待举，抚民卫国，治安为先。军人注重国防，警察亦未普及，地方保卫团之设，实取古者保甲乡团之规制，合一炉而冶之，果能实力奉行，分期退伍，十年以后，成效必彰。世英前在福建巡按使任内①，曾将闽海、建安两道各县地方保卫团一律举办，并依据《地方保卫团条例》，酌量地方情形发布《〈地方保卫团条例〉福建省施行细则》及清查户口、管理器械、练丁各章程暨一切应用表册，通饬遵办，并经本部咨行各省仿照办理在案。各省已经举办者，尚望认真整顿，毋废前功；其未办理者，亦望斟酌情形，迅速举办。为此咨请查照办理，并希见复为荷"等由。准此，合亟饬仰该厅迅将本省各县地方现办保卫团情形，克日详晰具报。其已办地方应如何整顿维持，未办地方应如何筹画进行，经费如何指定，并仰一并妥议具复，以凭核复。至依据《条例》所订《细则》《规程》及各项表册，并即各缮一份呈送备查，均无违延，切切。此饬。

省长吕公望

右饬民政厅长。准此。

中华民国五年七月二十七日

（《浙江公报》第一千五百七十五号，一〇至一一页，饬）

---

① 世英，即许世英（1873—1964），字静仁，号俊人，安徽省至德县（今东至县）人。民国三年五月任福建民政长，不久改称巡按使。民国五年四月辞职。随后任段祺瑞内阁内务总长。

浙江省长公署饬政字第三十六号

饬民政厅准内务总长咨遵改筹备国会事务局已奉准由

为饬知事。案准内务总长许咨开，"准国务院函开，称'奉大总统发下内务部呈本部办理选举事务局遵令改为筹备国会事务局，拟饬该局在事各员按照原派职务迅速筹备文一件，自应照准'等因。奉此，函达前来。除通行外，相应钞录原呈咨行贵省长查照"等因，并附呈文到署。准此，合即饬仰该厅查照办理。此饬。

省长吕公望

右饬民政厅长。准此。

中华民国五年七月二十七日

（《浙江公报》第一千五百七十五号，一一页，饬）

浙江省长公署饬政字第三十七号

饬民政厅警政厅准内务总长咨奉
大总统申令《报纸条例》应即废止由

为饬遵事。案准内务总长咨开，"七月十六日奉大总统申令，'《报纸条例》应即废止。此令'等因。奉此，除饬知京师警察厅、京兆尹暨函达步军统领衙门外，相应咨请查照，转饬可也"等因。准此，除饬民政厅、警政厅知照外，合饬该厅查照转饬各属一体遵照办理。此饬。

省长吕公望

右饬民政厅长、警政厅长。准此。

中华民国五年七月二十七日

（《浙江公报》第一千五百七十五号，一一至一二页，饬）

浙江省长公署饬政字第　号

饬各厅准内务部咨奉大总统申令
政治罪犯被拘禁者应一律释放由

为饬知事。本年七月二十三日准内务总长咨开,"七月十二日奉大总统申令,'现在《惩办国贼条例》及《附乱自首特赦令》业经废止,所有本年七月十二日以前因政治犯罪被拘禁者应即一律释放,其通缉各案亦一律撤销,但触犯刑事罪名者不在此限。此令'等因。奉此,除分行外,相应咨行贵省长查照办理。此咨"等因。准此,合行饬仰该厅即便转饬所属一体遵照办理具报。此饬。

省长吕公望

右饬民政厅长、高等审判长、高等检察长。准此。

中华民国五年七月二十七日

(《浙江公报》第一千五百七十五号,一二页,饬)

浙江省长吕批

民政厅长呈据公立医校呈教员赴日考察请给咨文由

呈悉。准予给咨,仰即转给赍投。此缴。咨文附发。七月二十五日

附　咨驻日公使文

为咨行事。据民政厅厅长王文庆呈为公立医药专校教员赴日考察据情转呈恳给咨文事,"窃本月七日据公立医药专门学校校长韩清泉呈称,'窃维医术进步,岁或不同,考察所关,人各有见,是以参观不嫌求详,心得尽堪互证。查本校成立以来,节经由教员陈巍、石锡祜并清泉等,岁一赴东考察。虽未敢谓于本校办法大加改良,然亦不得谓之绝无影响。兹有医科教员盛在珩、药科教员周军声,拟乘暑假期内赴日本东京各地考察关于医药各科新进学术,并

顺道采购医药器械,以备本校教育改进。惟查向来成案,该教员等前往日本须赉有驻日公使咨文,以便接洽。本届亦应援案呈请转呈都督给咨,俾便前往'等情。据此,查该校派员赴日考察医药各科,系为增进学识、改良方法起见,历届出发均经本省行政长官照给咨文在案。兹据前情,理合转呈钧督察核,准予给发咨文,俾便转给该员赉往考察"等情前来。查该教员等考察医药,以求增进学识、改良方法,深堪嘉许。除批复外,相应备文咨请贵公使查照施行。此咨驻日公使章①

(《浙江公报》第一千五百七十五号,一三页,批牍)

浙江省长吕批

警政厅呈为内河水上警察厅查取属员履历开摺分别荐委由

呈及履历、名单均悉。所有该内河水警厅科长陈士龙暨各区区长、队长等十六员,准予分别加给任命状,随批并发,仰即转饬祗领。此缴。履历、名单存。七月二十六日

(《浙江公报》第一千五百七十五号,一三页,批牍)

浙江省长吕批

奉化县呈报订购公报数目由

呈、表均悉。查公报处所列各县署领购名册,该县向购有《公报》七份,来表所列已购四份,添购三份,数目含混,究竟该县于原购总数外,应否添购,仰即分别声叙,毋得混列。此缴。表发还。七月二十六日

(《浙江公报》第一千五百七十五号,一三至一四页,批牍)

---

① 驻日公使章,即章宗祥(1879—1962),字仲和,浙江吴兴(今湖州市南浔区)人。民国五年六月三十日任驻日本国特命全权公使,七月二十五日接任视事。

浙江省长吕批

财政厅厅长呈复奉饬核议衢县知事请以
都司署及演武场为公共运动场由

呈悉。该前城守营都司署既未标卖,应准拨充县立公众运动场,仰即咨民政厅转饬知照。此缴。七月二十六日

(《浙江公报》第一千五百七十五号,一四页,批牍)

浙江省长吕批

余杭县呈报领购公报数目由

呈、表均悉。据称该县已购《公报》十份,此次添购一份,应即照发。惟监狱、习艺所、高小、东北、自治公所等五处,向在该县派报处转递者,自八月一日起,概由公报处直接汇寄该县署转发,以归一律,仰即转饬知照。此缴。表存。七月二十六日

(《浙江公报》第一千五百七十五号,一四页,批牍)

浙江省长吕批

高检厅呈桐庐监犯吴如珍等脱逃请示由

呈悉。监犯在场工作,宜如何妥为防范,方免疏虞,乃竟脱逃二名,该管狱各官实属异常疏忽,仰即照章议处,另行呈夺。一面勒缉逸犯吴如珍、沈景福二名务获,并提看役李才等研讯,有无贿纵情弊,一并究报,毋任延纵,切切。缴。七月二十七日

附原呈

呈为呈请事。案据桐庐县知事呈报(云云已见本月廿五日高检厅第一八七九号饬内),"合将该犯等年貌、籍贯、案由、刑期开具清册,呈请钧厅察核转报,并乞饬属一体协缉务获解究,实

为公便"等情。据此,当经本厅批以"呈悉。监犯工作,应如何严密防范,该县管狱员薛奋扬管理不严,以致工场无人看守,任令监犯毁门逃逸,实属疏忽已极,除准予通缉并转报外,仰该知事迅速就近饬警严密踏缉逃犯吴如珍、沈景福二名归案讯办,并候另文议处。此批"等语印发在案。除通饬协缉外,理合备文详请钧督鉴核示遵。谨呈。

(《浙江公报》第一千五百七十五号,一四页,批牍)

浙江省长吕批

发高检厅据平湖县呈报褚泾坊解圩九亩滨发现无名男尸由

呈及格结均悉。该无名男尸究被何人殴伤落水身死,因何起衅,仰高等检察厅饬即严密查访踏缉,逃凶务获究办,切切。此批。格结存。七月二十七日

附原呈

呈为具报事。本年七月十五日据县属褚泾坊坊役沈秉均报称,"今晨闻人传说,解圩九亩滨内有浮尸一具,经役往看属实,见该尸年约三十有余,合在河面,身穿白布短衫、红色良绸裤子,并无亲属出认,报请相验"等情。查该处距城二十四里,适值知事另有要公,不克分身,随即饬委城区警佐带同检验吏、录事驰往尸所。勘得褚泾坊解圩九亩滨地方,东通江苏金山,北达平湖。该无名男尸合仆滨内水面,身穿白布短衫、红良绸裤,科头赤足。勘毕饬将尸昇起,平明地面,对众去衣,如法相验。据检验吏全福生喝报:已死无名男子,约在三十左右,量身长四尺六寸,仰面面色腐变,不致命右腋肷有拳伤一处,围圆四寸八分,紫赤色,合面致命脑后有木器伤一处,斜长二寸二分,宽一寸四分,紫红色,两手拳握,十指甲缝有泥沙,两手心皱白,十趾甲缝有泥

沙，两脚心皱白，肚腹微胀，余无故，委系生前受伤落水身死。报毕亲验无异，当场填格取结，尸饬棺殓封，交坊役看管，具文呈复到县。该无名男子究被何人、因何殴伤落水殒命，尚无尸属出认，一时难得真相。除示召尸属来县具报，一面饬警访缉逃凶务获，研讯确情按律拟办外，合将相验情形备文呈报，仰祈钧督察核，诚为公便。谨呈。

（《浙江公报》第一千五百七十五号，一四至一五页，批牍）

浙江省长吕批

发高审厅据义乌县呈报金王氏堕胎毙命一案相验由

呈悉。此案金王氏既据验系堕胎后致病身死，究竟已堕之胎现在何处、朱培海是否确与金王氏有奸、用何方药、医生何人，均为案中最要之点，仰高等审判厅饬即遵照指饬传证查讯拟办，毋任延混。嗣后命案呈报到官，应即驰往诣验，实究虚坐，不得以讯供不符驳斥，致兹尸亲藉口争执，开棺检验，转多周折，以重人命而杜狡诬，并即咨会高检厅通饬各属一律遵办。此批。格结存。七月二十七日

（《浙江公报》第一千五百七十五号，一五页，批牍）

浙江省长吕批

民政厅呈为遵议湘湖浚垦事宜并送报告图说请核示由

呈及附件阅悉。湘湖为该处水利攸关，年久失修，需费浩大，兹拟浚垦兼施，即以放垦地价作为疏浚经费，双方并顾，尚属切实可行，仰俟省议会成立，提交该会议决可也。此缴。附件随发。七月二十七日

附原呈

呈为核议呈复事。窃查前奉都督政字第八六号饬开，"案据萧山公民韩茂棠等禀请，'联合九乡集款浚湖，公请饬厅取消垦

案,勒石永禁,以全水利而保农田'等情。当经本都督批示,'禀悉。仰候饬行民政厅查案核拟复夺可也。此批。除批示外,合行抄发原禀,饬仰该厅如批办理,仰即查照。此饬'"等因。当以此案既经前按署饬行水利委员会派队复勘,请俟该会复到,再行汇核拟复呈奉批准。嗣奉饬催转饬该会"迅速查明核议,呈候核夺"等因,并即饬知该会遵办各在案。兹据该会呈称,"奉查此案,奉前巡按使屈饬知,'准农商部咨请继续测量湘湖高低,以备分别浚垦,应仍派该队前往,业经转饬第一测量队队长陈恺遵照办理'在案。兹奉饬知前因,理合将该队绘造《湘湖计划图》一卷、《测量计划概要》一本,一并备文呈送,仰祈厅长察核施行。再,前项《计划图》仍请发还,以便刷印,合并声明"等情,并附图一幅、《测量计划概要》一本到厅。伏查萧山湘湖原为九乡农田蓄水之区,只以年久失修,淤出地亩,日见其多,而碛堰凿通,三江筑闸以后,向日仰给湖水者,论理自应减少,是以人民陈请弛禁放垦者亦因之日众,规复旧观既未易言,禁止开垦殊难持久。然一任领垦,不为设法,亦恐争议纷起,驯至日久侵占,蓄水无所,既负昔人辟田为湖之初意,亦失从前官厅迭主禁垦之苦心。此浚垦并举之议与派队迭次测勘之所由来也。至标卖之说,又因湖面较广,除荒阜不能尽浚之处外,应浚者居二分之一,需费既多,筹集不易,不得不仍就该湖所有淤出地亩设法,自不能听九乡人民与夫禀请领垦之翁兆霆等,以向来湖粮摊征,或《国有荒地承垦条例》,藉口抵制。惟按照水利委员会此次报告测勘情形计,湖中淤出地亩可以容纳浚出沙土而为将来标卖放垦者,实仅二千七百十三亩,应浚之湖面共有九千七百三十一亩,平均应去土七十三万一千六百余方,地价收入以原拟每亩三十二元计算,仅可得银八万六千八百一十六元,浚费支出以原拟去土每方工价三角六分计算,则共需银二十六万三千有零,较之前送报告书，收入之款转减，支出之款转增，收支相抵，计差三分之二有零。差数既益悬殊，筹垫亦愈不易，而湖淤日多，湖身日高，又非亟谋浚垦兼施，不足以尽地利而餍众望。兹拟无论土著、客籍以及地方公私团体，如确能按照所拟浚湖计画筹备款项定期实行者，均许将预备标卖地亩尽数给垦，免其缴价，并先尽原有九乡人民及该县公共团体筹款办理，以期简捷而杜纷争。所有遵批议复萧山湘湖浚垦办法缘由，理合检同水利委员会前送《湘湖测量报告书》及此次据送《湘湖计划图》暨《测量计划概要》具文呈复，伏乞都督鉴核批示祗遵。再，此次据呈《湘湖计划图》仍请发厅，以便转发印刷，合并呈明。谨呈。

（《浙江公报》第一千五百七十五号，一五至一七页，批牍）

浙江省长吕批

财政厅长呈为具复武林铁工厂请给补助费一案由

据呈，"武林铁工厂官股补助，本年度无预算可循，拟自六年度起列入预算，提交议会议决"等由，办法尚无不合。惟查该厂原禀，系称"经官核准，每年补助二千元，以五年为限"，兹据呈称，系前按署允附官股二千元，核与原禀性质大不相同，究竟是何实情，仰再查明申复核办。此缴。七月二十七日

附原呈

呈为具复武林铁工厂请给补助费一案请鉴核事。本年七月十八日奉钧督批武林铁工厂禀请查案核准补助费由，奉批，"禀悉。制造机械为振兴实业之要图，该董事等集赀开设铁工厂，以限于资本未能发达，官厅自应力予维持。据称先经禀准补助有案，应准照案办理，仰财政厅查案核办具复，并行该厂知照。此批。摘由、抄禀发"等因。奉此，查该工厂曾于民国四年三月间，

以集资无多、深虞竭蹶,请酌拨官股补助,当经前巡按使核准"允附官股银二千元,俾资周转,饬厅列入四年度预算"在案。嗣由中央将编造之四年度预算改为五年度预算核定颁布,其间内务、教育、实业等费为三年度预算所无者,皆加删除。旋经前巡按使就核定总数范围,分别挹注,另行支配,开具清单发厅查照办理,所有该工厂补助费一款并未列入支配清单之内,遂致悬而无着。兹据禀请查案核办,事关振兴实业,诚如钧批"自应力予维持"。惟本年度内既无预算可循,似难遽予支拨。窃思该厂所请官股补助,只期款有着落,原非急于待用,拟即俟六年度起,再行查照原案列入预算,提交立法机关议决,按年拨给,庶动支库款之时,较有根据。是否有当,理合备文具呈,仰祈都督鉴核批示祗遵,俾便转行该厂知照,实为公便。谨呈。

　　(《浙江公报》第一千五百七十五号,一七至一八页,批牍)

浙江省长吕批

民政厅呈为核议发还刘公祠一案办法请示遵由

据呈,"该祠为浙民所建,拟照参议会议决,仍为女侠专祠,而将刘果敏公木主合祀清六臣祠"等情①,办法尚无不合。惟据该公民刘本铎历次呈请,均以"该祠之筹款、购地,出自宦浙湘人及旧部诸君作为,应归私有之根据",核与来呈所称该祠建自浙民者,情节颇有不符。查卷内刘本铎黏呈该祠碑记及筹备岁收经费记,除岁修经费九百十二两集自该家族及旧部湘人外,凡择地、建祠等事,均载明为浙中人士所经营。工程局及杭县知事查复,文内虽有"其款集自宦浙湘人及地方好义绅士"等语,然仅得之传闻,并无实在凭证。究竟该公民所称各节有无

---

　　① 刘果敏公,即刘典(1820—1879),字伯敬,湖南宁乡人。曾任浙江按察使。著有《刘果敏公遗书》十七卷。清六臣祠,原称帅公祠,在西湖孤山东侧,祀清道光间浙江巡抚帅承瀛,后增祀彭玉麟、刘典、杨昌濬、曾国荃、李鸿章五人,因称"清六臣祠"。

别种根据,该祠购地契据暨管业知照,据称存钱塘县署,内有载明"刘处""刘公祠"字样,界石上并刻有"楚南上香人刘界"字样,现在是否尚有可考,如果属实,能否作为该祠私有之确据。事关人民权利,既据陈述事由,非经详确调查,未便遽予决定,仰即另派干员按照上开各节切实查明,再行拟议,呈候核夺,毋稍疏缓,切切。此缴。七月二十七日

(《浙江公报》第一千五百七十五号,一八页,批牍)

浙江省长吕批

发民政厅据省会警察厅厅长呈请
转饬杭县知事觅开荒山取沙石以资应用由

准如所请办理。仰民政厅转饬杭县知事查勘相宜地点具报察夺,并先行该厅知照。此批。呈抄发。七月二十八日

附原呈

呈为呈请事。窃职厅管辖之工务处系掌管修理道路、桥梁诸事业,并将来开筑环湖马路、填砌西湖沿岸石礵,所用材料以石为最多。无如省会,自上年杭县知事周李光因擅许人民在留下等处开山烧灰一案,经杭垣士绅呈请前巡按使屈,将已开各石山一律永远禁止开采在案。但各士绅以祖宗坟庐所在地方,动辄经人开采,漫无限制,势将有暴骨之虞,为子孙者自不能忍。然竟因噎废食,亦与地方公益转多妨碍。查省会自辛亥改革以后,通行人力车辆,初起全用铁轮,各公司只知图利,而道路之损坏遂致不堪收拾。上城大街稍觉平直,而下城小街僻巷崎岖不平,每有行路难之概。现在工务处若是逐段修理,则石板之碎断、乱石之铺垫者,均须易换,而省城各石匠铺以停止开采石山以后,各项石料势必向伊购买,遂相约垄断居奇,甚至前工程局孙总办承修城内各桥工需用石料,购自上江或塘西等处,转运时

有迟滞,每至停工以待,其价额超过预算一倍。乃工程局逐月收入经费仅在二千元左右,而一切薪工杂支均在其内,量入为出,时形竭蹶,若需用石料过多,则难免款项不敷。查上海工部局以需用石料,曾于前清向仁和县署租借塘西之鹿章山地方开采各种石片,以资应用,而本省之工程局反无一官山自行开采,揆之情理,似未为可。厅长再四思维,拟请饬下杭县知事速即在于西湖区域内觅一四无坟墓并无伤风景之官荒石山,准由工务处自行开采,专作修理道路桥梁之需,并声明此系为谋便利交通、顾全公益起见,无论军民人等概不得援以为例,动辄禀请采石,致违前届巡按使之禁令,庶几两全其美。修理马路,需用泥沙亦广,现黄泥每方须一元九角,黄沙每方须三元六角,均系经人包运,逐月所费亦复不赀,如果有官地,泥沙自行掘运,则价亦稍廉,并饬下杭县知事在于西湖左近指定官荒地点运取泥沙,庶工程可以进行而经费可以撙节也。所有请饬转觅官荒开采山石、掘运泥沙各缘由,理合备文呈请察核迅予批示祗遵。谨呈。

（《浙江公报》第一千五百七十五号,一八至一九页,批牍）

浙江省长吕批

警政厅呈据外海水上警厅呈复护船保证金
碍难免除并送取缔规则请核示由

呈及《规则》均悉。既据核明外海水上警察厅呈复各节系属实情,所有《修正取缔护船规则》第十条保证金之规定,自毋庸遽议删除,仰即转饬知照,并饬传谕该公所遵照。此批。《规则》存。七月二十八日

（《浙江公报》第一千五百七十五号,一九页,批牍）

浙江省长吕批

发财政厅据新昌县知事呈复前征收
主任徐师孟垫款属实应准归还由

呈悉。该县前征收主任徐师孟所垫银两，既据查明属实，除业已归还外，其余银二十七两七分七厘，应即于本年上忙带征数内如数扣还，以清垫款，仰财政厅转饬知照。此批。七月二十八日

（《浙江公报》第一千五百七十五号，一九页，批牍）

浙江省长吕批

发高检厅据义乌县管狱员呈犯已就获声明原委由

呈悉。逸犯楼六宝既据缉获，尚知愧励。此次撤任，系据县知事呈揭，自系另一问题，该员不自引咎，辄行越级来辕辩渎，殊属谬妄。仰高等检察厅核饬知照。至楼六宝缉获还监，尚未据该知事呈报，并即查明办理。此批。七月二十八日

（《浙江公报》第一千五百七十五号，二〇页，批牍）

浙江督军兼省长吕批

陆军第六师师长呈请给发公民许之楣等匾额由

呈悉。该泗安商务分会总理许之楣、高等小学校长兼保卫团团董严守铭、公民金在镕、前泗安巡官钦景贤等四员，准各给"热心公益"四字匾额一方，以示奖劝。仰该师师长查照发到字样，分制转发可也。此批。七月二十八日

计发匾额字样一纸。

附原呈

为呈请事。本月二十二日据步兵第十一旅旅长王桂林呈

称，"据二十二团团长来伟良呈称，'窃查泗安地方为皖省通浙之要道，一有军事，该镇首当其冲，自来重兵之驻扎该镇者历历可考。团长自民国二年奉命驻湖，迄今三载，就防务方面论之，当以泗安关系为最深。上年赣事发生，团长曾以混成团驻守该镇。嗣后数年虽形平静，而因该镇为要重之边境，陆军驻守未尝间断。至本年独立以后，奉军司令官童，委团长兼任驻泗军队总指挥官，是时各军队之驻该镇者约计三千余人，其能使布置得宜、秩序井然者，全赖上官之苾筹，而所以使军队安适、毫无故障者，则该地公民之热心公益，实与有力焉。兹查泗安商务分会总理许之楣、高等小学校长兼保卫团团董严守铭、公民金在镕、前清泗安镇巡官钦景贤，历年以来，对于军队供给、宿营及地方接洽事宜，力为筹措，均能使驻扎之所安适如恒，极堪嘉尚。至此次军队集中该镇，以人数较多，办理尤难，而该镇商务分会总理许之楣竭尽心力、任劳任怨，尤为难得。团长拟请将该公民等转请都督酌给荣施，以为热心公益者劝，庶足以昭信赏而励来兹。为此理合备文呈请鉴核转呈施行'等情前来。据此，理合备文呈请，仰祈核转施行"等情。据此，查该公民许之楣等四员热心公益、任劳任怨，以致历来驻扎该地军队安适如恒，实为难得，拟请准予赏给匾额各一方，以昭激劝，是否有当，理合备文转呈仰祈鉴核，准给施行。谨呈。

（《浙江公报》第一千五百七十五号，二〇至二一页，批牍）

浙江省长吕批

汤溪僧青云禀为天宁寺改设小学请批示立案由

查设立小学应禀由该管县知事核办，该僧前禀于校章如何规定、校款如何筹集，均未详细声叙，尤属无凭察核，故未准予受理。如果实心兴学，仰即查照定章，径禀该县知事立案可也。此批。七月二十六日

（《浙江公报》第一千五百七十五号，二三页，批示）

浙江省长吕批

建德县公民邵嗣彦等禀请饬县免收自治附捐由

禀悉。此案前据该民等联名具禀，即经本省长于都督任内批行民政厅查议复夺。嗣据复称，"是项自治附捐，或征或否，视各县自治经费之赢绌为断。该县原拟每两请加一角五分，经前按署批示，减为一角，于人民负担一方面亦已顾及，且既经前按署批准，其自治经费之支绌，当系实在。惟该民等既有所请，似应加予体恤，拟即准照每两随征一角原案暂以征收一年为限，嗣后再视该县自治经费之赢绌分别停止、减收"等情前来，复经批准照办在案，着即知照。此批。七月二十七日

（《浙江公报》第一千五百七十五号，二三页，批示）

浙江省长吕批

上海商务报馆理事荒牧藤三禀陈鹏飞强占戏园请饬解讯由

查陈鹏飞已据宁警厅电禀"投案取保候讯，另行呈夺"等情，本案如何情形，应俟该厅呈复到日，再行核夺。此批。七月二十七日

（《浙江公报》第一千五百七十五号，二三页，批示）

浙江省长吕批

永康陈日升禀控县署书记王培阆恃符揽权请查究由

据禀，案经判决控告在案，自应静候审理，无庸歧渎。此批。七月二十八日

（《浙江公报》第一千五百七十五号，二三页，批牍）

浙江督军兼省长咨内务部

为准咨奉令本年七月十二日以前因政治犯罪拘禁各犯应即一律释放由

浙江督军署、浙江省长署为咨复事。案准贵部咨开，"七月十二

日奉大总统申令,'现在《惩办国贼条例》及《附乱自首特赦令》业经废止,所有本年七月十二日以前因政治犯罪被拘禁者,应即一律释放,其通缉各案亦一律撤销,但触犯刑事罪名者不在此限。此令'等因。奉此,除分行外,相应咨行查照办理"等因。准此,查浙省从前因政治犯罪拘禁要犯,业经通饬一律释放在案,准咨前因,除饬属将政治犯罪通缉各案一律撤销外,相应备文咨复贵部,请烦查照。此咨
内务总长

浙江督军兼署省长吕公望

中华民国五年七月二十八日

(《浙江公报》第一千五百七十六号,一九一六年八月一日,五页,咨)

浙江省长署函复交通部

准咨以华商宜昌轮船变更航线注册

换照已饬属保护由

径启者。兹准贵部咨开,"据江海关监督详称,接税务司函,据华商宜和轮局禀,旧有宜昌轮船,曾领部照,遵章行驶,兹变更航线,应即换照,遵具呈式附缴部照,请转详注册换照等因,理合检同旧照呈式详请核办等情到部。查该轮改驶航线,起垆墟讫平湖,经过西塘、嘉善等处,除由本部涂销旧照,另注新册,填就执照一纸,发交该监督转给承领暨分行外,相应咨行贵省长查照,分饬各该属随时保护可也。此咨"等因。准此,除饬民政厅转饬该小轮航线通过各县随时保护外,相应函复贵部查照。此致
交通总长

浙江省长吕公望

中华民国五年七月二十八日

(《浙江公报》第一千五百七十六号,六页,公函)

浙江督军署浙江省长署饬会字第六号

饬军民各机关准内务部奉令本年七月十二日以前
因政治犯罪拘禁各犯应行一律释放由

为饬知事。案于本月二十四日准内务部咨开，"七月十二日奉大总统申令，'现在《惩办国贼条例》及《附乱自首特赦令》业经废止，所有本年七月十二日以前，因政治犯罪被拘禁者应即一律释放，其通缉各案亦一律撤销，但触犯刑事罪名者不在此限。此令'等因。奉此，除分行外，相应咨行查照办理"等因。准此，查本省前因政治犯罪拘禁各犯业经通饬一律释放在案，准咨前因，除咨复内务部查照并分行外，合行饬仰该　　将从前因政治犯罪通缉各案一律撤销，并即转饬所属一体知照。此饬。

浙江督军兼署省长吕公望

右饬陆军第六师师长、陆军第二十五师师长、预备第一旅旅长、嘉湖镇守使、台州镇守使、高等审判厅厅长、高等检察厅检察长、民政厅厅长、警政厅厅长、宪兵司令官、丽水团区司令官、兰溪团区司令官、建德团区司令官、镇海炮台总台官。准此。

中华民国五年七月二十八日

（原载《浙江公报》第一千五百七十六号，七页，饬）

浙江督军署浙江省长署饬会字第八号

饬各属准外交部咨取消一八五八年《中美条约》第十八款
合众国民人在船上不安本分逃走至中国内地办法由

为饬遵事。案准外交部咨开："为咨行事。取消一八五八年《中美条约》第十八款所载：倘大合众国民人在船上不安本分，离船逃走，至内地避匿者，一经领事官知照，中国地方官即派役查拿，送交领事等官治罪一节，业由部与美使互换照会，自本年七月一日起实行，并于六月三十日电达查照在案。惟取消此项条款与美国人民（该美国人民，含有美国陆海军兵士逃往中国内地或在中国内地发生犯罪情事在内）在内地游历之原有按约所享权利义务毫无关系，曾经美使来函声明。嗣后对于美国兵士如逃至中国内地或在中国内地有发生犯罪情事，应即按照外人无照潜至中国内地或无照外人在内地犯罪办法，交由就近美国驻在中国各领事官办理。相应将此次取消中美约文与美使来往文件抄送咨请查照，即希转饬所属一体遵照可也。此咨"等由，附抄件。准此，除分饬外，合将抄件印发饬仰该　　查照，并转饬所属一体遵照办理。此饬。

计发抄件。

督军兼署省长吕公望

右饬民政厅长，财政厅长，警政厅长，交涉署长，瓯海、宁波交涉员，陆军第六师、陆军第二十五师师长，嘉湖、台州两镇守使。准此。

中华民国五年七月二十九日

照录美芮使函

径复者。四月二十九日本馆函达贵部，业于本月二十六日接准复函，内称"一千八百五十八年《中美条约》十八条第二款所载，大合众国民人在船上不安本分离船逃走拿送之事，中国政府愿即取消"等因，本公使深喜，业经达知本国政府，今日系用互相照会之法，将此问题办结。至关于贵兼署总长所称"美国兵士嗣后如有逃至中国内地，或在中国内地有发生犯罪情事，拟同时以照会声明，即按照外人无照潜至中国内地或无照外人在内地犯罪办法，交由美国驻在中国各领事办理"等语。查互换照会之时，本馆意旨以取消该约十八条第二款，与美国人民在内地游历之原有按约所享权利义务毫无关系，该美国人民并含有美国陆海军兵士逃往中国内地或在中国内地发生犯罪情事在内，相应

函达贵兼署总长查照可也。此颂

时祉

照录美芮使照会

为照会事。上年三月四日，美国国会议定法案，系为增进美国商船员役幸福，革除缉捕拘禁逃亡船役等处罚，取消关于此事之各约章条款，并改良海中平稳之各项办法，业经本国政府饬令本公使达知贵政府，将一千八百五十八年六月十八日《中美条约》十八条第二款取消。该款有云，倘大合众国民人在船上不安本分，离船逃走，至内地避匿者，一经领事官知照中国地方官，即派役查拿送交领事等治罪等语，本国政府并令本公使以互换照会办法办理。兹特由本公使声明，自本年七月一日以后，所有前开之一千八百五十八年六月十八日《条约》十八条第二款两国议定取销，其余该约所载各节均属有效。此项办法如经贵政府允准，希即来照声明，该照与本馆今日去照即系办结该项问题之互换照会，即请贵兼署总长查照办理可也。须至照会者。

照录复美芮使照会

为照复者事。准本年六月三十日贵公使照会，以奉贵政府训条，拟将一千八百五十八年《中美条约》第十八款所载，倘大合众国民人在船上不安本分，离船逃走至内地避匿者，一经领事官知照中国地方官，即派役查拿送交领事等官治罪一节，认为由两缔约国互相允许作废，但该约内所有其他条款应仍继续有效，并拟彼此以照会声明，自本年七月一日起实行各等因，本国政府甚表赞同，应即于本年七月一日起实行，相应照复，即希查照。须至照复者。

（《浙江公报》第一千五百七十六号，八至一〇页，饬）

浙江督军署饬第八号

饬第二十五师师长等据第六师呈请规定官兵请假由

为饬遵事。案据陆军第六师师长童保喧呈称，窃查官兵请假，向有定章，历经遵办在案。惟于往返路程日期未经规定，不无滞碍之处。嗣后官兵请假定为请假日期及往返路程日期两种，假期给予权照章办理，路程日期给予权由各该团营长以上各长官严加考核，酌量交通情形、路程远近分别核定，并于请假单附记栏内详细注明路程经过日期，以便查核。若除去往返路程日期，查其假期实在本管长官权限以内者，即行批准，毋庸转请核示，以省手续等情前来。除以事属可行，批准备案，并通饬照办外，合行饬仰该　转饬所属一体照办。此饬。

计发本省原有《修正陆军给假规则》　本。

督军吕公望

右饬陆军第二十五师师长张载阳、预备第一旅旅长俞炜、宪兵司令官傅其永、军械总局局长张国威、测量局局长董绍祺、被服厂厂长薛炯。准此。

中华民国五年七月二十七日

（《浙江公报》第一千五百七十六号，一〇页，饬）

浙江督军署饬第二十号

饬文武各属为《浙江护国军政府组织法》业经废止
该军务厅名目亦应取消由

为饬知事。照得军务厅系前都督府之编制，依据《浙江护国军政府组织法》而设，现《浙江护国军政府组织法》业经宣告废止，该军务厅名目亦应取销。兹本署仅仍分设参谋、副官两处，并军务、军需、军法、军医四课，各按原有职掌分别办事。除通行知照外，合行饬仰该并转饬所属一体知照。此饬。

督军吕公望

右饬文武各属。准此。

中华民国五年七月二十九日

（《浙江公报》第一千五百七十六号，一〇至一一页，饬）

浙江督军署饬第三十九号

饬各厅为各县公署所用军事调查侦探等员
统限本月底一律裁撤由

为饬知事。照得本省内外军警机关、各县公署所用军事调查、侦探等员，统限本月底一律裁撤，此项经费截至本月底为止。至各县防务，仍责成就地营、县照常办理。嗣后各机关对于防务，必须雇用侦探暨调查等时，均由各该机关核定经费内开支。除分电遵照并饬知民、警/财、警/民、财厅外，合行饬仰该厅长知照。此饬。

督军吕公望

右饬财政厅厅长莫永贞、民政厅厅长王文庆、警政厅厅长夏超。准此。

中华民国五年七月二十九日

（《浙江公报》第一千五百七十六号，一一页，饬）

浙江督军署致各属电

各团区司令部、外海水警厅并转两总署、宁波警察厅、兰溪警察局、警备队各统部、镇海炮台总台官、内河水警厅、省会警察厅、宪兵司令处：本署各军事调查、侦探等员，业经裁撤，各处谍报均应停办，所有此项经费，截止本月底为止。特电遵照。督军。艳。印。（中华民国五年七月二十九日）

（《浙江公报》第一千五百七十六号，一一至一二页，饬）

浙江省长公署饬政字第　　号

饬民政厅警政厅转饬各属保护日人田中兵五郎来浙游历由

为饬遵事。本月二十三日准江苏省公署咨开，"案据外交部特派江苏交涉员杨晟详称，顷准日本国总领事函，以田中兵五郎赴江苏、浙江、安徽、江西、湖南、湖北游历，缮给护照，请盖印前来。除将护照印发外，理合详请察照，转饬各属俟该日本人到境呈验护照时，照约保护等情。据此，除饬属保护并分行外，相应咨请查照，希即饬属照约一体保护"等由。准此，合亟饬仰该厅遵照，通饬各属俟该日本人田中兵五郎到境呈验护照时一体照约保护，毋稍疏忽，并移行交涉公署知照，切切。此饬。

省长吕公望

右饬民政厅、警政厅。准此。

中华民国五年七月二十八日

（《浙江公报》第一千五百七十六号，一二页，饬）

浙江省长吕批

金华县知事呈为遵饬填报订购公报数目表请赐察核由

呈、表均悉。已饬处照发矣。此缴。表存。七月二十七日

附原呈

呈为陈送事。本年七月十五日奉钧督饬开，"照得本府《公报》为宣布本省法令之枢纽，其中选登体例皆与各衙署及团体职务事实多所关系，凡属本省管辖，无论何机关均应领购。嗣后县属各机关团体自本月一日起，其向未购备者应一律订购，由该县知事按表分别填列，汇报本府饬处照发，其报费查照向章仍由该县按期汇缴财政厅核收。合将表式饬发，限文到三日内遵照办理。计发表式

一纸"等因。查职署向共购领前项《公报》十二份,兹奉前因遵经知事查明向未购备各机关,分别饬知添购,计共十二份。除将报费按期汇缴财政厅外,理合将已购、添购各机关及数目遵式填表备文呈送,仰祈钧督察核饬处照发,俾便转饬购阅,实为公便。再,此次添购《公报》十二份,请自八月一日起饬处照发。合并附陈。谨呈。

金华县属各机关订购公报数目表①

县　名	所属机关名称	已购份数	添购份数	已购总数	添购总数
金华县	县公署	五分		十二分	十二分
	城区警察所	一分			
	东乡警察所		一分		
	南乡警察所		一分		
	西乡警察所		一分		
	北乡警察所		一分		
	城区自治办公处	一分	一分		
	中学校	一分			
	教育会	一分			
	师范学校	一分			
	高等小学校	一分			
	商会	一分			
	赤松乡自治办公处		一分		
	东震乡自治办公处		一分		
	东华乡自治办公处		一分		

---

① 底本有文字无表格,表格为整理者添加。

续　表

县　　名	所属机关名称	已购份数	添购份数	已购总数	添购总数
	文星乡自治办公处		一分		
	南华乡自治办公处		一分		
	至道乡自治办公处		一分		
	白沙乡自治办公处		一分		
	芙峰乡自治办公处		一分		

（《浙江公报》第一千五百七十六号，一六至一七页，批牍）

浙江省长吕批

民政厅呈报委任孙士琦为第八中学校校长由

呈悉。缴。履历存。七月二十七日

附原呈

为呈报事。案查省立第八中学校校长叶师蕴，业经调省另候委用，遗缺查有孙士琦堪以接充。除填发委任状饬知遵照外，理合取具该员履历备文呈请钧督鉴核备案。谨呈。

（《浙江公报》第一千五百七十六号，一七页，批牍）

浙江省长吕批

发高审厅据嵊县呈报史钱氏被张樟老戳毙一案相验由

呈悉。凶犯张樟老既已获讯供认不讳，仰高等审判厅饬即传证复讯明确，按律拟办。缴。格结存。七月二十八日

附原呈

呈为验讯史阿土状报伊妻史钱氏被张樟老戳毙一案情形，

填具格结呈请察核事。据史阿土状称，"民娶得已故周阿和之妻钱氏为室，不料匪犯张樟老等结党横行，劫夺营生，欺民寓住路口，往来孤客，屡遭抢劫，因妻直言埋责张樟老等，从此钉恨，防恐机关败露，突于昨十六日傍晚黑时，该凶张樟老纠率匪徒持刀赶家，蛮将民妻钱氏戳伤额颅、肩膊与胁肋等处，登时殒命，幸民不在家不遭毒手。凶犯张樟老已被该族捆送来县，请求验究"等情前来。并据白鹤乡保卫团总张观棋呈称，"张樟老素与史钱氏前夫之子周景生不睦，昨晚张樟老竟将该氏伤毙，经饬团丁将该犯拿获，理合送请讯办"。当提张樟老讯据供认，往拿著匪周景生，将其母史钱氏戳毙不讳，经先管收。一面带同检验吏驰诣该处，验得已死史钱氏委系身前受伤身死，并无别故，当场填格取结附卷，尸饬棺殓。除再提犯研讯明确，按律判决外，理合先将验讯大概情形填具格结备文呈报，仰祈钧核施行。谨呈。

（《浙江公报》第一千五百七十六号，一七至一八页，批牍）

浙江省长吕批

发民政厅据宁波交涉员呈请诸暨县知事迅行
断结英教会价买基地纠葛一案由

呈悉。仰民政厅转饬诸暨县知事迅行传集全案人证，秉公讯办，具报查核，毋任延宕，并转咨交涉公署暨交涉员知照。此批。摘由、抄呈发。七月二十九日

（《浙江公报》第一千五百七十六号，一八页，批牍）

浙江省长吕批

发高审厅据余杭王应氏禀王克彬惨杀两命请饬速判由

此案前据该厅以"证据未备，未能判决"等情呈报，即经批饬迅速传证调据，提犯确讯拟办具报在案。据禀前情，仰高等审判厅速遵前批办

理,案关两命,时阅三年,毋再违延,切切。此批。禀钞发。七月二十九日

（《浙江公报》第一千五百七十六号,一八页,批牍）

浙江督军吕批

监犯张鸿杰禀为不服军法会审判决请饬再审由

禀及粘件均悉。查该犯诈欺取财,数罪俱发,经前军署委员驰赴台州镇守使署组织军法会审,按律判处监禁刑七年又六个月,已属从宽。现在狱内自应悔过自新,何得砌词率渎,所请不准。此批,并斥。七月二十九日

（《浙江公报》第一千五百七十六号,二〇页,批示）

浙江省长吕批

韩渭滨控嵊商夏泰和等欠课致遭冤押由

查阅黏抄不全,事隶盐务,应着自赴盐运使署禀候核示,毋庸来署率渎。此批。黏结附。七月二十九日

（《浙江公报》第一千五百七十六号,二〇页,批示）

致大总统总理各部总长电

北京大总统、总理、各部总长钧鉴:浙省于哿日电呈军政、民政各机关组织、职权及人员,均依大总统鱼日申令,于官制未定前暂仍其旧。除将浙省现在各机关办事情形详晰另文呈报查核外,所有各部对于浙省各机关文电,在官制未定前,应统由省长公署转饬,以免歧误。浙江省长吕公望。敬。叩。（中华民国五年七月二十四日）

（《浙江公报》第一千五百七十七号,五页,饬）

吕省长致大总统国务院各部总长电

为报告浙省一切机关组织职权及任用人员应暂仍其旧由

北京大总统、国务院、各部总长钧鉴:窃公望遵令就浙江省长职,所有

各机关组织、职权及任用人员，于外官制未公布以前暂仍其旧，业经分别电呈在案。兹将浙省各机关组织情形陈备查核。浙省军兴以来，都督之下，设盐运使、交涉公署，暨民政、财政、警政、高等审检各厅。民政厅掌理全省民政事宜，任王文庆为厅长。财政厅掌理全省财政事宜，前厅长吴钫辞职，任莫永贞为厅长；并将官产处裁撤并入该厅，设科办理；烟酒公卖事宜，因系在财政范围之内，亦归并财政厅管理，即以该厅厅长兼任局长，另任萧鉴为副局长，帮同办理。警政厅系由警务处改设，掌理省城警察及全省警备队暨内河、外海水上警察事宜，任省会警察厅厅长夏超兼任该厅厅长。以上各厅，厅长之下，均设参事一员，秘书、科长、科员各若干员。交涉署，系由外交部特派员公署改设，其内部一切编制，与盐运使、高等审检两厅，均仍其旧，并加状任命庄璟珂为高等审判厅长、王天木为高等检察厅检察长、温世珍为交涉署署长、胡思义为盐运使，继续任事。旋据庄璟珂、王天木、温世珍因事或因病辞职，当任范贤方为高等审判厅长、殷汝熊为高等检察厅检察长、张嘉森为浙江交涉署署长。各属道尹，事实上仅为承转机关，行政反多迟滞，经参议会议决裁撤。至都督府内部组织，军务事件由军务厅办理，民政事件设秘书处，分机要、民政、财政、警政、司法、文牍六科，设秘书、助理秘书办理文件，并设秘书长一员，以董其成。除饬取各厅署人员履历另文呈报外，合先撮要电陈。浙江省长吕公望。感。印。（中华民国五年七月二十七日）

（《浙江公报》第一千五百七十六号，二〇至二一页，电）

浙江省长公署饬政字第四十号

饬委薛元燕等十二员为秘书处书记

为饬委事。查有该员堪以委充本公署秘书处书记，月支薪洋三十二元，合行饬发委状，仰即祗领遵照。此饬。

计发委状一张。

省长吕公望

右饬薛元燕、浦诚增、邵锡濂、杨品鳣、徐锡韩、胡憩荣、沈馥、沈雄、龚嘉荪、潘杰、韩秉臧、邵聪。准此。

中华民国五年七月二十八日

（《浙江公报》第一千五百七十七号，一九一六年八月二日，五页，饬）

浙江省长公署饬政字第四十二号

饬各属为以后各机关对于各部文电应呈由本署核转由

为饬知事。照得各部对于浙省各机关文电，在官制未定以前，应统由本公署转饬，以免歧误，业经本省长于本月二十四日分电大总统、国务总理、各部总长查核在案。以后本省各机关对于各部文电，在外官制未颁布以前，亦应呈由本公署核转，以归一律。除分饬外，合亟抄录原电。饬仰该厅、该署、该使一体知照。切切。此饬。

计粘抄原电一纸①。

省长吕公望

右饬交涉公署、高审厅、警政厅、民政厅、财政厅、高检厅、两浙盐运使。准此。

中华民国五年七月二十九日

（《浙江公报》第一千五百七十七号，五至六页，饬）

浙江省长公署饬政字第四十四号

饬各厅署具报认购《法令全书》《职员录》由

为饬遵事。本月二十六日准北京印铸局电开，"本局刊行民国五年第二期《法令全书》《职员录》，现均出版。《法令全书》每部二册，定

---

① 原电见本卷前《致大总统总理各部总长电》，899 页。

价大洋八角,邮费一角一分;《职员录》每部六册,定价大洋一元二角,邮费一角六分。尊处认购若干,望即电复,以便照寄。惟本局经费支绌,书价邮费并希迅速先行汇下"等由。准此,除分行外,合即饬仰该署、该厅迅将认购份数克日具报,以凭汇复,其书价邮费并应按照认购数目核算清楚,缴由本署汇寄,切切。此饬。

省长吕公望

右饬盐运使署、交涉公署、高审厅、高检厅、警政厅、民政厅、财政厅。准此。

中华民国五年七月二十九日

(《浙江公报》第一千五百七十七号,六至七页,饬)

浙江省长公署饬政字第四十五号

饬交涉署函复俄总领事速令路桥案内刘殿鳌到案集讯由

为饬知事。本月二十三日准上海俄总领事格罗思函开,"启者。前接贵省交涉署长张来函,以路桥一案系刘殿鳌个人私事,与教会无涉等因。查该团丁等既入堂滋事,其与教会并非无涉可知,杨子平于此案未起之先,本已暗中反对俄国教会,故杨于此案既有暗为主使情事,实有应得之咎,自应由地方官查明,秉公传案核办。刘殿鳌前与唐姓同赴黄岩,现上海教会中未知其在沪与否,应俟查明再行奉复。所有以上各节,即祈贵督军查照饬知为荷"等由。准此,合亟饬仰该署知照,仍由该署函复俄总领事,速令刘殿鳌到案集讯,毋任延宕,是为至要。此饬。

省长吕公望

右饬交涉公署署长。准此。

中华民国五年七月二十九日

(《浙江公报》第一千五百七十七号,七页,饬)

浙江省长公署饬第　　号

饬民政厅准交通总长咨宜昌轮船变更
航线注册换照请饬属保护由

为饬知事。案准交通部咨开，"据江海关监督详称，接税务司函，据华商宜和轮局禀，旧有宜昌轮船，曾领部照，遵章行驶。兹变更航线，应即换照，遵具呈式附缴部照，请转详注册换照等因，理合检同旧照呈式，详情核办等情到部。查该轮改驶航线，起垆墟讫平湖，经过西塘、嘉善等处，除由本部涂销旧照，另注新册，填就执照一纸，发交该监督转给承领暨分行外，相应咨行贵省长查照，分饬各该属随时保护可也"等因前来。除函复外，合行饬知该厅仰即分饬该小轮航线通过各县随时保护，至为切要。此饬。

省长吕公望

右饬民政厅长。准此。

中华民国五年七月二十九日

（《浙江公报》第一千五百七十七号，七至八页，饬）

浙江都督吕批①

绍兴萧山两县知事会呈筹商拨给天乐乡
火神塘修筑经费情形由

此案前据绍、萧两县知事会详办法及袁委员估计工价到府，业经饬仰民政厅知照在案，兹据呈请，"将风灾工赈款项尽数拨作修筑火神塘经费，并请将绍属姚家埠群字等号塘工及西磨盘坵筑埂工程经费改在县款备荒特捐项下动支"等情，是否可行，仰民政厅查案核饬知照，并具报备核。此批。呈抄发。

---

① 本文由《民政厅呈复都督遵批核办绍萧两县会呈筹拨火神塘经费一案情形由》析出。

附　民政厅呈复都督遵批核办绍萧两县
会呈筹拨火神塘经费一案情形由

呈为呈复事。案奉都督批绍兴、萧山两县知事会呈筹商拨给天乐乡火神塘修筑经费情形由,奉批开:"此案前据绍、萧两县知事会详办法及袁委员估计工价到府,业经饬仰民政厅知照在案,兹据呈请,'将风灾工赈款项尽数拨作修筑火神塘经费,并请将绍属姚家埠群字等号塘工及西磨盘坵筑埂工程经费改在县款备荒特捐项下动支'等情,是否可行,仰民政厅查案核饬知照,并具报备核。此批。呈抄发"等因。奉此,查该知事等原呈所陈各节均尚妥洽,自应准如所拟办理,除饬该知事等遵照外,理合具文呈复,仰祈都督察核施行。谨呈

浙江都督吕

民政厅长王文庆

中华民国五年七月二十七日

附　绍萧两县知事会呈

为会呈事。案奉钧府军字第三四四号饬以据知事等会详酌拨天乐乡火神塘修筑经费及据绍萧临浦镇商务分会总理吕祖楣详报修筑火神塘情形[①],"火神塘既关一方安危,未便任其坍陷酿成巨灾,惟复勘修筑经费约需四千元左右,虽值省库支绌,拨款维艰,而民瘼所在,自不得不勉力筹措,以安农商。兹由本都督薪公项下先予拨洋二千元,委派本府顾问袁钟瑞为监工委员,赍款前往兴修。其不足之数,仍责成该知事等协筹解用,以资补助。饬即遵照办理具报"等因。奉此,知事等祗领之下,自应遵照办理。惟查修筑该塘经费,公民汤兆法等原估只需洋一千七

---

① 临浦镇隶属萧山,故"绍萧"疑为"萧山"误植。

百元,此次复勘骤增至四千元,虽奉钧台慨拨薪公洋二千元,所短尚巨,现在两县地方公款支绌相同,筹解颇非易易,重以钧饬,又不敢不勉力设法。兹经往返商榷,拟请将续奉两次派发上年风潮为灾案内,拨办绍、萧工赈洋九百五十元尽数拨归该塘作为补助修筑之用,但以此数为限,其余尚不敷一千元。另查前准临浦商会函知地方自筹可得洋四百元,应请饬令再行设法加筹,一面将工程用款竭力节减,当可足敷支应。且以完全向归民修之塘酌予提拨公款至七成以上,官厅苦志维持,已若不遗余力,该乡人亦宜仰体时艰、勉求省费,不可稍涉铺张。至此项私塘拨给公款办法,亦应限于该塘,此次为止,他后均不得援以为例,以免将来应付为难。是否有当,理合将会同商筹情形具文呈复,仰祈都督鉴核俯赐批示遵行。再,续发工赈一款先经知事承家详准拨助绍属姚家埠群字等号塘工经费洋二百元;又,径行核发绍属西磨盘垱筑埂工程洋一百五十元。此次既议将前项赈款全数拨修火神塘,应请该二款改在县款备荒特捐项下动支,以免重复而符款项。又,此系知事承家主稿,合并声明。谨呈。

(《浙江公报》第一千五百七十七号,一三至一四页,呈)

浙江省长吕批

民政厅厅长呈复批发楼聿新请补留德官费应予照准并饬将从前存记各生具报备案由

呈悉。缴。表存。七月二十八日

附原呈

呈为遵批具复谨请鉴核事。案奉钧督批发据早稻田大学毕业生楼聿新禀称愿留学德国请尽先补费由,奉批开,"该生愿学德国,俾资深造,志趣远大,殊堪嘉尚。所称补给官费自可照准,仰民政厅注册存记,并饬该生知照。再,从前批准侯有欧美官费缺额补给者及本年欧美留学生可以毕业者,各有几人,并即查明,分别开具批准月日、毕业期间,呈复核夺,毋延,切切。此批。摘由、抄禀发"等因。奉此,遵即注册存记并转饬该生知照。至请补留欧美官费学生,查自教育部《选补规程》颁布后,本省核明资格相符经咨部存记者,共柳云、沈元鼎二名,经本厅批准存记未经转咨者,计程干云等七名。兹将各该生籍贯、资格及批准存记月日另列一览表呈核。又,本年毕业人数,查留学欧美事务向由部派监督暨经理员兼理,本省留美官费生,前据经理员报告:何炳松一名,预计四年七月毕业;李垕身一名,预计五年七月毕业。惟何生一名,未据经理员续请给发川资,当系未经毕业;李生则已于本年六月六日,奉钧督批准毕业后继续实习三年。其留欧官费生则向由监督直接报部转咨,本年有无毕业,现尚未准咨到,无从考查。奉批前因,理合连同存记补费生一览表,呈请都督察核。谨呈。

请补留欧美官费存记学生一览表[①]

姓　名	籍贯	选补官费资格	存记月日	备　注
柳　云	临海	自费留英伦敦德赫姆大学校	四年八月二日	该生并已咨部存记
沈元鼎	绍兴	自费留美旧金山加利福尼亚大学校	五年一月六日	该生并已咨部存记
程干云	宁海	北京大学校毕业生	五年六月二十六日	
朱慕濂	黄岩	浙江公立医药专校医学本科毕业生	五年六月二十九日	

---

① 底本有文字无表格,表格为整理者添加。

续　表

姓　名	籍贯	选补官费资格	存记月日	备　注
郑文礼	东阳	私立浙江法政专校政治经济本科毕业生	五年七月三日	
吴哲搽	慈溪	浙江公立医药专校医学本科毕业生	五年七月三日	
夏趾麟	桐乡	浙江公立医药专校医学本科毕业生	五年七月三日	
沈成权	嘉兴	浙江公立医药专校医学本科毕业生	五年七月三日	
吴　劭	永嘉	浙江公立医药专校医学本科毕业生	五年七月三日	

（《浙江公报》第一千五百七十七号，一五至一六页，批牍）

浙江省长吕批

海宁县为该县已购公报十二份此次又添购九份由

呈、表均悉。已饬公报处照发矣。此缴。表存。七月二十八日

附原呈

呈为呈报宁邑各机关已购《公报》份数分别列表送请核发事。本月十三日奉钧督饬政字第二六二号内开，"照得本府《公报》为宣布本省法令之枢纽，业经委派专员总管报务，并订定《刊登条例》十条，发登六月九日《公报》在案。其中选登体例皆与各衙署及团体职务事实多所关系，凡属本省管辖，无论何项机关均应领购，以资查考。乃近查本府公报处开列各县署领购名册，其认购多份者尚属寥寥，以致各处上达公文，对于命令颁布、章制变更，早经刊布之件，尚有请示办法者，似此情形隔阂，实于政治之进行诸多窒碍。嗣后各机关团体，自本月一日起，其尚未购备

者应一律订购,由该县知事按表分别填列汇报本府,以便饬处照发。其报费查照向章,仍由该县按期汇缴财政厅核收。除分饬外,合将表式饬发,仰该知事限文到三日内遵照办理,毋稍违延,切切。此饬"等因,计发表式一纸下县。奉此,遵查宁邑各机关连同县署已购《公报》者,计十二份,尚有应行添购者,计高等小学校等九处,当由知事分饬一体领购各一份,以资查考,两共计认购二十一份。除报费仍由县照章按期收缴汇解财政厅外,理合遵式分别已购、添购公报份数列表备文呈送,仰祈钧督察核俯赐转饬照发。谨呈。

海宁县各机关学校订购公报数目表①

县　　名	所属机关名称	已购份数	添购份数	已购总数	添购总数
海宁县	县公署	四		一二	九
	城区商务分会	一			
	硖石商务分会	一			
	袁化商务分会	一			
海宁县	城区警察所	一			
	硖石警察所	一			
	长安警察所	一			
	袁化警察所	一			
	县自治办公处	一			
	县立第一高小学校		一		
	县立第二高小学校		一		

---

① 底本有文字无表格,标题、表格均为整理者添加。

续　表

县　名	所属机关名称	已购份数	添购份数	已购总数	添购总数
海宁县	县立第三高小学校		一		
	县立第四高小学校		一		
	县立乙种商业学校		一		
	教育会		一		
	长安商务分会		一		
	诸桥警察所		一		
	斜桥警察所		一		
说明					

（《浙江公报》第一千五百七十七号，一六至一七页，批牍）

浙江省长吕批

高等审厅呈荐推事厅长书记官沈敏树等二十三员由

呈暨名单、履历清册均悉。新任各厅厅长、庭长、推事沈敏树等十一员，留任庭长、推事袁希濂等四员，暨该厅书记官吴北枢等八员，既据声称，或系久任法曹，或系卓著成绩，堪以胜任，应准如呈分别委署。随批发下任命状二十三纸，仰即转给祗领，并饬勤慎从事，无负委任。仍速取具王道伊、蔡文澜二员履历补报查核。此批。清册、名单存。七月二十九日

附原呈

呈为呈请事。案查职厅及鄞地审厅荐任、留任各员，业于五月二十七日呈准钧属任命并发任命状十七道到厅，当经分别转给各该员祗领在案。兹查职厅推事丘澜久假旷职开缺，遗缺以

沈敏树补署。杭县地方审判厅厅长周衡辞职，遗缺以郑汝璋补署；推事林星华开缺，遗缺以王仁湛补署，兼充民庭庭长朱文焯仍回推事；原任推事蒋福琨辞职他就，遗缺以刘光鼐补署；推事徐树馨辞职他就，遗缺以童济时补署；推事苏曾奎开缺另用，遗缺以陈锡钧补署。又，永嘉高等分庭推事邱祖藩开缺另用，遗缺以蔡文澜补署。至于金华高等分庭，前次呈奉批准筹办，已于七月一日成立，其庭长一职以周骏声补署，推事以金述璋、钱特飞补署。鄞县地方审判厅推事伍步楹辞职，遗缺以王道伊补署。以上新委各员，均久任法曹、品学兼优、听断明敏，堪以补署各缺。又，留任永嘉高等分庭庭长袁希濂、推事韩照，杭县地审厅推事朱文焯、林克俊二员，亦均办事明敏、才猷练达。再，职厅主任书记官吴北枢、周骏彦、郑诵芬、宣聚炎暨一等书记官陈之伟、徐祖荫、钱宝书、徐景骥等八员，学识宏通、勤劳卓著，办理司法行政事宜，尤资得力。按照《文官任职表》同属荐任资格，除王道伊、蔡文澜二员履历调取到厅另文呈送外，理合备文连同履历名单，呈请任命，以符法制而昭郑重，仰祈俯赐察核示遵施行。谨呈。

呈请任命职厅及杭、鄞两地审厅，永嘉、金华两高等分庭人员名单开列于左：

任命沈敏树署高等审判厅刑庭推事；

任命郑汝璋署杭县地方审判厅厅长；

任命王仁湛署杭县地方审判厅民庭庭长；

任命陈锡钧署杭县地方审判厅推事；

任命童济时署杭县地方审判厅推事；

任命刘光鼐署杭县地方审判厅推事；

任命朱文焯署杭县地方审判厅推事；

任命林克俊署杭县地方审判厅推事；

任命王道伊署鄞县地方审判厅推事；

任命周骏声署金华高等分庭庭长；

任命金述璋署金华高等分庭推事；

任命钱特飞署金华高等分庭推事；

任命袁希濂署永嘉高等分庭庭长；

任命韩照署永嘉高等分庭推事；

任命蔡文澜署永嘉高等分庭推事；

任命吴北枢署高等审判厅主任书记官；

任命周骏彦署高等审判厅主任书记官；

任命郑诵芬署高等审判厅主任书记官；

任命宣聚炎署高等审判厅主任书记官；

任命陈之伟署高等审判厅一等书记官；

任命徐祖荫署高等审判厅一等书记官；

任命钱宝书署高等审判厅一等书记官；

任命徐景骥署高等审判厅一等书记官。

（《浙江公报》第一千五百七十七号，一八至一九页，批牍）

吕督军电各县知事

为本署各军事调查侦探等员业经裁撤各县谍报均应停办由

各县知事：本署各军事调查、侦探等员业经裁撤，各县谍报均应停办，所有此项经费截至本月底为止。至各县防务，仍由营、县照常办理，毋稍疏忽。特电遵照。督军。勘。印。（中华民国五年七月二十八日）

（《浙江公报》第一千五百七十七号，二〇页，电）

吕督军电两镇守使暨各卫戍司令官

为裁撤各军事侦探调查等员由

嘉兴、海门各镇守使，宁波、绍兴各卫戍司令官：本署各军事侦探、调查等员业经裁撤，前由本署津贴各镇守使署及各卫戍司令部侦探费，应至本月

底一律停发。特电知照。督军。勘。印。(中华民国五年七月二十八日)

(《浙江公报》第一千五百七十七号,二〇页,电)

浙江省长公署饬政字第四十六号

饬浙江政务参议会为刊发政务参议会图记一颗由

为饬发事。案查《浙江政务参议会简章》第三条内载,本会由省长刊给图记一颗,专备内部文件钤印之用等语。该会现既组织成立,所有前项图记亟应刊给,以资应用。兹由本省长照章刊发木质图记一颗,文曰"浙江政务参议会图记",合亟饬仰该会查收启用,并于八月一日开成立会,选举会长、副会长,具报查考。此饬。

计发浙江政务参议会图记一颗。

省长吕公望

右饬浙江政务参议会。准此。

中华国五年七月三十一日

(《浙江公报》第一千五百七十八号,一九一六年八月三日,四页,饬)

浙江省长公署饬政字第四十七号

饬各厅署使知照政务参议会成立日期并附发会章由

为饬知事。照得本公署附设政务参议会,参议全省重要行政事务,业经本省长委定参议员十一人,定于八月一日成立。除分饬外,合亟粘钞会章一份,饬仰该 知照。此饬。

计粘钞会章一份(见七月二十八日本报"章程"门)。

省长吕公望

右饬财政厅、民政厅、警政厅、高等审厅、高等检厅、交涉公署、盐运使。准此。

中华民国五年七月三十一日

(《浙江公报》第一千五百七十八号,四页,饬)

浙江省长公署饬政字第五十二号

为饬委孙发继为实业谘议由

为饬遵事。查有该员堪以任命为本公署实业谘议,月支薪银八十元。合将任命状饬发,仰即祗领遵照。此饬。

计发任命状一张。

省长吕公望

右饬孙发继。准此。

中华民国五年七月三十一日

（《浙江公报》第一千五百七十八号,四至五页,饬）

浙江省长公署饬政字第五十五号

饬民政厅查明金溶熙有无《选举法》第六七八九条
情事并将年岁一项补报由

为饬遵事。照得前因浙省第一区众议院议员姚勇忱病故,遗缺应以该区候补当选人第一名金溶熙递补,业经发给证书,并批行该厅知照,暨电报北京众议院、内务部各在案。兹准内务部俭电开,浙省众议院议员姚勇忱病故,依法以该区候补当选第一名金溶熙递补,但须查明该递补人无《众议院议员选举法》第六、七、八、九条情事发生,方可给予证书,并希迅将名册依式造送等由。准此,查议员名册依法应载明姓名、年岁、籍贯及所得票数,该厅前次所送第一区众议院议员复选当选人名单少列"年岁"一项,应再查明补报,以凭依式造送。至金溶熙有无原电所列《众议院议员选举法》第六、七、八、九条情事,并应由厅一并查明,报由本署核转。为此饬仰该厅遵照办理。此饬。

省长吕公望

右饬民政厅长。准此。

中华民国五年七月三十一日

（《浙江公报》第一千五百七十八号,五页,饬）

浙江省长公署饬政字第　号

饬任命程士毅为警政秘书由

为饬遵事。查有该员堪以任命为本公署警政秘书，月支薪银二百元。合将任命状饬发，希即祇领，克日到署供职。此饬。

计发任命状一张。

省长吕公望

右饬程士毅。准此。

中华民国五年七月三十一日

（《浙江公报》第一千五百七十八号，五至六页，饬）

浙江省长吕批①

民政厅准长兴县知事黄赞元辞职遗缺即以魏兰署理由

呈及履历均悉。据称长兴县知事黄赞元因国会召集，呈请辞职，应即照准。遗缺即以魏兰署理，仰将发去任命状一张，转饬祇领，迅行赴任，并饬黄赞元将前领任命状呈缴注销。此缴，履历存。

（《浙江公报》第一千五百七十八号，六页，饬）

浙江省长吕批

发民政厅据衢县知事呈为请假省亲由

呈悉。该知事呈请回籍省亲给假一月，应即照准。惟查该知事籍隶鄂省，距浙较远，所有请假期内，衢县地方冲要，未便仅由科长代理，仰民政厅查明，如无重要未完事件，准予给假，并即遴员荐候委代，以重职守，并转饬该知事遵照。此批。七月三十一日

（《浙江公报》第一千五百七十八号，七页，批牍）

---

① 本文自浙江民政厅饬第一千三百八十五号《饬魏兰奉省长批准以该员署理长兴县缺由》析出，标题系整理者拟。

浙江省长吕批

德清县呈为添购公报由

呈、表均悉。已饬公报处照发矣。此缴。表存。七月三十一日

附原呈

呈为遵饬具复县署各机关订购《浙江公报》填表汇报事。案奉钧府政字第二六二号饬开，"照得本府《公报》为宣布本省法令之枢组，业经委派专员总管报务，并订定《刊登条例》十条，发登六月九日《公报》在案。其中选登体例皆与各衙署及团体职务事实多所关系，凡属本省管辖，无论何项机关均应领购，以资查考。乃近查本府公报处开列各县署领购名册，其认购多份者尚属寥寥，以致各处上达公文，对于命令颁布、章制变更，早经刊布之件，尚有请示办法者，似此情形隔阂，实于政治之进行诸多窒碍。嗣后县属各机关团体，自本月一日起，其尚未购备者应一律订购，由该县知事按表分别填列汇报本府，以便饬处照发，其报费查照向章，仍由该县按期汇缴财政厅核收。除分饬外，合将表式饬发，仰该知事限文到三日内，遵照办理，毋稍违延，切切。此饬。计发表式一纸"等因。奉查职署购领《浙江公报》共有三份，历经照办在案，其余县属各机关团体均系向未购备，奉饬前因，业由知事分别饬知一律订购，共计十四份，当经按表填列，应请饬处照发，其报费自应由县按期汇缴财政厅核收。抑知事更有请者，县属新市镇及洛舍乡各机关距城较远，转递为难，可否由处直接寄达，以免迟延。所有遵饬订购《浙江公报》各缘由，理合检同填表备文呈报，仰乞钧督鉴核施行，实为公便。谨呈。

计附呈德清县订购《公报》总数表一纸。

县　　名	所属机关名称	已购份数	添购份数	已购总数	添购总数
德清县	县公署	三份			
	县警察所		一份		
	新市分所		一份		
	洛舍分所		一份		
	县立清溪高小校		一份		
	新市仙潭高小校		一份		
	洛舍育才高小校		一份		
	县教育会		一份		
	新市镇教育会		一份		
	洛舍乡教育会		一份		
	城区商务分会		一份		
	新市商务分会		一份		
	第一平民习艺所		一份		
	县自治办公处		一份		
	镇自治办公处		一份	三份	十四份

（《浙江公报》第一千五百七十八号，七至八页，批牍）

浙江省长吕批

发民政厅据玉环县知事呈请给假三星期并起程日期由

呈悉。仰民政厅转饬如期销假，如有逾违，即由厅遴员荐候委代，以重地方，切切。此批。七月三十一日

附原呈

呈为呈报因病请假就医起程日期事。本年七月十四日奉民

政厅长第九六九号饬开，"案奉都督批发该县知事呈为因病请假就医一案由，奉批：'据呈该知事因病就医请假三星期，应即照准，仰民政厅转饬知照。此批。呈抄发'等因。兹据该县知事分呈到厅，兹奉前因，合亟饬仰该知事遵照并将起程日期分报备查。此饬"等因。奉此，兹知事于本月十九日起程赴沪，除将署务饬委教育主任闻韶、警务饬委警佐厉振宗分别暂行代理外，理合将起程日期具文呈报，仰祈都督鉴核备查。谨呈。

（《浙江公报》第一千五百七十八号，八至九页，批牍）

浙江省长吕批

发高审厅据临海县知事呈报余徐氏诉
张驷群犯奸吸烟案判决情形由

此案业经饬据该厅等委员查办。据呈前情，仰高等审判厅核明饬遵具复，并先咨高检厅知照。此批。判决书存。七月三十一日

（《浙江公报》第一千五百七十八号，九页，批牍）

浙江省长吕批

发民政厅据云和县知事赵铭传准予交代
给假三个月饬遴员荐委由

据称该知事因病拟请假三个月回里就医，应即照准。仰民政厅迅即遴员荐候委任代理，并转饬该知事知照。此批。七月三十一日

（《浙江公报》第一千五百七十八号，九页，批牍）

浙江省长吕批

候补知事吴清徽为条陈时事四则由

批阅条陈各节，于地方风俗、人情世故颇有阅历，所言亦尚中綮要，足见平日留心时事，殊堪嘉许。条陈留备采择，仰即知照。此批。

七月三十一日

浙江省长吕批

新昌县知事唐玠呈为垫给团丁饷项无着
乞拨款核给以免赔累由

呈悉。查是项团丁三十名经屈前都督批令即行遣散，嗣据该知事详称，"团总、会长等自愿加重负担，再向地方商富广为劝募三十名饷洋，以便继续办理"等语前来，始经批准如详办理。原详并未将所需饷项暂由公署垫给一节声明，兹忽以先后垫洋二百二十三元，筹募无着，请予指款拨给归垫，率尔呈渎，殊属巧于抵饰。仰民政厅转饬该知事依照前详催督该团总、会长等妥速自行筹款归还，毋得事过推诿，切切。此批。抄呈发。七月三十一日

浙江省长吕批

财政厅呈准外海水警厅咨复征收船舶验费一案录摺请示由

呈、摺均悉。宁、温、台三属征收商认船舶验费，既据称，"循照旧章办理，其温、台两属并按旧收规则分别核减"等情，姑准照办。惟现在征收验费既系仍循旧章，则与《修正浙江外海取缔船舶规则》或间有不符之处，仰即咨会外海水警厅查明修改，咨由该厅呈候察夺。缴。摺三扣存。七月三十一日

附原呈

呈为呈请事。案奉钧督饬知"以据孙震发等经理人孙强禀平阳船舶牌照局违法勒收验费等情，饬将旧收验费究竟每船证书若干、征收之手续若何，刻日查明具复，并将旧收规则缮摺呈

送,一面咨催外海水警厅赶速拟订《征收验费细则》,会核呈报"等因。奉此,查此案前据平阳县孙震发经理人孙强等禀,奉钧督饬厅查复,即经厅长查案具呈,一面分别咨饬外海水警厅暨各牌照局将《征收验费细则》妥速议订会核转报在案。奉饬前因,正在咨催间,准外海水警厅咨称,"接准来咨,当饬三局委员体察情形妥议具复。兹据该委员等先后呈复到厅,汇核之下,佥称是项验费征收碍难划一,只能仍照旧章酌量核减办理,较为适当。查渔团捐一项,为前清各营县漏规中提出化私归公之款,商渔船验费一项又为渔团捐内之一种手续费,在水警厅未成立以前,商船由各县公署给照征费,渔船由各渔团局给照征费,迨水警厅成立,取缔、保护为水警厅应尽之职务,给照征费又为取缔当然之手续。旋因商船领有水警厅牌照,有时装运咸鱼等物,渔团局又欲令其领渔团牌照;渔船出洋捕鱼,系有定时,若非其时,亦往往装运货物而为营业,水警见之,又欲令其领照。事权不一,时生抵触,此前所以有撤销渔团局之请也。迨至上年五月间,渔团捐实行取销,商、渔各船舶牌照概由敝厅发给。旋于八月间奉前巡按使饬知'案据贵厅提议,渔团捐每年收入一万七千余元系列入预算,现渔团捐取销,概归水警管理,每年确有若干收入,应即详细调查,详候核夺'等因。查渔团局发起之始,系由绅办,既改官办,旋又改为官督绅办,迨至民国始,亦委员办理,既由商包,嗣因验费一项为省议会议决取消,甚至委员亏累被押,商包旋即退办。盖验费收入约占渔团捐三分之一,此敝厅前详复文内所以称,'规复渔团捐额,非派员设局恢复,验费无从着手也'。惟验费一项,宁、温、台三属情形迥然各异,断难削足就履,强归一律。宁属商、渔分征向收钱文,台属无论渔、商大率分大中小三等;至温属渔船少而商船多,商船种类又夥,验费较巨,每年收入几与牌照相埒。但牌照费征诸船户,验费出诸商人,系属分任负担,并非取之一人,故敝厅会议修正规则中,建议征收验费不分省内省外。彼商民唯利自图,苟可要免,本其所愿。然设立牌照局之宗旨,原为规复渔团捐,现三局开支已有定额,而收入之款尚未解决,致各委员无从遵办,于捐税前途实多妨碍。要之,验费一项,省内省外船只既须一律征收,而按其习惯,征诸事实,又有万难划一之势,良以此项验费零碎错杂,由多减少,人所易从,由少增多,必招反对。再四筹维,自不得不仍循旧章,酌量核减,庶于捐务、商情双方并顾。准咨前由,合将该三局委员原呈及旧时征收验费船名、数目,分摺抄录,咨请查照。除宁属一局验费悉仍其旧,无庸酌减,其余台、温两属,该委所拟,是否悉照办理,抑如何核减之处,请烦酌定转呈核示,见复施行"等情前来。厅长查《取缔船舶规则》第二十四条声明,"《征收验费细则》另定之"等语,此项《细则》本应早日规定宣布遵行,以便商民而昭划一。现准外海水警厅来咨,拟将验费一项不论省内省外船只均须一律征收,既据循照旧章办理,自可照准,复核转送该三局开呈验费清摺,除宁属一局悉仍其旧外,其余温、台两属照旧收《规则》请予分别核减,亦为捐务、商情双方兼顾起见,并可准其照办,俾示体恤。至平阳孙震发等屡次藉词禀渎,希图抗缴,现在验费既经订定,则以前承认之款早已填给验单,应令照数缴纳。嗣后即遵现定征数分别领单缴费,以昭平允。是否有当,理合照录清摺具文呈请,仰祈钧督鉴核俯赐批示,以便会同外海水警厅示谕遵办。谨呈。

(《浙江公报》第一千五百七十八号,一○至一一页,批牍)

浙江省长吕批

民政厅财政厅呈复乐清县给发警察
恩饷应并在地方收入项下动支由

呈悉。仰即转饬遵照。此批。七月三十一日

附原呈

呈为具复乐清县给发警察恩饷银元并应在地方收入项下动支请赐察核事。窃钧督批乐清县呈警察恩饷请动支省税由，奉批："呈悉。前据该县呈请'警队恩饷可否在本年钱粮正税项下动支'等情到府，当经批饬民政厅会商财政厅核议饬遵在案。兹复据呈请'警察恩饷可否并在省税项下动支'等情，仍仰民政厅查照前批并案核议饬遵具报。至此次给发恩饷县警队，自系包括地方警察而言，并仰转饬知照。此批。呈抄发"等因。奉此，查该县前次给发警队恩饷呈请动支正税，业经遵批会同核议，仍令遵照通饬在地方收入项下支拨在案。是项警察恩饷事同一律，即使该县地方税项下现均有垫无存，一时无可动拨，亦应俟续收有款再行动放，所请动支正税断难准行。奉批前因，除会衔饬遵外，理合备文呈复，仰祈钧督察核施行。谨呈。

（《浙江公报》第一千五百七十八号，一一一至一一二页，批牍）

浙江省长吕批

发高审厅据义乌县呈报革除司法积弊情形由

据呈革除司法积弊各节，尚非徒托空言者比，具见有心整顿。监押人犯口粮既不敷分配，应即将未判决各被告人查明案情，除强窃盗等、破廉耻、犯罪及有逃亡之虞者外，余均交保或责付家属，一面赶紧审结，以资疏通。仰高等审判厅转饬遵照，仍随时查察署中人员及吏役人等，勿任稍有弊端，是为至要。此批。七月三十一日

（《浙江公报》第一千五百七十八号，一一二页，批牍）

浙江省长公署饬政字第五十九号①

饬民政厅准交通总长咨华商金隆小轮变更航路请饬属保护由

为饬知事。准交通部咨开，"据江海关监督详称，准税务司函，华

---

① 第五十九号前漏"政字"，径补。

商金隆号有金隆小轮变更航路,备具呈式并缴旧照请注册换照等因,理合将送到呈式、旧照,详送察核等情到部。查该轮改驶航线,起上海讫海盐,经过嘉兴、平湖等处,除由本部涂销旧照,另注新册,填就执照一纸,发交该监督转给承领暨分行外,相应咨行贵省长查照,分饬各该属随时保护可也"等因前来。除函复外,合行饬知该厅分饬该轮航线通过各县随时保护,至为切要,切切。此饬。

省长吕公望

右饬民政厅长。准此。

中华民国五年七月　　日

复交通部函

径复者。兹准贵部咨开,"据江海关监督详称,准税务司函,华商金隆号有金隆小轮变更航路,备具呈式并缴旧照请注册换照等因,理合将送到呈式、旧照详送察核等情到部。查该轮改驶航线,起上海讫海盐,经过嘉兴、平湖等处,除由本部涂销旧照,另注新册,填就执照一纸,发交该监督转给承领暨分行外,相应咨行贵省长查照,分饬各该属随时保护可也"等因。除饬民政厅分饬该小轮航线通过各县随时保护外,相应函复,即希查照。

此致

交通总长

浙江省长吕公望

(《浙江公报》第一千五百七十九号,一九一六年八月四日,三页,饬)

浙江省长公署饬政字第六十号

饬警政厅为民政厅呈龙泉县呈复吴遇恩等
禀请豁免特捐一案乞核示由

为饬知事。案据民政厅呈开,"案据龙泉县张绍轩呈称,为具复龙属乡民吴遇恩等禀请豁免特捐一案,恳请察核示遵事。本年七月一日奉钧厅第六百八十号饬开:本年六月十三日奉都督吕批发龙泉县吴遇恩等请免偏捐由批开,'据禀该县知事另筹戏捐、昂山寺捐,田赋附加百分之一,以之抵补特捐,有增无绌,何以该乡特捐尚未豁免,是否该民人等误会,抑有别情? 至自治特捐,每两附收一角,专为编查户口之用,该县知事原详称与员绅商酌办理,是否妥洽,仰民政厅转饬该县知事迅即明白呈复核夺。此批。抄禀发'等因。奉此,合行抄发原禀,转饬该县知事迅即分别原委,详细呈复查夺,切切。此饬。计发原禀一纸等因。奉此,查龙邑警费全年额定洋四千八百二十六元,内有五百六十八元一角系西乡殷富肉铺、碗窑认捐。民国三年六月间,该乡派出所裁撤,款属固有,照旧征收,除就近划拨警所经费外,余洋按季汇解。吴遇恩等原禀所谓捐外之捐,即此五百六十八元一角。去岁十二月间,奉前财政厅长饬查议复,知事以该乡认捐已列入确定之数,遽行豁免,势所不能,若不稍予变通,又未免负担不均。筹思至再,曾复转请,饬令警备队特派一棚常川驻扎该处。旋奉前财政厅饬奉前巡按使批开:'详悉。所请饬派警备队一棚常驻龙邑西乡八都庄一节,候饬警备队司令官妥筹酌拨可也。此缴'等因在案。吴遇恩等原禀又谓另筹戏捐、寺捐及田赋附加捐一节,查龙邑演唱戏剧,经杨前知事厉禁两年,知事去夏抵任,迭据绅民禀求开放,因演剧为社会教育之一,若唱演果无伤风败俗,无妨稍予通融,拟订取缔演戏规则,酌抽戏捐,寓禁于征,详奉前巡按使批准。本年开演只十余日,奉电浙省宣布独立,时值戒严,即经谕令停止缴纳戏捐。无几,本春煤油价格陡涨,弥补路灯费尚且不敷,昂山寺并无抽捐情事。惟筹备编查户口经费无着,邀请县自治委员及商会会长转知本邑绅商,拟在征收五年分地丁项下,每两附加捐洋一角,以本年度为限,加新不加旧。旋据复称,集议妥洽,嗣经知事开具预算表详奉前都督批准,现随正粮加戳带收,该附捐系归自治用途,与警察范围毫不相涉,吴遇恩等禀称抵补特捐，实属出于误会。知事细按该处绅民请求之意旨，首在免捐，否则欲享有特别之保护，拟仍恳转请都督饬警备队司令官特派一棚常驻龙邑西乡八都庄，庶足折服担负警捐者之心。奉批前因，理合分别原委，备文呈复，仰祈察核示遵等情。据此，查此案前奉钧督批行到厅，当经职厅饬县详细具复在案。据呈前情，该县西乡既无特捐情事，显系该民等误会，应请毋庸置议。惟该知事拟请饬派警备队一棚常川驻扎，以资折服一节，似尚可行，应请钧督核饬警政厅核办，实为公便"等因。据此，查该县西乡人民担负警捐，既较别区为多，所请派队常驻，亦无不合。惟该区警备队名额无多，能否分拨及该乡有无派队常驻之必要，合饬该厅查议具复，以凭核办。毋延，切切。此饬。

省长吕公望

右饬警政厅。准此。

中华民国五年七月二十九日

（《浙江公报》第一千五百七十九号，四至五页，饬）

浙江省长公署饬政字第六十二号

饬各厅准内务部咨奉大总统申令拿办杨度等八人由

为饬缉事。本年七月二十五日准内务总长咨开，"七月十四日奉大总统申令：'自变更国体之议起，全国扰攘，几陷沦亡，始祸诸人，实尸其咎。杨度、孙毓筠、顾鳌、梁士诒、夏寿田、朱启钤、周自齐、薛大可，均着拿交法庭，详确讯鞫，严行惩办，为后世戒。其余一概宽免。此令'等因。奉此，相应咨请贵省长遵照办理可也。此咨"等因。准此，合行饬仰该厅即便饬属一体查拿解讯惩办。此饬。

省长吕公望

右饬民政厅、警政厅、高检厅。准此。

中华民国五年七月二十九日

（《浙江公报》第一千五百七十九号，五页，饬）

浙江省长公署饬政字第六十三号

饬民政厅为沪交涉员函法商立兴之
立康小轮被劫请饬缉由

为饬查事。本年七月二十六日接驻沪江苏交涉公署杨交涉员函称，"肃启者。准法总领事函称，据法商立兴禀称，商行由申开湖之立康小轮船于七月六号夜间十时许行至江浙交界之马立港地方，被盗劫去银洋货物甚巨，开具失单，呈请核办等情。合将所呈失单一纸送请贵交涉员查照，转请江、浙省官厅迅饬勒缉，并以后妥为保护，不再发生劫案为荷等因，并失单一纸。准此，除分行外，合亟函达，敬祈察照通饬缉拿、妥为保护为荷。附抄件"等由。查立兴轮局行驶申湖，有无向官厅禀准立案，是否法商抑系中商或中法商人合资办理，本公署无案可稽。此次被劫情形亦未据该管地方官呈报，是否在浙江辖境，合并饬查，饬到该厅即便转饬确切查明，克日具复核办。此饬。

计抄发单一纸。

省长吕公望

右饬民政厅长。准此。

中华民国五年七月二十九日

(《浙江公报》第一千五百七十九号，五至六页，饬)

浙江省长公署饬政字第　　号

饬民政厅据浦江县知事张鼎治电禀裁撤临时
警队群求加给恩饷乞复示由

为飞饬核议事。据浦江县知事张鼎治艳日电称，"临时警队遵饬裁撤，惟群求恩饷，拟加给一月，能否，乞飞复"等语前来，经本署复以"各属裁撤临时警队，均不加饷，该县未便独异。既据分别电请，候飞饬民政厅酌核示遵"。除电复该知事外，合亟饬仰该厅长迅予核议饬遵,并咨会财政厅将办法呈报,毋延,切切。此饬。

省长吕公望

右饬民政厅长。准此。

中华民国五年七月三十一日

(《浙江公报》第一千五百七十九号,六页,饬)

浙江省长吕电复浦江县张知事

为电禀裁撤临时警队群求加给恩饷乞复示由

浦江张知事:艳电悉。各县裁撤临时警队,均不加饷,该县未便独异。既据分别电请,候飞饬民政厅酌核示遵。省长吕。陷。印。(中华民国五年七月卅日)

附　来电

吕督军暨民财两厅长钧鉴:临时警队遵饬裁撤,惟群求恩饷,拟加给一月,能否,乞飞复。浦江知事张鼎治叩。艳。(中华民国五年七月廿九日)

(《浙江公报》第一千五百七十九号,二二页,电)

浙江省长吕批[①]

安吉县知事因母病请给假归奉就医由

呈悉。准假两星期,仰民政厅转饬知照。此批。

附　安吉县知事呈省长<small>因母病请给假归奉就医由</small>

呈为奉准给假回籍省亲报明起程日期事。案奉民政厅饬开,"案据该知事呈称,'母病加剧,恳请给假归奉就医'等情。正

---

① 本文自《安吉县知事呈省长因母病请给假归奉就医由》析出,题目由整理者拟。

核办间,奉都督批发该知事呈同前情,奉批内开,'呈悉。准假两星期,仰民政厅转饬知照。此批'等因。奉此,合即饬仰该知事遵照并将起程日期呈报备查。此饬"等因到县。奉此,知事遵于七月十九日起程回籍省亲,除将署务委由政务主任郭钟琦代拆代行,其兼所长职暨防务事宜委警佐周文骏暂代外,合将起程日期具文呈报,仰祈都督鉴赐备查①。除分别呈报外,谨呈

浙江都督吕

安吉县知事姜若

中华民国五年七月　日

（《浙江公报》第一千五百七十九号,一五页,呈）

浙江省长吕批

发高检厅据天台庞吴氏禀伊子捉来被徐呈福殴毙一案由

据禀已悉。仰高等检察厅遵照前饬迅予饬催查复核夺,毋任玩延,切切。此批。禀抄发。七月二十八日

（《浙江公报》第一千五百七十九号,一六页,批牍）

浙江省长吕批

发高审厅据上虞县呈报金张高被王世宝父子
纠同王水章等戳毙一案由

据禀已悉。王世宝等是否挟仇殴伤金张高致死,仰高等审判厅饬即提犯传证,研讯明确,按律判决,毋枉毋纵,一面勒缉王肯堂等务获并究,切切。此批。格结存。七月二十八日

（《浙江公报》第一千五百七十九号,一六页,批牍）

---

①　标题"呈省长",正文、抬头称"都督",原刊如此。

浙江省长吕批

发高审厅据长兴县呈报民人濮三大被殴受伤
身死抄具格结供词报请鉴核由

呈悉。此案李阿祥、蔡金荣二名既据濮阿福及贾朱氏供指同赌行凶之犯，不容稍任狡避，仰高等审判厅饬即勒缉贾德昌、贾阿龙务获，提同李阿祥等质讯明确，按律拟办，毋任狡延，切切。此批。供词、格结存。七月廿八日

（《浙江公报》第一千五百七十九号，一六页，批牍）

浙江省长吕批

发高检厅据永康县呈报韩郎氏自缢身死勘验情形由

呈悉。韩郎氏究竟因何起衅自缢身死，是否系朱全木所威逼，察阅报状，情节支离。仰高等检察厅饬即侦查明确，一面拘提人证，研讯实情，按律拟判，毋稍枉纵，切切。此批。格结存。七月二十八日

（《浙江公报》第一千五百七十九号，一六页，批牍）

浙江省长吕批

民政厅呈为龙泉县呈复吴遇恩禀请豁免特捐一案乞核示由

据呈吴遇恩等禀请豁免特捐各节，事出误会，应免置议。至请饬派警备队常川驻扎一节，能否照行，候饬警政厅核议具复饬遵。此缴。七月二十九日

（《浙江公报》第一千五百七十九号，一六页，批牍）

浙江省长吕批

警政厅呈复查明王肇歧前呈并未知情由

续呈王肇歧呈复一节，事前既不知情，事后又经登报声明假冒，

应免置议。惟事关朦请长官给发委状,究竟何人所为,仍应随时查究,仰即转饬遵照。缴。前巡按使批文一件存销。七月二十九日

（《浙江公报》第一千五百七十九号,一六页,批牍）

浙江省长吕批

发民政厅据公民王廉等呈为募资购造救生汽船请批示由

呈悉。该公民等发起之江救生团,募购汽船,专司拯溺,热忱公益,殊堪嘉尚。所有奖励工役办法及棺殓尸身处所,仰民政厅核议饬遵具报备案。此批。抄呈发。七月三十日

（《浙江公报》第一千五百七十九号,一六至一七页,批牍）

浙江省长吕批

高检厅呈送武康县改建看守所经费收支清册请核销由

如呈照销,仰即转饬,并咨财政厅查照。缴。清册存。七月三十一日

（《浙江公报》第一千五百七十九号,一七页,批牍）

浙江省长吕批

发民政厅据孝丰广西乡林业会长呈安吉县境
侵害竹筏请颁示取缔由

据呈,棍徒扰害交通各情,如果属实,不法已极,地方官所司何事,任其横行至此,仰该县知事迅予查明。《禁办规则》六条内,与农田水利及刑律、警章多有抵触,应由该县知事参酌地方情形核议具复候夺,仰民政厅转饬知照。抄呈连同《规则》发。七月三十一日

（《浙江公报》第一千五百七十九号,一七页,批牍）

浙江省长吕批

盐运使呈复胡莹等认办盐引一案拟请变通
办法加入台商公司请示遵由

呈悉。所拟变通办法，果于新旧各商两有裨益，新商胡莹等当亦乐于赞同，一俟该商等遵照前批径向该署具禀时，仰即明晰批饬知照可也。余并悉。此缴。七月三十一日

附原呈

两浙盐运使署呈为遵批具复永、武绅商胡莹等认办盐引一案，拟请变通办法加入台商公司，请予鉴核示遵事。本月二十日奉钧府批据思义呈复台商承办永、武、壶镇盐务并新商现禀各节情形一案，奉批："呈悉。现据胡莹等拟送认引简章到府，除来呈所指应预为计及之运盐场所已据指定外，其余两端能否照办，未据提及，已批饬，'即向该运使径行禀复核转，如果准予承办，究竟现送简章是否妥协，有无流弊，该运使主管盐政，必有灼见，深知应如何修改，俾昭周密，仰即一并核议呈复察夺。此批。胡莹等原禀及简章均抄发'"等因。奉此，遵查该绅商等所拟简章，第三条认额一项，分为正额八千引、备额六千引，向章商人认引并无正、备之分，且该条仅有溢销照章完课领引之语，并销不足数照额备缴之文，与纲住引各商认引通案不无出入，此应行修改者一也。第四条，'应输巡费附税照章额外加缴'等语，查现在温、台等处巡费附税已并入正税一次完纳，该条'额外加缴'四字与现章不合，此应修改者二也。第五条，'在绍之党山厫暨余姚各厫及在定之定、衢二厫捆配'等语，查捆配场分，固不妨由商自行指定，然余姚党山之盐场，由富、桐、严而达金华，尚系水道，而由金华以达永、武、壶镇，则须舍舟就陆，运费过巨，则成本自增，而

售价亦必递加，为该商计，不如改捆温、台之盐较为便利，此应行修改者三也。第八条及第十条，'设置巡商'等语，查巡费既归入正税，巡务自应官办，不能再有巡商名目，致涉骈枝，此应行修改者四也。至以上核议各端，仅就该商等简章而言。至关于改革之大要，以思义主管浙醛将届一年，窃以阅历所得，略陈管见之愚。凡引地宜整齐不宜破碎，盐商宜团结不宜分散，公家税收宜规其大不宜以尺寸计，行政信用宜持以久不宜以朝夕更。即如台商之兼办永、武、壶镇行销区域，以旧府治疆界而言，固应归入金华、兰溪等纲地，而以沿革历史考之，则以纲盐运道折划归台属运销，前清《盐法志》已列入台盐销地，其他壶镇一隅系属缙云，本为温盐销岸，光绪季年温商争之，卒以壶镇为永、武运盐之要道，台商相持经年，公牍盈尺，仍归台商承办。今不仅壶镇一地，并永、武而分析之，势必起营业之冲突，而引地之分裂、商情之涣散，非特台商受其影响，即新商亦难获良好之结果。以公家税收言，即使新商照一万四千引如额包缴，较台商承包原案可增六千五百余元，而以引地分划之故，凡属进私要隘均须驻巡，计两县有半之地范围极广，仅此每年六千五百余元只足敷巡费之用。且原有台属督销局不能兼辖，又必另设督销机关，则一方面收入虽增，一方面支出亦巨，彼此抵销，所赢又属几何？以行政信用言，则台商加税之案甫于本年三月实行，阅时未久，遽尔撤销，不惟无以服旧商之心，即将来新商开始营业，亦恐无以杜台盐冲销之门户，与其事后补救，似不如先自审慎出之，较为妥善。且该商等以永、武之人运永、武之盐，固为减轻地方担负起见，然舍温、台之盐不捆，而取道于党山、余姚、衢、定等处，运费之加重已增倍蓰。又，比较旧商每百斤加税一角，通年增认二千引，将来售出，盐价自必将运费税则通盘核计，较诸现在盐价非特不能减轻，且或不免加重，则减轻担负之言，亦属心有余而力不足。故为该商等反复推求，似不如仍取引地整齐，盐商团结之旨计，胡莹等列名共有六人，量个人资本，约共能出若干，集成整款，即以附股于台商运盐公司，如是则股本雄厚，将来认引之后，即由胡莹等分办永、武引地，庶新旧各商彼此互有裨益，而公家可省分段设巡之费，即与规定逐年加税之原案，亦可贯澈始终，而不至以引地冲突问题至生障碍。思义对于新商、旧商毫无成见，仍请钧府主持定案，俾有遵循。至该商等前禀台商抬价病民一节，已饬行台属督销局查明复夺，仍俟具复到司，再行核办。所有核议永、武绅商认办盐引一案，拟请变通办法加入台商公司缘由，是否有当，理合具文呈复，仰乞钧府批示祗遵。谨呈。

（《浙江公报》第一千五百七十九号，一七至一九页，批牍）

浙江省长吕批

缙云县民人田培兴控项和英诬良为盗一案邀保具结由

着邀具殷实商保，盖具商号戳记，来案证明，再行查办。此批。切结存。保结发还。七月三十日

（《浙江公报》第一千五百七十九号，二一页，批示）

浙江省长公署饬政字第六十六号

饬民政厅转饬泰顺县传谕潘翰瑺等
撤换警佐杨中权一案情形由

为饬遵事。案据泰顺县代表前县会议员潘翰瑺、前县自治委员吴诰、前县会议长林会伊等电禀称"泰顺县警佐杨中权，任事至今二载，警务整饬，干事严明，阅报载刘知事呈请撤换，阖邑绅民骇异，佥议电请派员澈查，以顺舆情而分玉石。追切电剖，禀候续呈"等语。据此，查此案前据泰顺知事呈称，该警佐杨中权职务废弛，性情骄纵，

请予撤换等情前来,当经批据该厅复称,案据该知事分呈到厅,业将该警佐杨中权撤任示惩,遗缺并遴委余姚县周巷分所警佐蔡光宇升充,分别批饬给委等语,并经批示各在案。据电前情,合行饬仰该厅转饬泰顺县传谕知照。此饬。

省长吕公望

右饬民政厅长。准此。

中华民国五年七月三十一日

(《浙江公报》第一千五百八十号,一九一六年八月五日,一〇至一一页,饬)

浙江省长公署饬政字第六十八号

饬警政厅准江苏省长咨为老公茂小轮被水警巡船强迫附拖致遭倾覆案饬即查禁由

为饬遵事。案准江苏省公署咨开,"为咨行事。据江海关监督施炳燹详称,为小轮被迫附拖警船多艘,遇险失事,详请咨禁事。案接上海总商会来函,六月十四日老公茂益隆班轮由嘉兴开回上海,风雹大作,老大陶端生不允停轮,拖船倾覆,搭客溺毙多人。请将该轮益隆牌照吊销,并与老公茂交涉办理贫苦搭客抚恤等因。当以益隆轮船事前冒险前进,既不暂停避危,事后又不设法救护,以致溺毙多人,亟应查明究办。随即函商税务司,复称益隆小轮船领有部照,并非英商老公茂,此次拖船遇风雹失事毙命,已将部照专照追缴暂扣,勒令停止,至欲若何惩办议恤,应另在地方官署起诉讯办,并另送华商庆记号轮船局原禀,租赁益隆小轮六月十四日驶至嘉善县境大窑地方,突有嘉兴水警巡船七只喝令停轮拖带,行至偷鸡港,忽遇飓风冰雹,竟将所拖第二只客船吹翻,立即停轮施救,当时救起十七人,借给衣服与彼更换,溺毙四人,当即捞获,报明嘉善县勘验成殓,由各家属领回。惟此次失事,固系天灾,但原拖客船四艘,驾驶较轻,自必灵捷迅速，如无强迫拖带枪船七艘，行驶较重，稽延致累旅客。现今调停竣事，请咨水警厅，嗣后永禁枪船强迫沿途拖带逾限船只，以防危险等情。查此案即经税务司将益隆小轮船部照、港照暂时扣回，听候查办，所请惩儆抚恤，不在海关权限之内，须由受累之户径赴地方官控诉。惟据庆记轮船局来禀，调停竣事，是否属实，除致上海总商会告知该搭客，并将办法情形查明复关，以便转致税司接洽外，惟查小轮船拖带民船，关章定有限制，至多以六只为度，原所以防危险，今水警巡船强迫附拖七艘，不特有碍关章，更非保卫行旅之道。前车可鉴，后患宜防。该巡船既由嘉兴拖带，自系隶于浙省，理合照录禀词，详请钧署察核，俯赐咨浙行文严禁，以符关章而保行旅，实为公德两便等情，并清摺一扣。据此，除批示外，相应抄摺咨行贵省长，请烦查照办理为荷"等由。准此，合行饬仰该厅转饬内河水上警察厅迅即查明禁止，并饬一面将当时水警巡船强迫附拖情事查明核办具报。原抄摺照抄随发。此饬。

　　计抄摺。

省长吕公望

右饬警政厅长。准此。

中华民国五年七月三十一日

（《浙江公报》第一千五百八十号，一一至一二页，饬）

浙江省长吕批

高审厅呈报象山县判处盗犯周玉书死刑由

呈悉。缴。供、判存。七月三十一日

　　　　附原呈

　　呈为呈报事。窃奉钧署批象山县呈为录具盗犯周玉书全案供、判补报备案由，奉批："呈及钞案均悉。仰高等审判厅照章核转，仍饬勒缉逸盗务获究报。缴。钞案存"等因到厅。即经该知事遵照《惩治盗匪法》第五条规定，录具全案供、判呈厅，以凭核转去后。兹据该县详送是案供、判前来，查此案事主赵觐章家于本年五月二十六日三更时候被盗，十余人手持枪刀，撞开后门进内，抢去大洋一千二百五十二元，角洋二万余角，并衣服、手饰等物。盗散后，四路追寻，于两山大桥头地方获盗周玉书、王四梅二名；续于赤坎地方获盗王有焜一名，被抢洋元略有搜回等情报告到县。经该县公署讯据周玉书供称，"民先遇小环，民与他卖盐、赌博，素向认识。他说，今年海水不好，现闻赵家有洋元多担挑进，起意约同王四梅去偷。连偷二夜，他门户坚固，不能走进，没法去抢。小环不知那里偷来石杵一个，预备撞门。民与王四梅二人一班，小环叫来北岸人，民都不认识，有十二人，共十四人，有前膛枪二杆、刀二把，民有三角钻小刀一把，即在赵先生后门会齐。由小环用石杵敲开后门，直入大房，他们在前后房敲捣搜劫洋元，那小环将赵先生儿子挈耳拖去，意在拔人，民没有去拖。小环劫有二包洋元，民与王四梅各负一包，至沙头，是海门尖头船之三老大的盐船，小环分民大洋七元、小洋三十角，各人走散。民躲在南门外南山被获"等语。是周玉书结伙行劫，业已供认属实。该县依据上述事实，认定周玉书构成《惩治盗匪法》第三条之罪，处以死刑，尚无不合。除余盗批饬务获另办外，理合备文连同该县抄送供、判转报，呈请察核。谨呈。

（《浙江公报》第一千五百八十号，一八页，批牍）

浙江省长吕批

民政厅长呈筹设商品陈列所必要情形
并送追加预算书由

呈悉。商品陈列，于提倡工商关系极巨，该厅以原有该所规模简陋，拟另择地建筑，自非无见。省议会成立在即，仰即编成议案，另行

呈候提交该会议决可也。缴。七月三十一日

（《浙江公报》第一千五百八十号，一九至二〇页，批牍）

浙江省长吕批

上海寰球尊孔会医院呈请饬属保送习医由

呈及附件均悉。该校系私立性质，且未经本省核准，未便率予饬属保送，仰即知照。此批。附件发还。七月三十一日

（《浙江公报》第一千五百八十号，二四页，批示）

浙江省长吕批

民政厅呈为图书馆长请拨迎宾馆为馆舍乞核示由①

据呈，公立图书馆藏书日富，阅者增多，原有馆舍实在不敷分配，请将迎宾馆房屋拨归并用，事属可行，应予照准，仰饬接收具报备案。缴。七月三十一日

（《浙江公报》第一千五百八十一号，三一页，批牍）

浙江省长吕批

军司令官呈为遵饬解严将部内各职员
分别记升录用由

呈及单、摺、履历均悉。参谋王民皞、兵站司令官吴光、校官奚骏声、军法官陈伟绩等员，均准如拟分别升级加薪；副军法官胡鸿达、书记丁玉璜、差遣骆骏明等三员，准由本署饬交民政厅录用；执法员任增、沈尔乔二员，准予记名录用。又，徐明超、童霄伟、张炳奎、章世贤、洪鲲、朱必华、喻铭勋等七员，准委充该师差遣，月薪仍各照支给；所送存记清单内，该师差遣董朱联等十六员，均准分别存记。各兵舰

---

① 图书馆长，指龚宝铨（1886—1922），原名国元，字未生，号味荪，浙江秀水（今嘉兴）人。民国元年十二月任浙江省立图书馆馆长，民国十一年六月病卒于任。

奖款应予照给,并各记大功一次。至刘端、林显扬二员,业由本署分别办理,径饬知照。其军法官陈伟绩,业准加薪,所请以知事录用;及执法员陆咸,既由执法处处长张嘉树以知事名义呈请,以推、检或相当荐任官存记,请由本署转发,均无庸议。仰即分别咨饬照办,并将发到使署侦探长兼带翌廙兵舰龙石林记功状转给祇领,其余御武、泗安、宣节、共和等舰,应将各该管带员衔名呈候,核给记功状。此批。七月三十一日

计发记功状一张。

(《浙江公报》第一千五百八十一号,一九一六年八月六日,三一页,批牍)

浙江督军署饬第　　号

饬民政厅分别录用军法官胡鸿逵等以资奖劝由

为饬遵事。照得浙江护国军第一军司令部暨湖属戒严司令部业经解组,所有部内勤慎各员,应予分别存记录用,以资奖劝。查有该部副军法官胡鸿逵,堪以发交该厅量予录用;又书记丁玉璜、差遣骆骏明二员,堪以一、二等警佐录用。除分饬知照外,合将该员等履历饬发该厅长遵照。此饬。

计抄发履历三份。

督军吕公望

右饬民政厅长。准此。

中华民国五年七月三十一日

(《浙江公报》第一千五百八十二号,一九一六年八月七日,三页,饬)

浙江省长公署饬政字第七十号

饬财政厅迅将六年度预算分别编造呈送由

为饬催事。查六年度预算前准财政部电催编造,即经转饬遵办在案。现在国会开会在即,省议会召集有期,此项预算亟待交议,其中国家之岁出岁入与地方之岁出岁入,亦当然应行划分,其分划标准

在中央政府未经规定之前,应暂以本省三年度预算为准,并参酌从前省议会议决原案办理。至于性质原属国家支出,因经部削减过甚,改由地方款内补助,如水上警察警备队及典礼各项经费,仍应按照事务性质列入国家费,以清界限。至本省军政、民政等机关之职权人员,业经呈明,于官制未定以前暂存其旧,此次编造预算,尽可按照现定经费编列,即使将来官制有所变更,而挹此注彼,未尝不可修正。此外各机关如有应兴应革或扩充之事业,应即由厅赶紧咨饬查明,仍照前定程式,一并详细汇编。所有岁入一部分,务须遵部电克日先行编造呈送核转,岁出一部分,亦即继续编造送署,以便分别咨送提交。除关于军需及本署应支经费另行造册饬发外,合亟饬仰该厅即便遵照办理。再,本年下半年支出预算,并仰查照前呈批示,从速编造,均毋违延,切切。此饬。

省长吕公望

右饬财政厅长。准此。

中华民国五年七月　日

(《浙江公报》第一千五百八十二号,七页,饬)

附　财政厅长呈省长请分饬各官署编造六年度预算底表送厅汇办由

呈为陈请分饬各官署编造六年度预算底表送厅汇办事。窃奉钧署政字第一六号饬开,"准财政部皓电内开,'国会开会在即,六年度预算亟应赶编,业经电达在案,现在为期益促,万难再缓,应请速将各该省区岁入一部分先行造册送部,以便着手编制,其岁出各款,仍赶编续送,勿延为要'等因。准此,饬即遵照分别办理,毋稍迟延"等因。奉此,查编制岁入岁出总预算为本厅主管之事,国会开会在即,为期已促,自应赶紧编送。现拟将岁入岁出两册一并编齐同时送部,庶收支相抵,有无盈绌,大部得以一览而知。惟是编制手续,除本厅主管之收入及所属机关外，其余必须征集该管机关底表方可汇编成册，应请钧长分饬民政、警政、高等审检各厅并特派交涉员，迅将主管事项之支出收入，以及本机关暨所属机关之经费，按照定式分析款项目节，编列底表送交本厅，以便分别汇编。其军事费一册，并请转饬主管人员早日编就发厅，俾便汇缮呈送。抑本厅尤有请者，查五年度核定预算内所列内务、教育、实业等临时经费以及未办事业陆续追加之款，为数较巨，现值库储竭蹶，军用浩繁，无从再行应付，拟即概由各主管机关酌量情形分别缓急列入六年度预算内支出，以纾财力而免困难。理合备文具呈，仰祈钧长鉴核俯赐，分别转饬查照办理，实为公便。谨呈

浙江督军兼省长吕

财政厅长莫永贞

中华民国五年七月　日

（《浙江公报》第一千五百七十七号，一三至一四页，呈）

浙江都督府饬军字第五百九十五号

饬嘉湖台州两镇守使据警政厅厅长呈为奉批遵改警备队编制表并送清摺请核由

为饬知事。案查本省辖境辽阔，原有警备、游击等队，兵力稀少，地方防务不敷分布，自应将各该队原有兵额酌予扩充，并将游击等队一律改编警备队，统归警政厅节制，以正名称而一事权。兹据警政厅长夏超拟呈办法，并将各镇守使调遣辖境内警备队暂行章程以及编制、简明等表一并呈请核示前来，经本府核定批准，并限于本年八月一日即行分区改编，其应增兵额俟枪枝购备后再行增补，除改委人员之任、委各状及应发关防等，饬由该厅分别转给饬遵外，合将前项章程、表件随文饬发，仰该镇守使查照饬属一体遵照。至此次改编事宜，即由该镇守使随时与该厅接洽办理，事后具报。此饬。

计发《编制表》十五本、《章程》十五本,《改委职员简明表》十份。

都督吕公望

右饬嘉湖镇守使、台州镇守使。准此。

中华民国五年七月二十日

(原载《浙江公报》第一千五百八十四号,一九一六年八月九日,三页,饬)

浙江都督府饬字同上号①

饬陆军第六师等据警政厅厅长呈为奉批遵改
警备队编制表并送清摺请核由

为饬知事。案查本省辖境辽阔,原有为警备、游击等队,兵力稀少,地方防务不敷分布,自应将各该队原有兵额酌予扩充,并将游击等队一律改编警备队,统归警政厅节制,以正名称而一事权。兹据警政厅长夏超拟呈办法,并将编制表暨各镇守使调遣辖境内警备队暂行章程一并呈请核示前来,经本府核定批准,并限于本年八月一日即行分区改编。除通饬遵照外,合将是项章程、表件随文饬发,仰该即便转饬所属一体知照。此饬。

计发《编制表》 本、《章程》 本。

都督吕公望

右饬陆军第六师师长、陆军第二十五师师长、宪兵司令官、镇海炮台总台官、各团区司令官、民政厅厅长、两浙盐运使、财政厅厅长。准此。

中华民国五年七月二十日

(原载《浙江公报》第一千五百八十四号,三至四页,饬)

---

① 饬后附有浙江警备队统系表,改组警备、游击各队变更区域改委职员简明表,浙江警备队区域兵力配备表,浙江警备队统带驻地表,浙江警备队统部编制经费表,浙江警备队营编制经费表,浙江警备队年需杂费表,浙江警备队年需薪公饷干暨杂费总数表,今从略。

浙江省长吕批

警政厅厅长呈为奉批遵改警备队编制表并送清摺请核由

呈、件均悉。准予如呈办理。《章程》《编制表》暨任委各状、关防等件随批并发,仰该厅长分别转给,遵期改编,事后具报,并饬所属一体知照。再,此次更调各管带,凡系原充管带之员,月薪照旧支给,其新委者应由该厅拟定等别开单呈候核夺。此批。附件存。七月二十日

计发《章程》《编制》各八十本、关防四十一颗、任命状二十九张、委任状六张。

附原呈

呈为呈复事。本月四日奉都督批职厅呈请添加兵额枪枝及编改游击队由,奉批:"呈、表均悉。所拟办法尚属妥协,准予照办,即以本年八月一日为改编之期,将警备、游击等队一律分区编配,惟应增兵额,当俟枪枝购备后再行增补。至第六区所辖温、处两属,幅员辽阔,应添设帮统一员,即以原任管带之资深者选充,仍兼管带,藉重责守,并月给公费六十元,以资办公。其各游击队自改编后,关于人事一项不无变更,应如何处置,即由该厅长拟具办法,呈候核夺。再,第六区既添设帮统一员,原表所列编制、经费均已不符,兹并发,仰更正,径咨财政厅查照,仍报本府备查。除转知财政厅长外,仰并遵照。此批。原表发还"等因。奉此,遵将编制表内,应添第六区帮统及公费分别添列更正,呈送鉴核。至警备、游击各队此次改编,关于人事一项不无变更,自应预定处置办法,以利实行。此次改编主旨,原为划一营制,增加兵额,所有各队区域人员,拟就警备、游击各队原驻地域及原有人员按照新编制改编加委。旧警备队第一区仍为警备队第一区,旧嘉湖游击队改为警备队第二区,旧警备队第二区改

为警备队第三区,旧台州第一、第二游击队改为警备队第四区,旧警备队第三区改为警备队第五区,旧警备队第四区改为警备队第六区。其原有统带、管带、帮统、教练官等员,除台州游击队统带陈步棠,帮统潘百勋、吴茂林三员,拟请钧督另行委用,警备队管带乐占元拟饬另候差委外,其余仍照原职改委。此外,编余人员亦拟酌予位置,另列简明表呈请钧核,一并加给任命。至表列新荐各员,除徐苏、陈锦棠两员履历容俟查取另文呈送外①,其黄準、屠凤翔、刘同律三员履历各一纸,一并随文附呈。再,此次改组全队,划为六区,名称既各不同,次序亦有互易,所有各统部、营部现有关防多数不能适用,应请按照另摺一律刊换,俾资信守。除遵饬将《更正编制表》函送财政厅查照外,所有遵饬核拟各办法,是否有当,理合检同《更正编制表》及《改组警备游击各队变更区域改委职员简明表》,并开具应刊关防清摺暨履历等一并备文呈送,仰祈钧督察核施行。谨呈。

计呈送《更正警备队编制表》一本,《改组警备游击各队变更区域改委职员简明表》一纸,清摺一扣,履历三纸。

(原载《浙江公报》第一千五百八十四号,一八至一九页,批牍)

浙江省长吕批

民政厅呈为龙泉县知事张绍轩撤任遗缺以范贤礽署理由

呈及履历均悉。龙泉县知事张绍轩撤任,遗缺准以范贤礽署理,合将发去任命状转给祗领,并转饬前知事知照。此缴。履历存。七月 日

(原载《浙江公报》第一千五百九十号,一九一六年八月十五日,一一页,批牍)

---

① 陈锦棠,一作"陈金棠"。见浙江省长公署指令第一千三百号 令警政厅长夏超《呈一件为请更换四区七营管带陈金棠任命状由》,载《浙江公报》第一千六百三十三号,二〇页,收入本集卷五。